제네바 시편가
Genevan Psalter

제네바 시편가
Genevan Psalter

시편찬송가 편찬위원회

진리의 깃발

제네바 시편가 초판 발간 서문

칼뱅의 시편찬송가는 개혁교회의 유산이다. 칼뱅의 시편찬송가는 150편의 시편 가사와 세 개의 다른 노래를 운율에 맞추어 노래하도록 구성한 곡들의 모음이다. 가사의 선율은 모두 1539년부터 1562년 사이에 스위스의 제네바에서 칼뱅의 감독하에 작곡되었다.

칼뱅의 교회음악에 대한 철학은 '품위있을 것, 간결할 것'이었다. 칼뱅은 1525년경 제네바에 가게 되었는데, 그는 회중 찬송이 '시편을 그들의 언어로 노래하는 것'이어야 한다고 주장하였으며, 그는 당시 제네바에 있던 부르주아(Louis Bourgeois)에게 시편을 회중이 노래할 수 있게 해달라고 작곡을 위촉하였다. 또 칼뱅은 당시에 잘 알려져 있는 시인 마로(Clement Marot)에게 시편 가사를 운율화해줄 것을 부탁하였다.

1538년 칼뱅은 제네바에서 추방당하여 스트라스부르크(Strasbourg)에 정착하게 되는데, 그곳에서 1539년에 칼뱅의 첫 시편가(Calvin's First Psalter)를 출판하게 된다. 이 시편가는 22편으로 구성되며 19편의 시편가와 십계명, 시므온의 노래, 사도신경으로 되어있다. 그 중 13곡이 마로의 편사에 의한 가사로 되어 있다.

1541년 칼뱅은 제네바로 되돌아갔고 마로는 독자적으로 1542년에 30편의 시편을 번역하고 운율화하여 시편가를 출간하였다. 마로는 이단자로 몰리며 곤경에 처하자, 칼뱅이 미리 가 있던 제네바로 도피하여 칼뱅과 재회하게 된다. 칼뱅은 마로의 시편가(1542년 판)를 공인하고, 마로는 칼뱅과의 공동작업으로 19편의 시편 운율화 작업을 하였으나 안타깝게도 지병으로 1544년에 사망한다. 마로가 떠난 뒤 칼뱅은 시편 운율화 작업을 계속할 마땅한 인물을 찾던 중에, 1548년 제네바를 방문한 베제(Theodore de Beze)를 만난다. 그리하여 마로의 19편과 베제의 작품 34편이 추가된 총 83편을 수록한 시편가(1551년 판)를 발간하였다.

그 후 1554년까지 9편을 더 추가하였고, 1562년까지 운율화 작업을 계속하여, 개작된 시편 찬송은 150곡에 이르게 되었다. 한편 1541년 유능한 작곡가 부르주아(Louis Boureois)가 칼뱅의 시편가 작업에 동참하여 10여 년 간 작곡과 편곡을 맡아 제네바 시편가 완성에 큰 공헌을 하게 된다. 부르주아는 시편가의 멜로디를 작곡하면서 동시에 화음을 붙이는 작업을 병행하였다. 또한 16세기 프랑스의 대표적인 음악가 구디멜(Claude Goudimel)과 르 쥔(Claude Le Jeune)이 화음을 붙이는 일에 동참하였다. 구디멜은 1572년 로마가톨릭 교회의 개신교도 대학살 때 순교 당하였다.

1562년 드디어 마로와 베제에 의해 시편가 150편 전체를 불어로 운율화하여 번역된 가사로 '제네바 시편가'(Genevan Psalter, 1562)가 탄생된 것이다. 이 시편가는 칼뱅에 의해 철저하게 감독·편집된 것이었으며, 성경 본문을 기초하여 이루어진 시와 노래가 운율화된 회중찬송이었다.

이 시편가는 1562년에 25판 이상 발행되었고, 1600-1685년까지 90판을 더 발행하게 되었다. 또한 이 시편가는 기독교권 전체로 급속히 퍼져나가 20여 개국의 언어로 번역되는데 독일, 네덜란드, 영국 등에서 널리 사용되었다.

제네바 시편가의 특징은 다음과 같다.

선율은 교회선법을 토대로 작곡 되었다. 선율의 음역은 거의 옥타브 안에 있으며, 2분음을 박자 단위로 하였다.

박자표와 세로줄은 없다. 150편의 시편 찬송은 원래 150개의 다른 선율로 작곡할 계획이었으나 126곡만 작곡되었으며, 따라서 동일한 선율에 다른 시편가사를 사용하기도 하였다. 그 곡들은 아래와 같다.

시편 5편=64	시편46편=82
시편14편=53	시편51편=69
시편17편=63=70	시편60편=108
시편18편=144	시편65편=72
시편24편=62=95=111	시편66편=98=118
시편28편=109	시편74편=116
시편30편=76=139	시편77편=86

시편31편=71   시편100편-1=131=142

시편33편=67   시편100편-2=134

시편36편=68   시편117편=127

칼뱅의 시편찬송가 한국어판이 나오기까지

2007년 10월에 대한예수교장로회(합동) 총회신학부에 '시편찬송가 편찬위원회'가 만들어졌으며, 가사담당에 신학부장 서창원 목사와 신소섭 목사, 음악담당에 이귀자 교수와 주성희 교수가 맡게 되었다. 시편찬송가 편찬위원회가 회집되어 『시편찬송가』를 발행하기로 하되, 일차적으로 칼뱅의 『제네바 시편가』(한국어판) 150곡을 한국어 성경에 근거해 운율화하여 찬송가를 발행하기로 하였다. 칼뱅이 제네바 시편찬송가를 발간하기 위해 심혈을 기울였듯이 편찬위원들도 종교개혁 당시의 개혁정신으로 칼뱅의 시편찬송가 한국어판을 만드는 일에 사명감을 가지고 전심전력을 다하였다.

2009년 4월 17일 대한예수교장로회(합동) 총회신학부 '시편찬송가 편찬위원회' 주최로 기독교 교단 대표들을 초청하여 총신대학교 카펠라홀에서 한국어로 된 칼뱅의 『제네바 시편가』를 선보이게 되었다, 칼뱅 탄생 500주년 기념사업의 하나로 시편찬송가가 한국어로 초연되는 놀라운 결실을 보게 된 것이다. 2009년 5월 13일에는 '칼뱅 탄생 500주년 기념 제46회 전국목사장로기도회'에서 시편 찬송으로 찬양하였고, 칼뱅 탄생일인 2009년 7월 10일 한국어판 칼뱅의 시편찬송가를 출판하게 되었다.

제네바 시편가 완성판 발간 서문

신학생 시절에 '시편찬송가'라는 말은 들었어도 그 실체는 전혀 알지 못했다. 당시 선교단체들을 통해서 복음송이 한창 유행하고 있었다. 그러던 차에 1980년대에 스코틀랜드에 유학하면서 처음으로 시편 찬송의 진미를 경험할 수 있었는데, 그 첫인상은 어렵다는 것이었다. 그러면서도 사람들이 아름다운 하모니로 시편의 감동적인 말씀을 노래하는 모습이 무척 신기했었다. 예배 시간에 부르는 찬송이기에 생전 처음 듣는 곡조였지만 따라 부를 수밖에 없었다. 감사하게도 주님이 내게 악보를 읽을 수 있는 재능을 주셔서 혼자서도 부를 수 있어 적응하기 어렵지 않았다.

얼마 지나지 않아서 나의 노래하는 재능을 알아본 당회가 나를 저녁 예배 시간에 선창자(precentor)로 세워주어 회중 찬양을 인도하는 영광을 누리게 되었다. 영감어린 하나님의 말씀으로 하나님을 찬양하는 것이 점점 마음 깊은 감동으로 다가왔다. 시편을 부를 때 종종 스산한 바람이 많이 불고 음산한 날씨와 혹독한 핍박의 현장에서 시편을 읊조리며 순교의 제물이 되기까지 믿음의 절개를 굽히지 않은 17세기 장로교 언약도들의 모습을 떠올렸다. 그 신앙의 견고함이 시편에서부터 솟아난 것임을 부정할 수 없기 때문이다. 그러면서 한국에 돌아가면 반드시 시편찬송가를 소개하리라 다짐하였다.

1989년 말에 귀국한 나는 오랜 시간 한국 땅을 떠나 있었기에 일단 한국의 교회 적응에 시간을 보냈다. 그리고 94년도에 하남시에 있는 신장교회(현 주사랑교회)에서 처음으로 담임 목회를 하게 되면서 손 놓고 있던 시편찬송가를 하나씩 번역하여 교인들에게 소개하기 시작했다. 아마도 그것이 한국 교회에서 회중들이 시편을 부른 첫 사례였다고 생각한다. 그 이후로 2000년대 초에 스코틀랜드에서 공부하고 돌아온 양의문교회 김준범 목사와 함께 『시편찬송가집』을 처음으로 출판하게 되었다. 2004년의 일이었다. 그 뒤로 2016년에 스코틀랜드 운율 시편(Scottish Metrical Psalms) 완성판이 고려서원에서 나오게 되었다.

한편 필자는 종교개혁자 칼뱅(Jean Calvin, 칼빈) 탄생 500주년을 맞이하던 2009년도에 칼뱅의 제네바 시편가를 출판하기로 계획하고 2005년도부터 준비 작업에 들어갔다. 대한예수교 장로회 합동측 총회 신학부에서 시편찬송가 출판위원회를 두고 신소섭 목사, 서창원 목사, 이귀자 교수, 주성희 교수가 편집 위원이 되어 가사 번역과 배열, 악보 정리와 편집 등의 수고를 거듭한 끝에 드디어 2009년도에 『칼뱅의 제네바 시편가』를 총회와 시중에 내놓게 되었다. 그러나 첫 작업이다 보니 가사의 배치가 잘 맞지 않는 부분도 있었고, 더욱이 16세기 악보라는 점에서 사람들이 쉽게 다가가기 어렵다는 장애가 있었다. 총회에서 출판을 허락해 주어서 만든 것이기는 해도 교회들이 부르는 일은 개 교회 목회자들의 선택이었다. 수정에 수정을 거듭하여 2017년 종교개혁 500주년을 맞아 한국개혁주의 설교연구원에서 개혁파 교회가 부를 수 있는 찬송가와 제네바 시편가를 합본하여 『개혁교회 예배찬송가』를 출판하였다.

제네바 시편가는 그 당시에도 완성판을 내놓지 못하였다. 1편에서 100편까지만 수정 작업을 마친 상태에서 출판하게 되어 독자들에게 아쉬움을 안겼다. 그리하여 다시 번역을 손보고 가사를 재배치하면서 악보에 따라 부르기 쉽고 가사도 자연스럽게 잘 연결되도록 수고를 거듭한 끝에 이제 완성판이 나오게 된 것이다. 처음 시편찬송가를 내놓은 이후 만 16년 만에 한국의 교회는 스코틀랜드 운율 시편과 더불어 칼뱅의 제네바 시편가 두 종류의 완성판을 소유할 수 있게 되었다.

물론 이 작업의 대다수는 부족한 사람의 집념에 의한 것이었지만 옆에서 기도해 주시고 협력해 주신 여러 성도들의 숨은 헌신이 있었다. 그들의 격려와 섬김을 통해서 오랜 시간이 걸리기는 했어도 한국의 개혁파 교회에 하나님의 영감어린 말씀으로 된 시편가를 선사한 영광을 누리게 된 것이다. 우리 입에 부르기 쉬운 것은 대체로 스코틀랜드 운율 시편이다. 그러나 유럽의 개혁교회와 북미의 개혁교회들이 지금도 부르고 있는 칼뱅의 제네바 시편가는 몇몇 곡조들이 부르기 쉽지 않지만, 그럼에도 우리나라에 자신 있게 내놓게 된 데에는 두 가지 조력이 큰 역할을 하였다. 첫 번째는 광주에서 작은 교회를 목회하는 나강후 목사 덕분으로, 그는 시편찬송을 너무나도 사랑하여 전문 성악인이 아님에도 불구하고 회중들을 위해 직접 노래를 불러 녹음을 하였다. 두 번째로는 푸른 아카데미 정영오 장로 덕분으로, 그는 이 시편가를 앱으로 만들어 함께 보급하겠다고 헌신하였다. 물론 이 작업은 시편찬송에 대한 깊은 애정을 지닌 네팔의 고창원 선교사나 여러 지인의 지속적인 요청 때문이었다.

이제 가정에서 그리고 교회에서 하나님의 영감어린 시편 말씀이 우리의 입술에 담겨 노래로 울리는 아름다운 역사가 전국에 퍼져나가기를 기대한다. 앞으로 신학자들과 목회자 및 경건한 음악도들과 국문학자들이 서로 협력하여 한국인의 곡을 포함한 한국의 모든 개혁파 교회가 공인하는 시편찬송가집이 출판될 수 있기를 소망한다. 본 작업 기간 동안 함께 노래를 부르며 격려해준 아내와 시편찬송가를 사랑하는 성도들의 격려에 다시 한번 진심으로 감사드린다.

주후 2020년 6월
서울 창동 마들로에서
서창원 목사

제네바 시편가 차례
(Genevan Psalter)

일러두기

- 각 시편찬송의 왼편과 오른편 위에 있는 숫자는 시편찬송가 장수이다.
- 각 시편 찬송의 제목은 시편 편수로 한다.
- 각 시편 편수 아래 있는 숫자는 시편 절수를 말하며 없는 것은 시편 가사 전체를 사용했음을 의미한다.
- 각 시편찬송의 경우 외편 위에는 곡의 선법과 선법 이름을 명시하였고 오른편에는 한국의 시편찬송가를 의미하는 영문이름과 칼뱅의 시편가를 4성화한 작곡가의 이름과 한국어 판 시편찬송을 편찬할 때 테너 선율에 배치되었던 주 선율을 소프라노 성부에 배치하고 4성화 한 작곡가의 이름을 적은 것이다.
- 곡의 박자표는 없으며 2분음을 한 박자로 노래한다.
- 곡의 세로 줄이 없으며 악구는 쉼표 또는 숨표로 분리한다.
- 임시표는 한 악구 안에서만 적용된다.
- 곡의 왼편 위에는 로마자로 표기한 선법 번호와 선법 이름을 적어놓았다.

- 곡의 선법 결정은 선율의 종지음과 음역으로 결정되며 다음과 같다.

선법 I : Dorian	선법 II : Hypodorian	종지음이 음이름 D, 계이름 Re*
선법 III : Phrygian	선법 IV : Hypophrygian	종지음이 음이름 E, 계이름 Mi
선법 V : Lydian	선법 VI : Hypolydian	종지음이 음이름 F, 계이름 Fa
선법 VII : Mixolydian	선법 VIII: Hypomixolydian	종지음이 음이름 G, 계이름 Sol
선법 IX : Aeolian	선법 X : Hypoaeolian	종지음이 음이름 A, 계이름 La
선법 XIII : Ionian	선법 XIV: Hypoionian	종지음이 음이름 C, 계이름 Do

- 곡의 조성이 바뀔 때 종지음이 달라지므로 이때에는 계이름으로 선법을 확인한다.
- 선법 이름 아래의 이름과 년도는 시편 가사를 제네바 시편가 선율에 맞게 편집한 편사자의 이름과 편사 년도를 나타낸다.
- 오른쪽 위의 상단은 본 시편찬송의 출처인 제네바 시편가의 출판년도와 곡의 운율을 표기한 것이다.
- 오른쪽 위의 아랫단은 최초로 시편가 선율을 4성으로 화성화한 작곡자의 이름과 년도를 적은 것이다. 그리고 그 옆에는 테너 성부에 배치되었던 주선율을 소프라노 성부에 배치하고 알토와 테너 성부를 개정한 작곡자의 이름과 년도를 표기한 것이다.

- 시편가 안의 약자 풀이는 다음과 같다.
D (Double) 중복
harm(harmonisation) 선율을 4성화함
rev. (revised) 화음 배치를 개정함
alt. (alter) 수정
IRREG. (irregular) 불규칙적 운율
st. (stanza) 절

시편 1편

1

Mode XIII, Ionian
Shin Soseop, 2008

KOR. GENEVAN PSALTER 1: 10 10.11 11.10 10
Genevan Psalter, 1539, harm. Cl. Goudimel, 1564
rev. Joo Sunghee, 2008

1. 복 있 는 사 람 악인의 꾀 를　악인 의 꾀 를 따르지않고
2. 시 냇 가 에 심 기운나 무 가　철을 따 라 서 열매맺으며
3. 그 러 므 로 악 인들그 들 은　하나 님 심 판 견디지못 해

죄 인의길 에 서지아니하 며　오 만한자 리 앉지아니 하 고
그 잎사귀 가 마르지않음 과　그 행사가 다 형통하리로 다
의 인들모 임 들지못하리 라　의 인의길 은 의인들의길 은

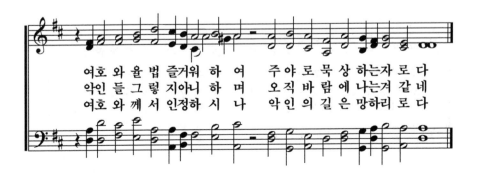

여호 와 율 법 즐거워 하 여　주야 로 묵 상 하는자 로 다
악인 들 그 렇 지아니 하 며　오직 바 람 에 나는겨 같 네
여호 와 께 서 인정하 시 나　악인 의 길 은 망하리 로 다

2

시편 2편

Mode I, Dorian
Shin Soseop, 2008

KOR. GENEVAN PSALTER 2: 10 11.10 11.11 10.11 10
Genevan Psalter, 1539, harm. Cl. Goudimel, 1564
rev. Joo Sunghee, 2008

시편 3편

3

KOR. GENEVAN PSALTER 3: 667.667.D.
Genevan Psalter, 1539, harm. Cl. Goudimel, 1564
rev. Joo Sunghee, 2008, alt. Lee Kuija, 2017

Mode XIII, Ionian
Shin Soseop, 2008

1. 오 주 여 어찌해 나 의대적들이 그 렇게많은지 요
2. 오 주 여 내방패 내 영광이시요 내 머리드시는 자
3. 천 만 인 나에게 둘 러진을쳐도 난 두렵지않으 리

나 를대적하여 일 어나치는자 참 많고많습니 다
나 내목소리로 부 르짖으오니 *성 산서응답하 네
주 여호와시여 일 어나옵소서 날 구원하옵소 서

저 많은 사람이 나 에게말하길 주 하나님의도 움
나 누워 자고서 깨 어일어나니 주 날붙드심이 라
주 나의 하나 님 내 원수뺨치 며 악 인의이를꺾 네

받 지못한다 네 하 나님도우심 받 지를못한다 네
나 누워자고서 깨 어일어나니 주 날붙드심이 라
구 원은여호 와 주 님께있으니 주 의복내리소 서

* 거룩한 산

4

시편 4편

Mode IX, Aeolian
Shin Soseop, 2008

KOR. GENEVAN PSALTER 4: 98.998.D.
Genevan Psalter, 1542, harm. Cl. Goudimel, 1564
rev. Joo Sunghee, 2008

시편 5편-1

(1-5)

KOR. GENEVAN PSALTER 5-1: 9.88.95
Genevan Psalter, 1542, harm. Cl. Goudimel, 1564
rev. Joo Sunghee, 2008

Mode I, Dorian
Shin Soseop, 2008

1. 주 여 호 와 여 나 의 말 에
2. 주 여 호 와 여 아 침 마 다
3. 주 는 죄 악 을 기 뻐 안 해
4. 주 께 피 하 는 모 든 사 람

귀 기 울 이 사 내 마 음 헤 아 려 주 시 옵 소 서
내 소 리 들 으 시 리 니 아 침 에 내 가 주 님 께
오 만 한 자 주 목 전 에 서 지 를 못 하 리 로 다
주 님 을 즐 거 워 하 리 주 님 은 의 인 들 에 게

나 의 왕 나 의 주 하 나 님 들 어 주 소 서 다
기 도 하 고 바 라 나 이 다 바 라 나 이 다
주 님 은 모 든 행 악 자 를 미 워 하 시 네
복 주 시 고 은 혜 로 그 를 호 위 하 리 다

6

시편 5편-2
(6-10)

Mode I, Dorian
Shu Changwon, 2015

KOR. GENEVAN PSALTER 5-2: 9.88.95
Genevan Psalter, 1542, harm. Cl. Goudimel, 1564
rev. Joo Sunghee, 2008

시편 6편

Mode IX, Aeolian
Shin Soseop, 2008

KOR. GENEVAN PSALTER 6: 77,67,76
Genevan Psalter, 1542, harm. Cl. Goudimel, 1564
rev. Joo Sunghee, 2008

1. 여호와여 분노로 날 책망마옵소서
2. 나의뼈떨리오니 날 고쳐주옵소서
3. 주 내영건지오니 날 구원하옵소서
4. 탄식과피곤함이 밤마다눈물로서
5. 내 모든대적인해 어 두워졌나이다
6. 내 간구들으셨네 주 께서나의기도

주 님의진노로 날 징계마옵소서다
여 호와내영혼을 날 우떨리나이오니다
사 망중주님을 기 억함없사오니다
내 침상떠우며 내 요를적시나이다
악 행하는너희 나 를떠나거라
반 으시리로다 내 모든원수들이

주 내가수척하니까 은 헤베의구소서와까다다다
어 느때까지사할자 오 나누리하다나
스 올에서감심으로 쇠 들하나이이이이로
내 눈이나의울음소 물 러가리
주 떨면서부끄러워 물 러가리로

*음부

8

시편 7편-1

(1-7)

Mode II, Hypodorian
Shin Soseop, 2008, alt. Shu Changwon, 2015

KOR. GENEVAN PSALTER 7-1: 99.88.D.
Genevan Psalter, 1542, harm. Cl. Goudimel, 1564
rev. Joo Sunghee, 2008

1. 여호와나의주하나 님   주 님께내가피하오 니
2. 여호와나의주하나 님   나 이런일을행했거 나
3. 여호와진노로일어 나   대 적의노를막으소 서

날 쫓는자들에게서   날 구원하여주소서
내 손에죄악있거나   화 친한자를대하여
나 위해깨시옵소서   주 심판명하셨도다

건 져낼사람이없으 면   그 들이사자들과같 이
악 으로그를갚았거 나   까 닭없이빼앗았거 든
그 모든민족들모임 이   오 주를두르게하시 고

날 찢고뜯을까 하 네   날 뜯을까하나이다
내 생명땅에짓밟 고   내 영광진토살게해
그 위의높은자 리 에   주 님이돌아오소서

시편 7편-2

(8-17)

9

Mode II, Hypodorian
Shin Soseop, 2008, alt. Shu Changwon, 2015

KOR. GENEVAN PSALTER 7-2: 99.88.D.
Genevan Psalter, 1542, harm. Cl. Goudimel, 1564
rev. Joo Sunghee, 2008

1. 여 호와심판행하시 니　　내 의와성실함을따 라
2. 여 호와의로운재판 장　　매 일분노하는하나 님
3. 악 인이죄악해산하 며　　잔 해잉태해궤휼낳 네

나 에게심판하소서　　의 인을세워주소서
죄 회개하지않으면　　주 께서칼을가시며
웅 덩일저가팠지만　　그 함정에빠졌도다

의 로우신하나님께 서　　사 람의마음감찰하 니
그 활을이미당겨놓 고　　죽 일기계준비하셨 네
그 잔해제머리로오 고　　정 수리에포악내리 리

내 방패정직한 자 를　　구 원하는주께있네
그 만든살화전 이 네　　그 만든살화전이네
나 주의따라감 사 해　　그 높은주이름찬양

10 시편 8편

KOR. GENEVAN PSALTER 8: 11 11,10 10
Genevan Psalter, 1542, harm. Cl. Goudimel, 1564
rev. Joo Sunghee, 2008

Mode I, Dorian
Shin Soseop, 2008

시편 9편-1
(1-9)

11

Mode I, Dorian
Shin Soseop, 2008

KOR. GENEVAN PSALTER 9-1: 88.99
Genevan Psalter, 1542, harm. Cl. Goudimel, 1564
rev. Joo Sunghee, 2008

1. 주 님께감 사 하오며 주 모 든 기사전 하 리
2. 원 수들물 러 갈때에 넘 어 져 망하리로 다
3. 이 방들책 망 하시고 악 인 을 멸하셨도 다
4. 원 수가끊 어 졌으며 영 원 히 멸망하 였네
5. 여 호와께서 영원히 보 좌 에 앉으심 이여
6. 정 직함으 로 만민을 판 결 함 행하리로 다

나 기뻐 하 고 즐거워 해며 높으 신 주 를찬송하 리 다
내 의와송 고 사변호하 며 의 롭게 심 판하셨도 다
궁 휼히여 기 소서주 여 날사 망 문 서일으키 니
주 께서멸 한 성읍들 을 기 억 할 수 가없나이 다
심 판을위 해 준비하 여 공 의 로 세 계심판하 네
압 제당한 자 요새시 요 환 난 때 주 는산성이 라

우리는 창조자시요 보호자시며 은혜를 주시는 자이신 하나님을 의존해야 하며
그 분에 대한 우리의 의무를 다해야 합니다.

- 메튜 헨리 -

12

시편 9편-2
(10-20)

Mode I, Dorian
Shu Changwon, 2015

KOR. GENEVAN PSALTER 9-2: 88.99
Genevan Psalter, 1542, harm. Cl. Goudimel, 1564
rev. Joo Sunghee, 2008

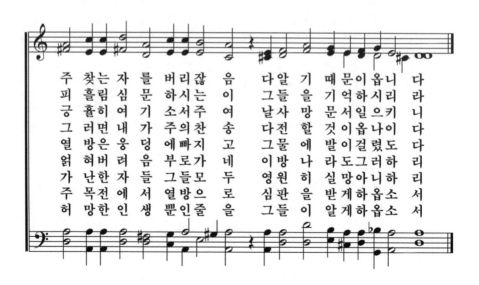

시편 10편-1

(1-6)

Mode I, Dorian
Shin Soseop, 2008, alt. Shu Changwon, 2015

KOR. GENEVAN PSALTER 10-1: 10 10.10 10.10 11 11
Genevan Psalter, 1542, harm. Cl. Goudimel, 1564
rev. Joo Sunghee, 2008

1. 여호와여 왜 멀리서 시 며   환난때어찌 숨으십니 까
2. 그교만한 얼굴로 말하 길   주께서 감찰치 않다하 며
3. 그입에 저주 거짓 포악 이   그혀에 잔해 죄악 넘치 네

악한자 심히 교만하여 서   가련한자 심히 압박하 니
그생각에 하나님 없다 네   그의길은 항상 견고하 고
그가 마을 구석진곳 앉 아   은밀하게 무죄자 죽이 며

그꾀에 빠져들게 하소 서   악인은 그의 욕심 자랑하 며
주심판 높아 못미친 다 며   대적을 멸시 하여 말하기 를
그눈 가련한자 엿봅 니 다   엎드린사자 같이 엎드리 며

탐욕 부려 서   주 배반 멸시   해 네
흔들리거 나   환난 없다 하   네
그물 당겨 서   가련한자 잡   네

14 　　시편 10편-2

(12-18)

Mode I, Dorian
Shin Soseop, 2008, alt. Shu Changwon, 2015

KOR. GENEVAN PSALTER 10-2: 10 10.10 10.10 11 11
Genevan Psalter, 1542, harm. Cl. Goudimel, 1564
rev. Joo Sunghee, 2008

1. 여 호 와 여 일 어 나 옵 소 서 　하 나 님 손 을 드 시 옵 소 서
2. 주 님 께 서 보 시 었 나 이 다 　잔 해 와 원 한 감 찰 하 시 고
3. 악 인 의 팔 을 꺾 으 옵 소 서 　악 한 일 행 하 는 자 의 악 을
4. 여 호 와 여 겸 손 한 자 들 의 　소 원 을 들 어 주 셨 사 오 니

잊 지 마 소 서 가 난 한 자 를 　어 찌 악 인 이 주 멸 시 하 며
주 손 으 로 다 갚 으 시 오 니 　외 로 운 자 주 를 의 지 하 네
찾 아 낼 수 없 을 그 때 까 지 　주 님 께 서 악 인 들 찾 도 다
그 들 마 음 견 고 케 하 시 며 　주 귀 를 기 울 여 서 들 으 사

그 맘 에 주 가 감 찰 않 는 다 　말 하 게 버 려 두 시 옵 나 이 까
주 님 은 벌 써 부 터 고 아 를 　도 우 시 는 주 하 나 님 입 니 다
주 님 은 영 원 무 궁 왕 이 니 　이 방 나 라 들 주 땅 에 서 멸 망
고 아 와 압 박 당 한 자 위 해 　심 판 하 여 서 세 상 속 한 자 가

주 　감 찰 하 지 　않 다 하 십 니 　까
고 　아 를 돕 지 는 　하 나 님 서 망 　다
이 　방 를 나 들 　주 땅 하 게 했 　네
다 　시 는 위 협 　못 하 하 시 　리

시편 11편

Mode I, Dorian
Shin Soseop, 2008

KOR. GENEVAN PSALTER 11: 11 10.11 10. 11 10 11
Genevan Psalter, 1542, harm. Cl. Goudimel, 1564
rev. Joo Sunghee, 2008

1. 여 호 와 주 께 내 가 피 하 였 네   너 희 가
2. 여 호 와 주 는 성 전 안 에 계 셔 서   여 호 와 와
3. 주 께 서 악 인 에 게 그 물 던 져   유 황 과

내 영 혼 에 말 하 길   그 들 의 산 에 도 망 하 라 하 네
보 좌 하 늘 에 있 네   여 호 와 눈 이 인 생 을 통 촉 해
불 과 태 우 는 바 람   그 들 의 잔 의 소 득 이 되 리 라

악 인 이 화 안 살 목 당 겨 쏘 기 를   마 음 이 와
여 호 와 안 는 그 들 감 찰 해 시 사   의 로 운
여 호 와 주 는 의 로 우 시 사   의 로 운

바 른 자 를 쏘 려 하 네   어 두 운 데 서 쏘 려 고 하 네 자
의 인 감 찰 하 시 오 며   악 인 과 폭 력 을 좋 아 하 는 자
일 을 좋 아 하 시 나 니   정 직 한 자 는 주 의 얼 굴 을

터 마 무 음 너 에 지 미 면 의 인 무 엇 하 랴 다
마 여 음 호 너 와 지 주 미 의 하 얼 굴 옵 시 나 이 리 다
여 호 와 주 의 얼 굴 뵈 오 리 다

16

시편 12편

Mode I, Dorian
Shin Soseop, 2009

KOR. GENEVAN PSALTER 12: 11 10,11 10
Genevan Psalter, 1542, harm. Cl. Goudimel, 1564
rev. Joo Sunghee, 2009

1. 주여호와 여 도와주옵소 서   경 건한 자 들 끊어지 오 며
2. 그이웃에 게 거짓을말하 고   두 맘으로 아 첨의말 하 니
3. 저희는우 리 혀이긴다말 해   우 리입술 우 리의것 이 니
4. 여호와말 씀 가련한자들 의   그 눌림과 궁 핍한자 들 의
5. 여호와말 씀 순결하심이 여   흙 도가니 에 일곱번 단 련
6. 여호와저 희 이세대로부 터   영 원토록 보 존하시 리 다

충 실한자 들 없어지나이 다   인 생중에 없 어지나 이 다
주 께서모 든 아첨하는입 술   자 랑하는혀 끊으시 리 다
우 리를주 관 할자누구리 요   주 관할자 누 구요함 이 라
그 탄식인 해 내가일어나 서   그 안전한 지 대에두 리 라
일 곱번이 나 단련한은갈 네   그 일곱번 단 련한은 갈 네
비 열한자 들 높임받는때 에   처 처에악 인 그들날 뛰 네

주의 명령이 아니면 누가 이것을 능히 말하여 이루게 할 수 있으랴

화와 복이 지존자의 입으로부터 나오지 아니하느냐

렘애 3:37-38

시편 13편

KOR. GENEVAN PSALTER 13: 88.998
Genevan Psalter, 1542, harm. Cl. Goudimel, 1564
rev. Joo Sunghee, 2008

Mode I, Dorian
Shin Soseop, 2008

1. 여 호와 언제 까지 나 영 원히 날 잊 으시 며
2. 내 원수 나를 치면 서 자 랑을 언제 까지 해
3. 오 주여 두려 웁 건 대 사 망의 잠잘 까하 며
4. 나 오직 주의 사랑 을 나 의 지 하였 사오 니

주 얼굴 숨기 시옵니 까 내 영혼 종 일 근심 번 민
여 호와 내하나님이 여 날 생각 하 사 응답 하 고
원 수가 그를 이겼다 해 오 주여 내 가 흔들릴 때리
주 님의 구원 기뻐 하 리 여 호와 주 를 찬송 하 리

언 제 까 지 하 오 리 까서
내 눈 을 밝 게 하 소 서네
대 적 기 뻐 할 까 하 이라
주 은 덕 베 푸 심 이 라

18

시편 14편

Mode I, Dorian
Shin Soseop, 2008

KOR. GENEVAN PSALTER 14: 10 11.11 10 4
Genevan Psalter, 1542, harm. Cl. Goudimel, 1564
rev. Joo Sunghee, 2008

시편 15편

19

Mode VII, Mixolydian
Shin Soseop, 2008

KOR. GENEVAN PSALTER 15: 89.889
Genevan Psalter, 1539, harm. Cl. Goudimel, 1564
rev. Joo Sunghee, 2008

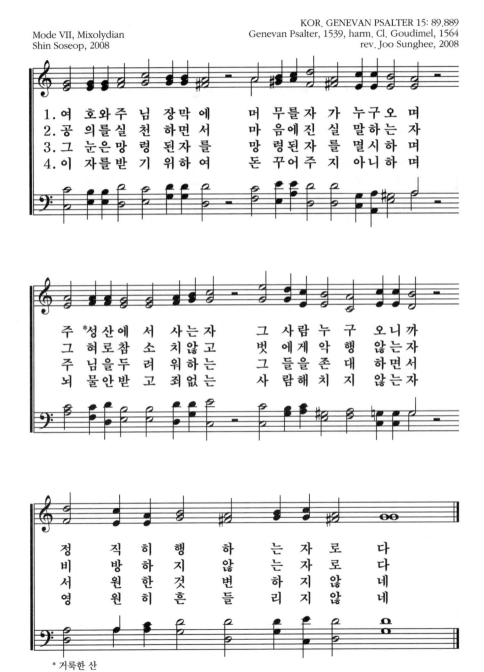

1. 여 호와주 님 장막에　머 무를자 가 누구오 며
2. 공 의를실 천 하면서　마 음에진 실 말하는 자
3. 그 눈은망 령 된자를　망 령된자 를 멸시하 며
4. 이 자를받 기 위하여　돈 꾸어주 지 아니하 며

주 *성산에 서 사는자　그 사람누 구 오니까
그 혀로참 소 치않고　벗 에게악 행 않는자
주 님을두 려 위하는　그 들을존 대 하면서
뇌 물안받 고 죄없는　사 람해치 지 않는자

정　직　히　행하　는 자 로　다　다
비　방　하　지않　는 자 자로　않　네
서　원　한　것변　하 지 않　리지　않
영　원　히　흔들　리 지 않　네

* 거룩한 산

20 시편 16편

Mode X, Hypoaeolian
Shin Soseop, 2008

KOR. GENEVAN PSALTER 16: 10 11.10 11.11 11
Genevan Psalter, 1551, harm. Cl. Goudimel, 1564
rev. Joo Sunghee, 2008

1. 하 나 님 나를지켜주소서　주 님께내 가 피하옵나이 다
2. 예 물 을 다른신에드린자　그 괴로움 이 더할것이로 다
3. 나 에 게 줄로재어준구역　그 아름다 운 곳에있음이 여
4. 주 께 서 나의우편에계셔　나 흔들리 지 아니하리로 다
5. 주 께 서 생명길보이시니　주 의앞에 는 충만한기쁨 이

주 님께내 가 아뢰 옵 나니　오 주 여 주님밖에복이없 네
그 피의전 제 드리 지 않고　그 이 름 내입술로부르잖 네
내 기업실 로 아름 답 도다　오 나 를 훈계하신여호와 를
내 마음기 뻐 내영 즐 거워　내 육 체 안전하게살리이 다
충 만한기 쁨 있으 리 로다　주 께 서 생명의길보이시 니

땅 에있는 성 도들존귀한 자　즐 거 움 모두그들에게있 네
내 산업과 내 잔의소득이 신　여 호 와 나의분깃지키시 네
송 축하고 송 축할지이어 다　밤 마 다 나의양심교훈하 네
주 내영을＊스 올에버리잖 네　거 룩 한 자를멸망시키잖 네
주 여호와 주 님의오른쪽 에　영 원 한 즐거움이있나이 다

＊음부

시편 17편
(1-9)

Mode III, Phrygian
Shu Changwon, 2008

KOR. GENEVAN PSALTER 17: 89.98.98.89
Genevan Psalter, 1551, harm. Cl. Goudimel, 1564
rev. Lee Kuija, 2008

22 시편 18편-1

(1-6, 13-19)

Mode II, Hypoaeolian
Shu Changwon, 2009, alt. 2015

KOR. GENEVAN PSALTER 18-1: 11 11,10 10.D.
Genevan Psalter, 1543, harm. Cl. Goudimel, 1564
rev. Lee Kuija, 2008, alt. 2017

1. 내 힘 된 주여 사랑하옵니 다　여 호와 나의 반석이시오　며
2. 사 망 의 줄이나를 얽어매 고　불 의의 창 수 날두렵게하　며
3. 여 호 와 우레소리 발하시 고　지 존하신 자 음성내시오　며
4. 높 은 곳 에서나를 붙드시 고　큰 물에서 건 지셔강한원　수

내 요새시 요 날건지 는 자　그 안에피 할 나의바위요
음 부의줄 이 나를두르 고　사 망의올 무 이르렀도다
우 박과숯 불 내리시 도다　그 살을날 려 그들흩으며
날 미워하 는 자들에게 서　건 짐은그 들 힘센연고라

내 방패시 요 나의구원의 뿔　오 나의산 성 산성이시로　다
나 환난중 에 주님께아뢰 며　내 하나님 께 부르짖었더　니
많 은번개 로 그들파하셨 네　이 럴때주 의 꾸지람과콧　김
재 앙의날 에 내게나왔으 나　여 호와께 서 내의지가되　고

찬 송받으 실 주께아 뢰니　원 수에게 서 구원얻으리
성 전에서 내 소리들 으며　내 부르짖 음 그귀들렸네
물 밑이드 러 나게되 었고　세 상의터 가 나타났도다
또 넓은곳 에 날인도 하고　날 기뻐하 여 구원하셨네

시편 18편-2

(20-27)

23

Mode II, Hypoaeolian
Shu Changwon, 2009, alt. 2015

KOR. GENEVAN PSALTER 18-2: 11 11.10 10.D.
Genevan Psalter, 1543, harm. Cl. Goudimel, 1564
rev. Lee Kuija, 2008, alt. 2017

1. 여호와 내의따라 상을주 며   내 손깨끗함 따라갚으시 니
2. 여호와 내의따라 갚으시 되   그 목전에서 내게갚으셨 네
3. 주께서 나의등 불켜심이 여   주 여호와 내 흑암밝히시 리

나 여호와의 도를지키고   하 나님떠남 하지않았네
자 비한자에 자비보이며   완 전한자에 완전함보여
주 의지하고 적진달리며   나 적진담을 뛰넘나이다

그 모든규례 내앞에있으 며   그 모든율례 버리지않았 네
깨 끗한자에 주깨끗함보 여   사 악한자에 거스름보이 니
주 정교한도 완전하옵나 니   주 님께피한 자의방패시 라

나 도그앞에 완전하 여서   내 죄악에서 날지키었네
곤 고한백성 구원하 시고   교 만한눈은 낮추시리라
여 호와외에 누가신 이며   하 나님외에 뉘반석이랴

24 시편 19편

Mode VII, Mixolydian
Shin Soseop, 2009

KOR. GENEVAN PSALTER 19: 666.666.667.667
Genevan Psalter, 1542, harm. Cl. Goudimel, 1564
rev. Joo Sunghee, 2009, alt. Lee Kuija, 2017

시편 20편

25

Mode I, Dorian
Shu Changwon, 2009

KOR. GENEVAN PSALTER 20: 96.96.97.97
Genevan Psalter, 1551, harm. Cl. Goudimel, 1564
rev. Lee Kuija, 2008

1. 환 난 날 주 여 호 와 께 서 네 게 응 답 하 며
2. 네 맘 의 소 원 허 락 하 고 네 모 든 도 모 를
3. 여 호 와 께 서 자 기 에 게 기 름 부 은 자 를
4. 그 들 은 비 틀 거 리 면 서 엎 드 러 지 지 만

야 곱 의 하 나 님 이 름 이 널 높 이 드 시 며
이 루 어 주 기 원 하 노 라 너 희 의 승 리 로
구 원 함 이 제 내 가 아 니 구 원 의 힘 으 로
우 리 는 일 어 나 서 바 로 곧 일 어 서 도 다

주 성 소 에 서 널 도 우 며 시 온 서 붙 드 시 네
주 이 름 으 로 개 가 불 러 우 리 기 세 우 리 니
그 거 룩 한 곳 하 늘 에 서 응 답 하 시 리 로 다
오 여 호 와 여 구 하 소 서 우 리 가 부 틀 때 에

네 모 든 소 제 기 억 하 고 네 번 제 원 하 시 네
주 께 서 너 의 모 든 기 도 이 루 길 원 하 노 라
병 거 와 말 을 의 지 하 나 주 이 름 자 랑 하 리
왕 이 여 응 답 하 옵 소 서 응 답 해 주 옵 소 서

26 시편 21편

Mode XIII, Ionian
Shu Changwon, 2009, alt. 2015

KOR. GENEVAN PSALTER 21: 877.866
Genevan Psalter, 1551, harm. Cl. Goudimel, 1564
rev. Lee Kuija, 2008, alt. 2017

시편 22편-1

(1-11)

KOR. GENEVAN PSALTER 22-1: 10 10 10 5.11 11 11 4
Genevan Psalter, 1542, harm. Cl. Goudimel, 1564
rev. Joo Sunghee, 2008, alt. Lee Kuija, 2017

Mode IX, Aeolian
Shin Soseop, 2008

28

시편 22편-2

(22-31)

Mode IX, Aeolian
Shu Changwon, 2015

KOR. GENEVAN PSALTER 22-2: 10 10 10 5.11 11 11 4
Genevan Psalter, 1542, harm. Cl. Goudimel, 1564
rev. Joo Sunghee, 2008, alt. Lee Kuija, 2017

1. 주 이름 형제에게 알 리 고 회 중 가운 데 주 선 포 하 리 며
2. 주 는 곤 고한자의곤고함 멸 시 하거 나 싫어않으 리 며
3. 겸 손 한 자는배불리먹고 여 호 와찾 는 자찬송으 리 하
4. 세 상 의 모든풍비한자가 주 앞에먹 고 경배할지 라

여 호 와 두려워하 는 너 희 고 찬 송 할 지 을 라 때 다
그 얼 굴 숨기지아 니 하고히 부 르 리 로 자
너 희 마음은영원영원고히 살 못 살 린 자 도
진 토 로 내려가자기영 혼 살 못 살 린

야 곱의모 든 자손들아주 께 영 광돌리 라 너희이스라 엘
그 가울부 짖 을때들으셨 다 큰 회중가운 데나의찬송 은
여 호와기 억 하고돌아오 며 열 방나라 들 주를경배하 니
그 앞에모 두 엎드려절하 리 후 손이그 를 섬기며전하 리

주 경 외 하 라 모 든 이 스 라 엘 를 자 손 들 아 라 라
주 께 로 부 터 온 것의 이 주 오 다 경 외 재 하 시 리 라
나 라 와 열 방 주 의 것 이 고 주 전 하 리 라
주 께 서 그 공 의 행 하 셨 다 고 전 하

시편 23편

Mode II, Hypodorian
Shin Soseop, 2009

KOR. GENEVAN PSALTER 23: 11 11,11 11,11 11
Genevan Psalter, 1543, harm. Cl. Goudimel, 1564
rev. Joo Sunghee, 2009, alt. Lee Kuija, 2017

30 시편 24편

Mode I, Dorian
Shin Soseop, 2009

KOR. GENEVAN PSALTER 24: 889.889
Genevan Psalter, 1542, harm. Cl. Goudimel, 1564
rev. Joo Sunghee, 2009

1. 땅 과 거 기 충 만 한 것 충 만 한 것 과 세 계 와
2. 주 의 산 오 를 자 누 구 주 님 의 거 룩 한 곳 에
3. 오 그 는 주 여 호 와 께 그 복 을 받 고 구 원 의
4. 문 들 아 네 머 리 들 라 영 원 한 문 들 릴 지 라
5. 문 들 아 네 머 리 들 라 영 원 한 문 들 릴 지 라

그 가 운 데 에 사 는 자 는 다 주 의 것 임 이 로 다
거 기 에 설 자 누 구 인 가 손 깨 끗 마 음 이 청 결 다
주 님 께 의 를 얻 으 리 니 주 찾 는 족 속 이 로 다
영 광 의 왕 이 들 어 가 네 영 광 의 왕 누 구 신 고
영 광 의 왕 이 들 어 가 네 영 광 의 왕 누 구 신 고

주 바 다 위 에 터 세 위 강 위 에 건 설 하 셨 도 다
뜻 허 탄 한 데 두 잖 고 거 짓 맹 세 를 않 는 자 라
야 곱 의 주 하 나 님 의 얼 굴 을 구 하 는 자 로 다
강 하 고 능 하 신 주 님 전 쟁 에 능 한 여 호 와 라
만 군 의 여 호 와 께 서 영 광 의 왕 이 시 리 로 다

시편 25편-1

(1-14)

KOR. GENEVAN PSALTER 25-1: 87,87,78,78
Genevan Psalter, 1543, harm. Cl. Goudimel, 1564
rev. Joo Sunghee, 2008

Mode XIV, Hypoionian
Shin Soseop, 2008

32

시편 25편-2

(15-22)

Mode XIV, Hypoionian
Shu Changwon, 2015

KOR. GENEVAN PSALTER 25-2: 87.87.78.78
Genevan Psalter, 1543, harm. Cl. Goudimel, 1564
rev. Joo Sunghee, 2008

1. 내 눈이 항상 여호와 앙 망 함은 내 발 을
2. 내 맘에 근심 많으니 곤 난 에서 끌 어 내
3. 나 주님께 피 하오니 수 치 당치 않 게 해

올 무에서 벗 어 나 게 하 실 것임이 로 다
내 곤고와 환 난 보 고 내 죄 사해 주 소 서
나 주를 바 라 보 오 니 성 실 과 정직 으 로

주 여 나는 외 롭 고 괴 롭 사 오 니 나 에 게
나 의 원수 보 소 서 많 은 저 들 미워 하 네
나 를 보호 하 소 서 하 나 님 이 스 라 엘 을

돌 이 키 어 긍휼 을 내 게 베 푸 시옵 소 서
영 혼 지켜 주 시 고 나 를 구 원 하옵 소 서
모 든 그 환 난 에 서 구 속 하 여 주옵 소 서

시편 26편
(1-5, 11-12)

33

KOR. GENEVAN PSALTER 26: 668.778
Genevan Psalter, 1551, harm. Cl. Goudimel, 1564
rev. Lee Kuija, 2008

Mode III, Phrygian
Shu Changwon, 2009

34 시편 27편

Mode VII, Mixolydian
Shu Changwon, 2008

KOR. GENEVAN PSALTER 27: 11 10,11 10, 10 10,10 10
Genevan Psalter, 1551, harm. Cl. Goudimel, 1564
rev. Lee Kuija, 2008

1. 여호와 나의빛과구원이 니   누구를 내가두려워하 랴
2. 군대가 나를대적해진쳐 도   내마음 두려워하지않 네
3. 주께서 환난당한날에나 를   비밀히 초막속에지키 며

여호와 내생명의능력이 니   누구를 내가무서워하 랴
전쟁이 일어나를친다해 도   나는여 전히태연하리 라
그장막 은밀한곳숨기시 며   바위에 높이두시리로 다

내 대적나의원수행 악 자   내살을먹으려고왔으나
나 여호와께구한한 가 지   곧내생전주의집거하여
내 머리원수위에들 리 니   내가여호와의장막에서

저 희실족하여넘어 졌 네   저희들 실족해넘어졌 네
주 아름다움앙망하 면 서   그전서 사모케하심이 라
즐 거운제사주께드 리 며   노래로 여호와찬송하 리

시편 28편

35

Mode II, Hypodorian
Shu Changwon, 2008

KOR. GENEVAN PSALTER 28: 99.99.88
Genevan Psalter, 1551, harm. Cl. Goudimel, 1564
rev. Lee Kuija, 2008

1. 주 여 나 부르짖으오 니   내 반석이신주님이   여
2. 나 주 의 성소안을향 해   내 손을들고간구 할   때
3. 이 웃 에 화평을말하 나   그 마음에는악독 있   네
4. 여 호 와 께서행한일 과   그 손이지으신것 들   을
5. 여 호 와 찬송하심이 여   내 간구들으심이 로   다
6. 주 님 은 그들의힘이 요   그 기름부음받은 자   의

내 게 귀 를막지마소 서   주 내 게 잠잠하시   오면
내 기 도 소리들으소 서   악 인 과 행악하는   자와
그 악 한 일과행위대 로   저 손 의 지은대로   갚아
생 각 하 지아니함으 로   여 호 와 께서저희   들을
여 호 와 나의힘과방 패   주 를 의 지해도움   얻어
구 원 의 산성이시로 다   주 백 성 구원하시   오며

나 무 덤 에내려 가 는   사 람같을까합니 다
날 함 께 끌지마 그소 서응   날 함께끌지마소 서
마 땅 히 받을파그 고보 서   그 들이받게하소 서
저 들 을 괴게기 빼 해 고   내 건 설치아니하시 리
내 마 음 크게 기 빼 해 고   노 래로주찬송하 리
주 산 업 복을주 시 고   목 자되어이끄소 서

36 시편 29편

Mode XIII, Ionian
Shu Changwon, 2008

KOR. GENEVAN PSALTER 29: 77.77.88.88
Genevan Psalter, 1551, harm. Cl. Goudimel, 1564
rev. Lee Kuija, 2008

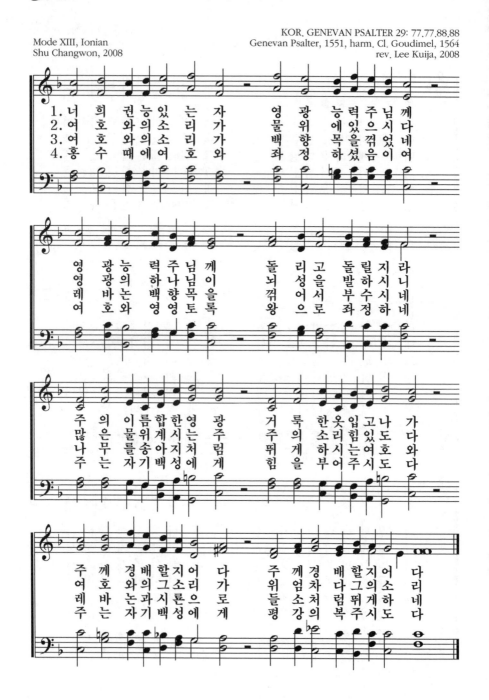

Mode VIII, Hypomixolydian
Shu Changwon, 2008, alt. 2015

KOR. GENEVAN PSALTER 30: 88.88.99
Genevan Psalter, 1551, harm. Cl. Goudimel, 1564
rev. Lee Kuija, 2008

38

시편 31편-1
(1-7)

Mode III, Phrygian
Shu Changwon, 2008

KOR. GENEVAN PSALTER 31-1: 966.977
Genevan Psalter, 1551, harm. Cl. Goudimel, 1564
rev. Lee Kuija, 2008

시편 31편-2

(8-12)

KOR. GENEVAN PSALTER 31-2: 966.977
Genevan Psalter, 1551, harm. Cl. Goudimel, 1564
rev. Lee Kuija, 2008

39

Mode III, Phrygian
Shu Changwon, 2015

40

시편 31편-3
(19-24)

Mode III, Phrygian
Shu Changwon, 2015, alt. 2017

KOR. GENEVAN PSALTER 31-3: 966.977
Genevan Psalter, 1551, harm. Cl. Goudimel, 1564
rev. Lee Kuija, 2008

시편 32편 41

Mode XIII, Ionian
Shu Changwon, 2008

KOR. GENEVAN PSALTER 32: 11 11.10 10.D.
Genevan Psalter, 1539, harm. Cl. Goudimel, 1564
rev. Lee Kuija, 2008, alt. 2017

1. 허 물의 사 함 얻고자기의 죄 가려 진자 는 복있는자로 다
2. 내 허 물 여 호 와께자백하 리 주님 께나 의 죄를 아뢰었 고
3. 주 님은 나 의 은신처이오 니 환난 서나 를 보호해주시 고
4. 악 인에게 는 슬픔이많아 도 여호 와신 뢰 하는자에게 는

맘 간사없 고 정죄당함도 없 는사람 은 복이있 도 다
내 죄악모 두 고백했더니 주 께서내 죄 사하였 도 다
구 원의노 래 날두르리 라 나 네갈길 을 가르쳐 주 고
주 인자함 이 두르리로 다 너 의인들 아 주를기 뻐 해

나 실토하 지 않을때에종 일 신 음하므 로 내뼈 쇠하였 네
이 때문에 경 건한자는모 두 주 만날기 회 주께기도하 리
널 주목하 여 훈계하리로 다 무 지한말 과 노새같지말 라
즐 거워하 라 여호와네주 를 맘 정직한 너 즐거이외치 라

주 손이나 를 주야로눌러 내 진액가 뭄 같이말 랐 네리
진 실로홍 수 범람한대도 그 에게능 히 닿지못 하 리
그 들은자 갈 굴레로단속 않 으면네 게 가지않 으 리
맘 정직한 너 모두즐거이 여 호와이 름 외칠지 어 다

42 시편 33편

Mode I, Dorian
Shu Changwon, 2008, alt. 2015

KOR. GENEVAN PSALTER 33: 98.98.665.665
Genevan Psalter, 1543, harm. Cl. Goudimel, 1564
rev. Lee Kuija, 2008, alt. 2017

1. 너 의인들아여호와 를 즐 거워찬송할 지 라 찬 송은정직한자
2. 주 님의말씀정직하 며 그 모든행사진실 해 며 공 의와정의사랑
3. 주 께서바닷물다모 아 무 더기같이쌓 으 며 깊 은물곳간에두
4. 주 께서열방의계획 과 사 상을무효케 하 네 여 호와계획영영
5. 주 여호와가하늘에 서 모 든인생감찰 하 며 그 거하신곳에서
6. 용 사들힘이크다해 도 스 스로구원치 못 해 말 들의그큰힘으
7. 우 리의영혼주바라 니 도 움과방패시 로 다 주 님을즐거워함

들 이 마 땅히행할바 로 다 수금 으로감 사 열 줄 비파찬 송
하 니 온 세상인자님 치 네 말씀 으로하 늘 그 입 기운으 로 라
시 네 온 땅은두려워 하 네 세계 모든거 민 주 님 경외하
서 고 그 심사대대이 르 리 여호 와로자 기 하 나 님을삼 은
세 상 모 든거민들보 시 네 저는 사람마 음 지 으 시고모 든
로 도 구 원함엔헛것 이 네 경외 하며인 자 바 라 는자살 펴
이 여 그 성호의지함 일 세 여호 와여우 리 주 께 바라오 니

여 호와 찬양 새노래로그 를 즐 거 운소리 로 다 연 주할지 라
지 음되 었네 만상들을모 두 다 이 루었도 다 이 이 루었도 다
경 외하 여라 저가말씀하 매 이 이 루어졌 다 견 고히섰 도 다
나 라복 있네 하나님의기 업 삼 구 원기 근때 백 나도없 네
행 사감 찰해 많은군대로 도 구 원 기근때 대 로 내 려
저 희영 혼을 사망서구하 고 저 희 소원 기 대 로내 려
주 의인 자함 우리모두에 게 소 원 대로내 려 주 시옵소 서

시편 34편-1

(1-10)

43

Mode I, Dorian
Shu Changwon, 2009

KOR. GENEVAN PSALTER 34-1: 68.86.D.
Genevan Psalter, 1551, harm. Cl. Goudimel, 1564
rev. Lee Kuija, 2008

44

시편 34편-2

(11-16)

Mode I, Dorian
Shu Changwon, 2015, alt. 2017

KOR. GENEVAN PSALTER 34-2: 68,86,D.
Genevan Psalter, 1551, harm. Cl. Goudimel, 1564
rev. Lee Kuija, 2008

1. 너 소자들 와 서 들 으라 내게 들으 라
2. 네 혀를 악 에 서 금 하고 너희 입 술 로
3. 여 호와의 눈 은 의 인들을 향하 시 고

나 여호와경 외 함을 가 르치리 로 다
궤 사한말을 금 하라 모 든악버 리 고
그 귀는저희 외 침에 기 울이시 도 다

생 명사모하고 장 수하여 복 받기를
선 을행할지며 화 평을찾 아 따르라
여 호와얼굴은 행 악하는 자 대하사

원 하는사 람 누구뇨 누 가원 하 느뇨
선 을행하 며 화평을 찾 아서 따 르라
저 희의자 취 땅에서 끊 으려 하 시네

시편 34편-3

(17-22)

KOR. GENEVAN PSALTER 34-3: 68.86.D.
Genevan Psalter, 1551, harm. Cl. Goudimel, 1564
rev. Lee Kuija, 2008

Mode I, Dorian
Shu Changwon, 2015, alt. 2017

1. 의 인이 외치매 주께서 듣고 저희를
2. 고 난이 많아도 주께서 모든 고난 서
3. 악 은 악인 들을 악 인을 죽일 것이라

모 든 환난 서 건 졌네 주는 맘 상한 자
건 져주시네 의 인을 그 모든 뼈 들도
의 인을 미워 하 는자 벌 받으리 로다

가 까이 하시고 중 심에 통회 하는자
보 호하심이여 하 나도 꺾임 없으리
여 호와께서는 종 들의 영혼 구하고

중 심에 통회 하는자 구 원해 주시네
꺾 임이 하나 없으니 주 보호 함이라
그 에게피 하 는자는 벌 받지 않겠네

46

시편 35편-1
(1-10)

Mode XIV, Hypoionian
Shu Changwon, 2008

KOR. GENEVAN PSALTER 35-1: 88.99.88.88
Genevan Psalter, 1551, harm. Cl. Goudimel, 1564
rev. Lee Kuija, 2008

1. 주 나와 다투는 자와 나 와 싸 우 는 자 들 과
2. 내 생명 찾는 자들로 부 끄 럼 수 치 당 케 해
3. 어 둡고 미끄 런 저 길 주 사 자 따 라 가 게 해
4. 내 영혼 주를 기 뻐 해 그 구 원 즐 거 워 하 네

다 투시 며 싸 워 주 소 서 방 물 패 와 손 방 패 를 잡 고 서 겨 리
날 상 해 하 려는 자 들 로 러 가 낭 패 케 하 소 숨
저 들 무 고 히 날 잡 고 자 길 그 웅 덩 이 에 겨 리
내 모든 뼈 들 이 말 하 길 여 호 와 같 은 이 누 구

일 어 나 날 도 우 소 서 창 들 어 길 목 을 막 고 고 니
저 희 고히 바 람 앞 에 서 겨 구 게 하 여 주 앗 으 지 며
무 가 로 히 생명 해 치 려 갈 덩 이 파 놓 은 지
가 난 한 자 를 그 보 다 강 한 자 에 게 건

내 영혼에 말 하 소 서 나 너 의 구 원 이 니 라
여 호 와 그 의 사 자 로 저 들 을 몰 아 내 소 서 리
멸 망 이 곤 임 하 도 다 그 그 물 걸 려 망 하 리
가 난 하고 궁 핍 한 자 노 략 자 에 서 건 지 네

시편 35편-2

(11-18)

Mode XIV, Hypoionian
Shu Changwon, 2015

KOR. GENEVAN PSALTER 35-2: 88.99.88.88
Genevan Psalter, 1551, harm. Cl. Goudimel, 1564
rev. Lee Kuija, 2008

1. 불 의한 증인 일 어 나 나 알지 못 하 는일 로
2. 내 기도 내게 돌 아 와 내 형제 와 친 구들 께를
3. 악 한자들나 모 르 게 모 여날 치 고 찢기 를
4. 여 호와여 내 영 혼 을 저 멸망 자 들 로부 터

힐 문하 며 선을악 으 로 며 다 갚 고 내영혼 외 롭 게 해 기를 도
행 함같 이 행하였으 로 며 다 나 저 굽 히 고슬퍼 하 기 해 를도
그 치지아 니 하는도 다 사 저 들은연 회 장 에 서
구 하며내 유 일한것 을 사 자 들에 서 건 지소 서

저 희 들 병들었 을 때 굶 은 베 옷 을입 고 서 매 다
내 모 친 곡함같 앗 네 오 날 나 환 이 를갈 도 다
망 령 돼 중나를조롱해 찬 향 해 난 당 하 나 이 들
대 회 중 주 께감 사 와 찬 송 을 많 은 사 람 들

금 식 하 며 내 영혼 을 괴 롭 게 하 였 었 도 다
기 뻐 서 서 내 로 모 였 네 기 뻐 서 서 로 모 였 까
여 호 와 여 언 제 까 지 관 망 만 하 시 나 이 까
앞 에 서 주 께 드 리 리 주 님 께 찬 송 하 리 다

48

시편 36편
(1-12)

Mode XIII, Ionian
Shu Changwon, 2008

KOR. GENEVAN PSALTER 36: 887.887.D.
Genevan Psalter, 1543, harm. Cl. Goudimel, 1564
rev. Lee Kuija, 2008, alt. 2017

시편 37편-1

49

(1-11)

Mode I, Dorian
Shu Changwon, 2008

KOR. GENEVAN PSALTER 37-1: 11 10.11 10. 11 10
Genevan Psalter, 1542, harm. Cl. Goudimel, 1564
rev. Lee Kuija, 2008, alt. 2017

1. 행 악자인해불평하지말 며 불 의한자 를 투기말지 라
2. 너 희가여호와를기뻐하 면 네 마음소 원 이뤄주리 라
3. 여 호와앞에잠잠하고참 고 기 다리는 자 형통하리 라
4. 너 희가여호와를기대하 면 너 희는땅 을 차지하리 라

저 희는속 히 풀같이베이 고 쇠 잔할푸 른 채소같으 리
네 길을주 께 맡기고믿으 면 주 께서이 뤄 주시리로 다
악 한꾀 이 룸 보고불평말 라 분 을그치 고 노를버리 라
잠 시후에 는 악인없어지 고 온 유한자 는 땅을차지 해

여 호와의뢰하여선행하 라 성 실을먹 을 식물삼 아라
네 의를빛같이나타내시 며 네 공의정 오 빛같게 하리
불 평말라행악에치우치 니 악 행하는 자 끊어지 리라
풍 성한화평으로즐기리 라 풍 성한화 평 즐기기 로다

50 시편 37편-2

(12-28)

Mode I, Dorian
Shu Changwon, 2015

KOR. GENEVAN PSALTER 37-2: 11 10.11 10. 11 10
Genevan Psalter, 1542, harm. Cl. Goudimel, 1564
rev. Lee Kuija, 2008, alt. 2017

1절
1. 악인이의인치기를꾀하며 그들을향해그이를가니
주께서그를비웃으시리니 그의날다가옴을보시네
악인이칼을빼고활을당겨 가난궁핍자넘어뜨리네

2절
2. 행실정직자죽이려고하나 그들칼그들양심찌르고
그들의활은부러지리로다 의인의적은소유가낫네
악인팔은부러지나의인은 여호와께서붙드시도다

3절
3. 주님은온전한자날을아니 그들의기업영원하리라
환난때에도부끄럼당잖고 기근날에도풍족하리라
악인들멸망하고주의원수 양기름타듯사라지리라

4절
4. 악인들꾸고갚지아니하나 의인은은혜베풀며주네
주여호와의복을받는자는 땅차지하며즐겁게사니
주저주받은자끊어지리라 저주받은자끊어지리라

5절
5. 주께서인생걸음정하시며 그길을기뻐하시는도다
저넘어져도엎드림당잖네 주께서그손붙드심이라
의인들이버림을당하거나 그자손걸식보지못했네

6절
6. 그자손종일은혜베풀면서 꿔주니자손복을받는다
악에서떠나선을행하여라 그러면너희영원히살리
주성도영원히버리지않고 보호하시나악인끊으리

시편 37편-3

(29-40)

Mode I, Dorian
Shu Changwon, 2015

KOR. GENEVAN PSALTER 37-3: 11 10.11 10. 11 10
Genevan Psalter, 1542, harm. Cl. Goudimel, 1564
rev. Lee Kuija, 2008, alt. 2017

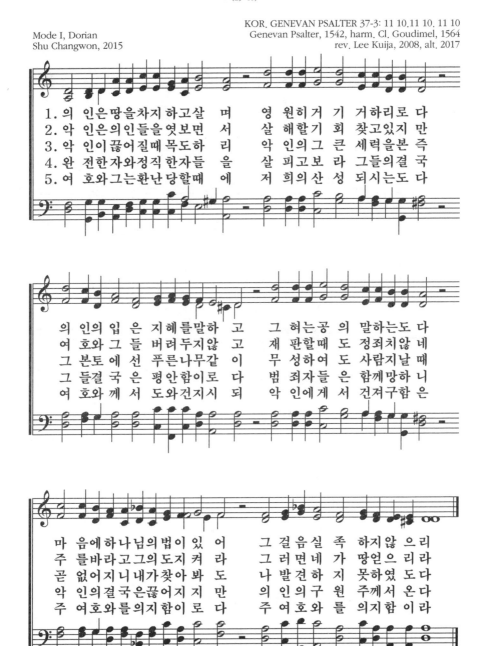

1. 의 인은땅을차지 하고살 며　영 원히거 기 거하리로 다
2. 악 인은의인들을엿보면 서　살 해할기 회 찾고있지 만
3. 악 인이끊어질때목도하 리　악 인의그 큰 세력을본 즉
4. 완 전한자와정직한자들 을　살 피고보 라 그들의결 국
5. 여 호와그는환난당할때 에　저 희의산 성 되시는도 다

의 인의입 은 지혜를말하 고　그 혀는공 의 말하는도 다
여 호와그 들 버려두지않 고　재 판할때 도 정죄치않 네
그 본토에 선 푸른나무같 이　무 성하여 도 사람지날 때
그 들결국 은 평안함이로 다　범 죄자들 은 함께망하 니
여 호와께 서 도와건지시 되　악 인에게 서 건져구함 은

마 음에하나님의법이있 어　그 걸음실 족 하지않 으리
주 를바라고그의도지켜 라　그 러면네 가 땅얻으 리라
곧 없어지니내가찾아봐 도　나 발견하 지 못하였 도다
악 인의결국은끊어지 지 만　의 인의구 원 주께서 온다
주 여호와를의지함이로 다　주 여호와 를 의지함 이라

52

시편 38편
(1-8, 21-22)

Mode IX, Aeolian
Shu Changwon, 2008

KOR. GENEVAN PSALTER 38: 8 11.8 11
rev. Lee Kuija, 2008

시편 39편

53

Mode X, Hypoaeolian
Shu Changwon, 2008

KOR. GENEVAN PSALTER 39: 10 8.10 8.10 8
Genevan Psalter, 1551, harm. Cl. Goudimel, 1564
rev. Lee Kuija, 2008

1. 나 말하기를 행위조심해 내 혀로죄짓 지 않고
2. 내 마음이 내 속에뜨거워 나 묵상할때 화 나니
3. 주 나의날이 손넓이만큼 되 게하여내 일 생이
4. 그 림자같이 다니는인생 허 망한일에 소 란해
5. 주 나의기도 들으시오며 부 르짖음귀 기 울여

악 인들앞 에 다가올때에 내 입에자갈 먹 이리
내 혀말하 네 여호와주여 내 종말연한 알 게해
주 앞에없 는 자와같으니 사 람마다그 든 든히
재 물쌓으 나 누가취할지 알 지를못하 나 이다
눈 물을내 가 흘릴때에도 잠 잠치마시 옵 소서

나 잠잠하여 선한말 못 해 내 근심더욱 심 하다
내 연약함을 알게하 소 서 나 알게하여 주 소서
서 있는때도 허사뿐 이 라 진 실로허사 뿐 이라
나 주여무엇 바라리 이 까 내 소망주께 있 도다
나 주께객과 거류자 됨 이 모 든열조와 같 도다

54

시편 40편-1
(1-9)

Mode II, Hypodorian
Shin Soseop, 2008

KOR. GENEVAN PSALTER 40-1: 10 8.8 10.776.666
Genevan Psalter, 1551, harm. Cl. Goudimel, 1564
rev. Joo Sunghee, 2008

1. 여 호와내 가 기다 렸 더니 주 귀를기울이 시 어
2. 여 호와주 를 의지 하 고서 교 만과거짓치 우 친
3. 주 께서내 게 들려 주 시길 제 사와예물드 리 나
4. 하 나님내 가 주뜻 행 하길 즐 거워하옵나 이 다

내 간 구들으셨 도 다 기 막 힐 웅 덩이와수 렁 서 다
그 들 을돌보잖 는 자 복 있 네 복 이있음이 로 다
주 기 뻐하지않 으 며 번 제 와 속 죄제를드 리 길
주 님 의법이나 의 맘 심 중 에 있 다하였나 이 다

날 끌어올리시 고 반 석위내발두 사 내걸음견고케
여 호와나의주 여 행 하신기적많 고 날향한주생각
요 구치않는다 해 나 그때말하기 를 나왔사 옵니다
나 많은회중에 서 기 쁨의소식전 해 주하나 님이여

새 노래찬 송 을 내 입에두 신 주 두 려워의 지 해
참 많고많 아 서 견 줄수없 도 다 셀 수도없 도 다
날 가리킨 기 록 두 루마리 에 책 에 있 사옵나 이 다
내 가나의 입 술 단 지아니 할 줄 주 아시나 이 다

시편 40편-2

(10-17)

55

Mode II, Hypodorian
Shin Soseop, 2015

KOR. GENEVAN PSALTER 40-2: 10 8,8 10,776,666
Genevan Psalter, 1551, harm. Cl. Goudimel, 1564
rev. Joo Sunghee, 2008

56

시편 41편

Mode I, Dorian
Shin Soseop, 2008

KOR. GENEVAN PSALTER 41: 10 6.10 6.D.
Genevan Psalter, 1551, harm. Cl. Goudimel, 1564
rev. Joo Sunghee, 2008

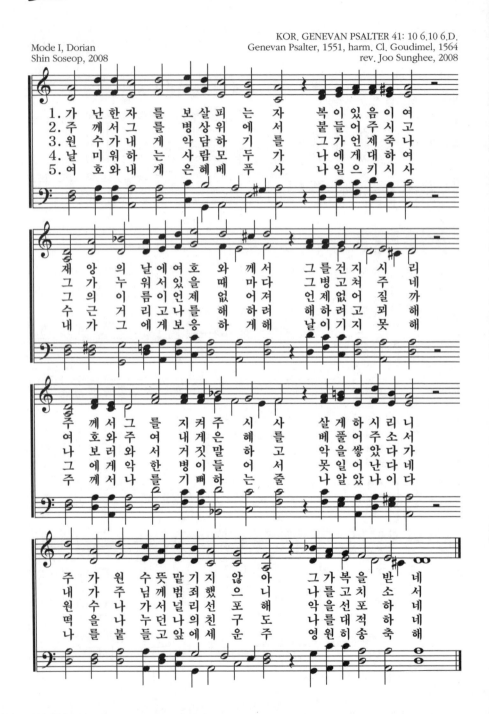

시편 42편-1
(1-5)

57

Mode XIII, Ionian
Shu Changwon, 2008

KOR. GENEVAN PSALTER 42-1: 87.87.77.88
Genevan Psalter, 1551, harm. Cl. Goudimel, 1564
rev. Lee Kuija, 2008, alt. 2017

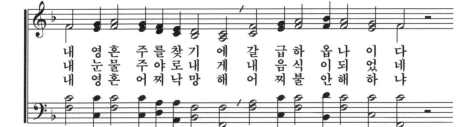

1. 하 나 님 사 슴 이 냇 물 찾 아 갈 급 함 같 이
2. 사 람 들 종 일 나 에 게 하 나 님 어 딨 냐 해
3. 나 이 제 이 일 기 억 코 내 마 음 상 하 도 다

내 영 혼 주 를 찾 기 에 갈 급 하 옵 나 이 다
내 눈 물 주 야 로 내 게 내 음 식 이 되 었 네
내 영 혼 어 찌 낙 망 해 어 찌 불 안 해 하 냐

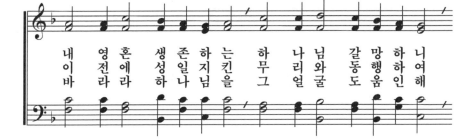

내 영 혼 생 존 하 는 하 나 님 갈 망 하 니 여
이 전 에 성 일 지 킨 무 리 와 동 행 하 하 여
바 라 라 하 나 님 을 그 얼 굴 도 움 인 해

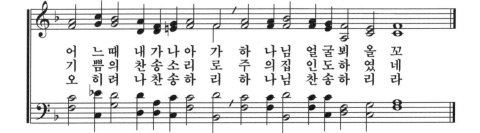

어 느 때 내 가 나 아 가 하 나 님 얼 굴 뵈 올 꼬
기 쁨 의 찬 송 소 리 로 주 의 집 인 도 하 였 네
오 히 려 나 찬 송 하 리 하 나 님 찬 송 하 리 라

58

시편 42편-2

(6-11)

Mode XIII, Ionian
Shu Changwon, 2008

KOR. GENEVAN PSALTER 42-2: 87.87.77.88
Genevan Psalter, 1551, harm. Cl. Goudimel, 1564
rev. Lee Kuija, 2008, alt. 2017

시편 43편

59

KOR. GENEVAN PSALTER 43: 989.968
Genevan Psalter, 1551, harm. Cl. Goudimel, 1564
rev. Lee Kuija, 2008, alt. 2017

Mode XIV, Hypoionian
Shu Changwon, 2008

1. 하 나 님 나를판단하 되　　경건 치 않은 나 라에
2. 힘 되 신 주여나를버 려　　원수 의 압제 로 나를
3. 나 주 의 제단앞에나 가　　큰기 쁨 내하 나 님께
4. 내 영 혼 어찌낙심하 며　　속에 서 불안 해 하나

내 송사변호하옵 시고　　간 사불의 한 자에게 서
슬 프게다니게합 니까　　주 빛과진 리 날이끌 어
나 이르리다내하 나님　　오 나의주 님 수금으 로
너 는하나님을바 라라　　네 얼굴돕 는 하나님 을

날 건 져 주 소 서　　날 건 져 주 시 옵 소 서
주 성 산 장 막 에　　나 이 르 게 하 옵 소 서
나 주 님 찬 양 해　　나 주 님 찬 양 하 리 라
나 찬 송 하 리 라　　나 주 님 찬 송 하 리 라

60

시편 44편-1
(1-8)

Mode VIII, Hypomixolydian
Shin Soseop, 2008, alt. Shu Changwon, 2015

KOR. GENEVAN PSALTER 44-1: 99.88.89.89
Genevan Psalter, 1551, harm. Cl. Goudimel, 1564
rev. Joo Sunghee, 2008

시편 44편-2

(20-26)

61

Mode VIII, Hypomixolydian
Shin Soseop, 2008, alt. Shu Changwon, 2015

KOR. GENEVAN PSALTER 44-2: 99.88.89.89
Genevan Psalter, 1551, harm. Cl. Goudimel, 1564
rev. Joo Sunghee, 2008

1. 우 리가우 리 하나님 의 이 름을잊 어 버렸거 나
2. 우 리가종 일 주위하 여 죽 임당하 고 도살할 양
3. 어 찌해얼 굴 가리시 며 고 난과압 제 당하옴 을

우 리 손 이방신에게 향 하여폈었 더 라면
여 김 을 받았나이다 깨 소서주여 어 찌해
어 찌 잊 으시나이까 우 리영혼은 진 토에

하 나님알 아 내시지 아 니 하 시었으리이 까
주 무시나 요 어찌해 일 어 나 우리들영영 히
구 푸리고 우 리몸은 땅 에 붙 어버렸나이 다

대 저주는마음 비 밀 마 음의비 밀 아십니 다
영 영버리지마소 서 영 영버리 지 마옵소 서
일 어나우리도 우 사 주 인자로 구 속하소 서

62

시편 45편
(1-11)

Mode I, Dorian
Shu Changwon, 2008

KOR. GENEVAN PSALTER 45: 11 11.10 10.D.
Genevan Psalter, 1543, harm. Cl. Goudimel, 1564
rev. Lee Kuija, 2008

시편 46편
63

Mode VII, Mixolydian
Shu Changwon, 2008

KOR. GENEVAN PSALTER 46: 99.88.D.
Genevan Psalter, 1543, harm. Cl. Goudimel, 1564
rev. Lee Kuija, 2008

1. 하 나 님 우 리 피 난 처 요 힘 이 니 환 난 중 큰 도 움
2. 한 시 내 나 뉘 어 흘 러 서 지 극 히 높 은 자 의 장 막
3. 만 군 의 여 호 와 함 께 해 라 야 곱 하 나 님 은 피 난 처
4. 너 희 는 가 만 히 있 어 라 내 가 하 나 님 됨 을 알 라

땅 변 하 고 산 흔 들 러 네 바 다 가 운 데 빠 지 든
성 소 를 보 라 여 호 와 행 반 고 성 소 를 기 쁘 게 황 무 케
와 나 열 방 중 높 임 반 성 주 세 땅 계 중 높 임 반

바 닷 물 솟 아 뛰 놀 든 지 넘 치 며 산 이 요 동 해 도
하 나 님 그 성 에 계 시 니 그 성 이 요 동 하 지 않 네
저 가 땅 끝 까 지 전 쟁 을 전 쟁 을 쉬 게 하 심 이 여
만 군 의 여 호 와 우 리 와 함 께 하 시 니 두 렵 잖 네

우 리 는 두 렵 지 않 네 두 러 워 하 지 않 으 리 라
하 나 님 도 와 주 시 리 며 새 벽 에 도 우 시 리 라
활 꺾 고 창 을 끊 으 며 수 레 를 불 사 르 도 다
야 곱 의 하 나 님 께 서 우 리 의 피 난 처 로 다

64 시편 47편

Mode XIII, Ionian
Shu Changwon, 2008

KOR. GENEVAN PSALTER 47: 10 10.10 10.10 10
Genevan Psalter, 1551, harm. Cl. Goudimel, 1564
rev. Lee Kuija, 2008

1. 너 희 만민손바 닥을치고   기 쁜 소리외치 라주님께
2. 우 리 위해기업 택하나니   사 랑 하신야곱 의영화라
3. 찬 양 우리왕을 찬양하라   하 나 님은온땅 왕이시라
4. 열 방 방백들이 모임이여   아 브 라함주의 백성되네

지 존 하신주는 엄위하고   온 땅 큰임군이 됨이로다
하 나 님이기뻐 부르는중   올 라 가시도다 여호와는
찬 양 할지어다 지혜시로   열 방 치리하며 그거룩한
세 상 모든방패 주님의것   세 상 모든방패 주님의것

주 는 만민들과 열방들을   우 리 발아래에 복종케해
나 팔 소리중에 오르시네   기 뻐 찬양하라 주하나님
보 좌 앉으셨다 앉으셨다   거 룩 하신보좌 앉으셨다
저 는 지존하신 주하나님   지 존 하시도다 할렐루야

우리에게는 하나님께 찬송을 돌리며
기도하는 노래가 있어야 할 것이다.
그것은 비단 정직한 노래만 아니라 거룩한 노래여야 하며,
또한 하나님을 사랑하고 두려워하고 존경하고 영화롭게 하기 위해
그분의 사역을 묵상하는 노래이기도 해야 한다.
하나님에게서 받은 것이 아니면
아무도 하나님에게 합당한 찬송을 드릴 수 없다고 말한
성 어거스틴의 말은 참이다.
그러므로 성령 자신이 말씀하시고 성령의 감동으로 쓰인
다윗의 시편보다 이러한 목적에 적합한
더 좋은 찬송가는 찾지 못할 것이다.
우리가 시편을 노래할 때에는
하나님의 영광을 찬송하는 것이기 때문에
시편은 가장 좋은 찬송가이다.

- 존 칼뱅 -

65

시편 48편

Mode I, Dorian
Shu Changwon, 2008

KOR. GENEVAN PSALTER 48: 88.99.77.88.88
Genevan Psalter, 1562, harm. Cl. Goudimel, 1564
rev. Lee Kuija, 2008

1. 주 님은광 대 하시 니 주 우리하 나 님의 성
2. 왕 들이모 여 지나 감 그 들이보 고 놀라 서
3. 우 리가들 은 바대 로 만 군의여 호 와의 성
4. 주 오른손 엔 정의 요 정 의가충 만 합니 다

거 룩한산에서극진 히 찬 양을받으시리로 다
두 려워빨리지나갔 네 두 려워빨리지나 갔 네
하 나님성에서보았 네 이 성하나님이영원 히
주 님의심판인하여 서 시 온산유다의딸들 아

터 가 아름다워서 온 땅즐거워하 네
그 들 떨며두려워 고 통을당하옴 이
견 고 하게하시리 견 고하게하시 리
기 뻐 즐거워하라 너 시온을돌면 서

북방 왕의성에있 는 시 온 산이그러하 네
해산 하는여인같 네 해 산 하는여인같 네
우리 주의성전에 서 주 의 인자생각했 네
망대 들을세어보 라 성 벽 자세히살피 고

내가 너의피난처 라 하 나 님알려주셨 다
주가 다시스의배 를 동 풍 으로깨뜨리 네
주여 주이름과같 이 찬 송 땅끝퍼집니 다
궁전 살펴서전하 라 하 나 님인도하신 다

우리는 하나님의 말할 수 없는 은혜와 측량할 수 없는 특권을 인식하며

기도로 하나님께 나아가도록 힘써야 합니다.

- 메튜 헨리 -

66

시편 49편-1
(1-11)

Mode XIV, Hypoionian
Shu Changwon, 2009, alt. 2015

KOR. GENEVAN PSALTER 49-1: 10 10.10 10.10 10.11 11
Genevan Psalter, 1562, harm. Cl. Goudimel, 1564
rev. Lee Kuija, 2008

1. 들 으 라 만민들아들 으 라   세 상의거 민 모두들으 라
2. 죄 악 이 나를따라에 우 는   환 난을어 찌 두려워하 라
3. 영 존 해 죽음안본다 하 나   저 가보리 라 지혜자죽 음

빈 부와귀 천 막론하고서   들 을지어 다 들을지어다
자 기의재 물 의지하는자   풍 부함으 로 자긍하는자
우 매자무 지 한자망하며   저 희의재 물 남이취하네

내 입은지 혜 내마음명철   작 은소리 로 묵상하리 라
아 무도결 코 구속못하며   그 위한속 전 마련못함 은
그 러나그 집 영영히있고   그 거처후 세 미치리라 해

내 가비유 에 내귀기울이 고   나 수금으 로 오묘한말풀 리
그 생명속 량 너무귀하기 에   영 원히마 련 못할것임이 라
그 들의토 지 자기이름으 로   칭 하는도 다 자기이름으 로

시편 49편-2

(12-20)

67

Mode XIV, Hypoionian
Shu Changwon, 2009, alt. 2015

KOR. GENEVAN PSALTER 49-2: 10 10.10 10.10 10.11 11
Genevan Psalter, 1562, harm. Cl. Goudimel, 1564
rev. Lee Kuija, 2008

1. 존 귀 한 사 람 장 구 치 못 해　멀 망 당 하 는 짐 승 같 도 다
2. 하 나 님 나 를 영 접 하 리 니　내 영 혼 음 부 권 세 로 부 터
3. 생 시 에 자 기 축 하 를 하 며　스 스 로 좋 게 하 여 사 람 의

저 희 의 행 위 우 매 함 이 나　후 대 는 그 말 칭 찬 하 리 라
내 영 혼 구 속 하 시 리 로 다　사 람 이 치 부 하 여 그 집 에
칭 찬 을 많 이 받 을 지 라 도　그 들 의 역 대 조 상 에 게 로

양 같 이 저 희 음 부 에 두 니　사 망 이 저 희 목 자 되 리 라
영 광 이 더 할 때 에 너 희 는　두 려 워 말 라 저 가 죽 으 면
돌 아 가 리 니 영 영 히 빛 을　보 지 못 하 리 보 지 못 하 리

정 직 한 자 가 저 희 다 스 리 니　그 아 름 다 운 거 처 없 어 지 리
가 져 가 는 것 하 나 도 없 으 며　그 영 광 따 라 가 지 못 하 리 라
존 귀 하 지 만 깨 닫 지 못 한 자　멀 망 당 하 는 짐 승 과 같 도 다

68

시편 50편

(1-7, 14-15, 23)

Mode I, Dorian
Shu Changwon, 2008

KOR. GENEVAN PSALTER 50: 10 10 10.10 11.11
Genevan Psalter, 1543, harm. Cl. Goudimel, 1564
rev. Lee Kuija, 2008

시편 51편-1

69

(1-11)

Mode III, Phrygian
Shu Changwon, 2009

KOR. GENEVAN PSALTER 51-1: 10 11.11 10.10 11.10 11
Genevan Psalter, 1539, harm. Cl. Goudimel, 1564
rev. Lee Kuija, 2009

1. 하 나님주 의 인자를 좇 아　나 를긍휼 히 여겨주시오 며
2. 주 말씀할 때 의롭다 하 고　주 판단할 때 순전하다 하 리
3. 즐 겁고기 쁜 소리듣 게 해　주 꺾으신 뼈 즐겁게하소 서

자 비로내 죄 지워주옵소 서　나 의죄악 을 맑게씻 기며
나 죄악중 에 출생하였음 은　죄 중에모 친 날잉태 했네
주 얼굴나 의 죄에서돌리 고　내 모든죄 악 없애주 소서

깨 끗이내 죄 제거하 소 서　죄 과아오 니 늘내앞에있 네
중 심에진 실 주님원 하 니　내 속에지 혜 알게하시리 다
정 한마음 을 창조하 시 고　정 직한영 을 새롭게하소 서

나 주께죄 를 범하였 으 며　주 앞에악 을 행하였나이 다
날 우슬초 로 정케하 소 서　날 씻기소 서 눈보다희 리 다
날 주앞에 서 쫓지마 시 며　내 게서성 령 거두지마소 서

70

시편 51편-2
(12-19)

Mode III, Phrygian
Shu Changwon, 2009

KOR. GENEVAN PSALTER 51-2: 10 11.11 10.10 11.10 11
Genevan Psalter, 1539, harm. Cl. Goudimel, 1564
rev. Lee Kuija, 2009

1. 구 원의기 쁨 회복시 키 고　　주 소서내 게 자원하는심 령
2. 오 주여내 입 열어주 소 서　　내 입이주 를 찬송전파하 리
3. 주 은택으 로 선을행 하 고　　예 루살렘 성 성을쌓으소 서

날 붙드소 서 그리하면내 가　　죄 인에게 주 도를가르쳐
주 님은제 사 즐겨아니하 네　　아 니면내 가 드렸으리라
그 때에주 가 의로운제사 와　　번 제와모 든 온전한번제

주 님께죄 인 돌아오 리 라　　오 주여나 의 구원의하나 님
주 님은번 제 기뻐안 하 네　　하 나님찾 는 제사상한심 령
주 께서기 뻐 하시리 로 다　　저 희가주 의 제단에수소 로

피 흘린죄 서 날건지소 서　　내 혀가주 를 높이노래하 리
상 하고통 회 하는마 음을　　주 께서멸 시 아니하시리 다
온 전히주 께 드리리 이 다　　온 전히주 께 드리오리이 다

시편 52편

71

KOR. GENEVAN PSALTER 52: 96.96.86

Mode XIII, Ionian
Shin Soseop, 2009

Genevan Psalter, 1554, harm. Cl. Goudimel, 1564
rev. Joo Sunghee, 2009, alt. Lee Kuija, 2017

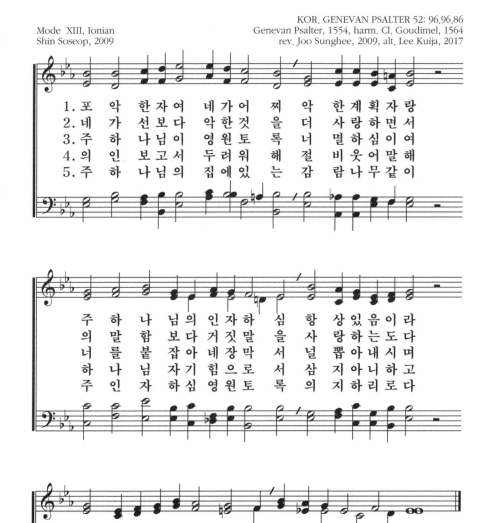

72

시편 53편

Mode I, Dorian
Shin Soseop, 2008

KOR. GENEVAN PSALTER 53: 10 11.11 10.4
Genevan Psalter, 1542, harm. Cl. Goudimel, 1564
rev. Joo Sunghee, 2008

시편 54편

Mode XIV, Hypoionian
Shin Soseop, 2008

KOR. GENEVAN PSALTER 54: 89.98.D.
Genevan Psalter, 1562, harm. Cl. Goudimel, 1564
rev. Joo Sunghee, 2008

1. 주 이름나 를 구원해 힘 으로변호하옵소 서
2. 하 나님나 를 돕는자 내 생명붙들어주는 자
3. 오 내가낙 헌 제드려 주 님께제사하리이 다

주 나의기 도 들으시 며 내 말귀 기울이소서
주 께서나 의 원수에 게 악 으로 갚으시리니
여 호와이 름 감사하 니 주 이 름 선하심이라

낮 선자포악한자들 나 를치고내생명찾 네
하 나님성실하심이 그 들을멸하시옵소 서
주 님은모든환난서 오 나를건져주시옵 고

하 나님그들앞에없 네 하 나님두지않 았 네
하 나님성실하심으 로 원 수를멸하옵 소 서
내 원수보응받는것 을 내 눈이보게하 셨 네

74

시편 55편
(1-10, 16-17)

Mode X, Hypoaeolian
Shu Changwon, 2008

KOR. GENEVAN PSALTER 55: 99.98.89
Genevan Psalter, 1551, harm. Cl. Goudimel, 1564
rev. Lee Kuija, 2008

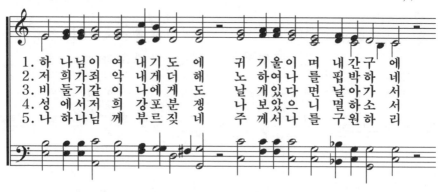

1. 하 나님이 여 내기 도 에해 귀 기울이 며 내간구 에네서
2. 저 희가죄 악 이내게더 해 노 하여있 나 를핍박하 아네서
3. 비 둘기같 이 나에게도 나 날 개있었 으 면멸하소 서서
4. 성 에서저 희 강포분 쟁 나 하나있 다 보았으 니 멸하소 서
5. 나 하나님 께 부르짖 네 주 께서나 를 구원하 리

숨 지마소 서이라 내게히 혀파 응사 답해 주위 옵소 서네다니
내 편마음속 서심멀 자르 날 광주 망의 위험 미리 로다니
그 저녁과아 침 정오때 에 근심하 성여 탄식하

나 근심으 로 탄식 함 고가며 원수와 악나 인를 때덮 이라다라
두나 럼과떨 처 림에 이르 히으 공폭 포풍 광압 문었 도리있 다라
죄여 악과호 재와께 서 난내 있소 들으 시리 라 피꿰 들으리 라

시편 56편

Mode XIV, Hypoionian
Shu Changwon, 2008

KOR. GENEVAN PSALTER 56: 10 10.10 7.11 11.11 6
Genevan Psalter, 1562, harm. Cl. Goudimel, 1564
rev. Lee Kuija, 2008, alt. 2017

1. 하 나님날 긍휼 히보 소 서   사 람이나 를 삼키려 하 여
2. 하 나님의 지하 고찬 송 해   나 두려하 지 아니하 리 니
3. 저 희가죄 짓고 피하 리 까   주 분노로 백 성낮추 소 서
4. 내 가주하 나님 의지 하 여   그 의말씀 찬 송하리 이 다

날 종일 치 며   압 제합 니 다   나 를압 제합 니 다
혈 육가 진 자   어 찌하 리 까   내 게어 찌하 리 까
내 유리 함 을   계 수했 으 니   내 눈물 담 으소 서
내 하 님 을   의 지했 은 즉   내 게어 찌하 리 까

내 원수종 일 날삼키려하 며   나 를교만 히 치는자많으 니
저 희가종 일 내말곡해하 며   날 치는자 의 생각사악이 라
이 것이주 의 책에기록되 니   나 아뢰는 날 원수물러가 리
하 나님내 가 서원있사온 즉   나 감사제 를 주께드리리 라

내 가두려 워 하는날엔내 가   주 의지하리 다
저 희내생 명 엿보던것같 이   내 종적살피 네
이 것이주 님 나의편이심 을   내 가아나이 다
주 께서생 명 건지셨음이 라   생 명빛다니 네

76

시편 57편

Mode VII, Mixolydian
Shu Changwon, 2009

KOR. GENEVAN PSALTER 57: 10 10.11 10.11
Genevan Psalter, 1554, harm. Cl. Goudimel, 1564
rev. Lee Kuija, 2009

시편 58편

(1-8, 10-11)

Mode VIII, Hypomixolydian
Shin Soseop, 2008

KOR. GENEVAN PSALTER 58: 98.89.88
Genevan Psalter, 1562, harm. Cl. Goudimel, 1564
rev. Joo Sunghee, 2008, alt. Lee Kuija, 2017

78

시편 59편

(1-5, 9-10, 16-17)

Mode I, Dorian
Shin Soseop, 2008

KOR. GENEVAN PSALTER 59: 99,88,D.
Genevan Psalter, 1562, harm. Cl. Goudimel, 1564
rev. Joo Sunghee, 2008

시편 60편

79

(1-5, 11-12)

KOR. GENEVAN PSALTER 60: 88.88.88.99
Genevan Psalter, 1562, harm. Cl. Goudimel, 1564
rev. Joo Sunghee, 2009, alt. Lee Kuija, 2017

Mode XIV, Hypoionian
Shin Soseop, 2009

1. 하 나님이여 주 께서 우 리를버려흩 었 고
2. 주 께서그백 성 에게 어 려움보이시 옵 고
3. 주 께서사랑 하 는자 주 건지시기위 하 여

주 분노하셨사 오 나 회 복시켜주 옵 소서
비 틀거리도록 하 는 포 도주마시 게 했네
주 님의오른손 으 로 구 원하시고 응 답해

주 께서땅 을 진동해 땅 으로갈 라 지게한
주 경외하 는 자에게 깃 발을주 시 옵시고
대 적을치 게 하소서 사 람의구 원 헛되니

그 틈을기 우 시옵소 서 그 땅이요 동 함이니 다
진 리를위 해 달게했 네 진 리를위 해 달게했 네
주 의지하 여 용감하 리 저 는대적 을 밟을자 라

80

시편 61편

Mode II, Hypodorian
Shu Changwon, 2009

KOR. GENEVAN PSALTER 61: 12 7,12 7
Genevan Psalter, 1562, harm. Cl. Goudimel, 1564
rev. Lee Kuija, 2009

1. 주 나의부르 짖음 들으 시 오 며 기 도 유의하소서
2. 주 나의피난 처요 견고 한 망 대 원 수 피할바위라
3. 주 나의서원 듣고 경외 하 는 자 받 을 기업주셨다
4. 저 희가하나 님앞 거주 하 리 니 저 를 보호하도다

내 맘 눌릴때에부 르짖 는 나 를 높 은 곳이 끄 소 서
내 가 영원토록주 의장 막 에 서 주 날 개밑 피 하 리
왕 을 장수케한하 나님 그 나 이 여 러 대이르 게 해
내 가 주이름영원 히찬 양 하 며 서 원 이행 하 리 라

내가 그 길을 보았은즉 그를 고쳐 줄 것이라

그를 인도하며 그와 그의 슬퍼하는 자에게 위로를 다시 얻게 하리라

입술의 열매를 짓는 나 여호와가 말하노라

먼데 있는 자에게든지 가까운데 있는 자에게든지

평강이 있을찌어다 평강이 있을찌어다 내가 그를 고치리라 하셨느니라

사 57:18-19

시편 62편   81

Mode I, Dorian
Shu Changwon, 2009, alt. 2015

KOR. GENEVAN PSALTER 62: 889.D.
Genevan Psalter, 1542, harm. Cl. Goudimel, 1564
rev. Lee Kuija, 2009

1. 나 의 영 혼 잠 잠 하 게 | 하 나 바 라 봄 이 여 이
2. 흔 들 리 는 울 타 와 서 | 님 지 는 담 궁 같 이 며 다
3. 그 를 높 은 자 리 에 서 | 떨 어 뜨 릴 반 리 하 어 다
4. 내 영 혼 은 잠 잠 하 게 | 하 나 님 바 석 피 난 처
5. 구 원 영 광 주 께 있 네 | 내 님 힘 의 자 도 거 짓 되 니
6. 실 로 천 한 자 헛 되 고 | 높 은 자 에 맘 두 지 말 라
7. 제 물 늘 어 가 더 라 도 | 거 기 에 맘 두 지 말 라

내 사 거 내 주 저 하 | 구 원 그 에 게 나 도 | 다 가 자 네 다 다 함 | 오 일 입 오 백 가 권 | 저 히 론 저 들 우 과 | 나 의 하 이 의 지 가 인 | 석 를 도 석 라 리 심
사 거 내 주 저 하 | 원 죽 이 즐 저 님 한 두 번 | 희 하 는 나 도 보 | 다 네 | 오 일 입 오 | 직 제 으 직 성 벼 능 | 반 기 라 반 하 우 하 | 반 격 복 하 우 하

내 언 속 내 주 포 주 | 구 원 산 성 이 시 니 냐 네 니 | 크 게 언 제 로 요 동 은 | 치 하 지 주 피 망 해 한 | 리 냐 다 처 라 라 네
언 속 나 주 탈 각 | 원 까 지 하 저 성 | 이 려 뿐 이 토 치 였 으 | 시 느 이 시 하 말 으 | 나 너 속 나 주 탈 각 | 동 제 까 저 허 물 행 | 않 으 도 하 니 난 해 말 로 갚

82

시편 63편

Mode III, Phrygian
Shin Soseop, 2008

KOR. GENEVAN PSALTER 63: 89.98.98.89
Genevan Psalter, 1551, harm. Cl. Goudimel, 1564
rev. Joo Sunghee, 2008, alt. Lee Kuija, 2017

시편 64편

(1-6, 10)

83

KOR. GENEVAN PSALTER 64: 9.88.95
Genevan Psalter, 1542, harm. Cl. Goudimel, 1564
rev. Joo Sunghee, 2009, alt. Lee Kuija, 2017

Mode I, Dorian
Shin Soseop, 2009

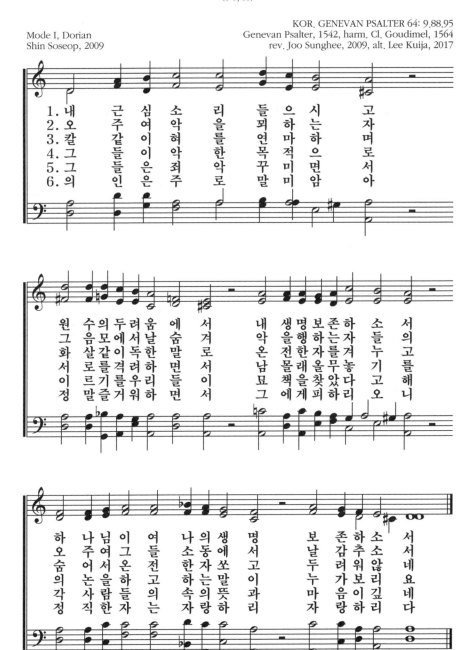

84

시편 65편-1
(1-6)

Mode IX, Aeolian
Shu Changwon, 2009

KOR. GENEVAN PSALTER 65-1: 96.96.D.
Genevan Psalter, 1543, harm. Cl. Goudimel, 1564
rev. Lee Kuija, 2008

1. 오 주여 찬 송 시온에 서 　 주 를 기 다 리 며
2. 죄 악이 나 를 이겼으 니 　 우 리의 죄 과 를
3. 우 리의 구 원 주하나 님 　 땅 의모 든 끝 과

사 람이 서 원 주님에 게 　 이 행 하 리 로 다
주 께서 용 서 하시리 라 　 사 하 시 리 로 다
먼 바다 사 는 모든자 의 　 의 지 할 주 께 서

기 도를 들 으 시는주 여 　 피 조 물 모 두 가
주 택함 받 고 가까이 와 　 주 뜰 에 거 한 자
의 따라 엄 위 하신일 로 　 응 답 하 시 리 라

주 하나 님 께 나오리 라 　 주 께 나 오 리 다
복 이있 다 주 님의성 전 　 만 족 하 리 이 다
주 힘으 로 산 세우시 며 　 권 능 의 띠 띠 네

시편 65편-2

(7-12)

85

Mode IX, Aeolian
Shu Changwon, 2009

KOR. GENEVAN PSALTER 65-2: 96.96.D.
Genevan Psalter, 1543, harm. Cl. Goudimel, 1564
rev. Lee Kuija, 2008

1. 바 다의 설 렘 물결 요 동 만 민의 소 동 도
2. 주 께서 땅 을 권고 하 사 물 대어 윤 택 케
3. 주 은택 한 해 관 씌우 니 주 길과 초 장 에

진 정시 키 네 주힘으 로 진 정시 키 시 네
하 나님 강 에 물을 채 워 땅 예비 한 후 에
기 름방 울 이 떨어 지 니 기 쁨의 띠 띠 네

땅 끝 사람 은 주의 징 조 두 려 워 하 도 다
곡 식을 주고 밭고 랑 에 물 넉 넉 히 대 어
초 장은 양떼 로 옷입 고 골 짜 기엔 곡 식

주 께서 아침 저녁 됨 을 기 뻐 하게 하 네
그 이랑 평평 케 하시 고 단 비 로 복 주 네
덮 이어 저희 가 즐거 이 외 치 며 노 래 해

86

시편 66편-1
(1-12)

Mode XIV, Hypoionian
Shu Changwon, 2009, alt. 2015

KOR. GENEVAN PSALTER 66-1: 98.98.D.
Genevan Psalter, 1543, harm. Cl. Goudimel, 1564
rev. Lee Kuija, 2009, alt. 2017

시편 66편-2

(13-20)

Mode XIV, Hypoionian
Shu Changwon, 2009, alt. 2015

KOR. GENEVAN PSALTER 66-2: 98,98,D.
Genevan Psalter, 1543, harm. Cl. Goudimel, 1564
rev. Lee Kuija, 2009, alt. 2017

1. 나 번 제 갖 고 주 의 집 에 들 어 가 서 원 갚 으 리
2. 하 나 님 두 려 하 는 자 들 다 와 서 들 을 지 어 다
3. 그 러 나 실 로 하 나 님 이 내 기 도 들 으 셨 도 다

이 는 내 입 술 발 함 이 요 환 난 때 말 한 것 이 라
하 나 님 내 영 혼 위 하 여 행 하 신 일 선 포 하 리
내 기 도 소 리 에 주 께 서 주 귀 를 기 울 이 셨 네

나 살 진 것 과 수 양 향 기 번 제 로 주 께 드 리 며
내 입 으 로 나 부 르 짖 고 혀 로 높 이 찬 양 했 네
나 하 나 님 을 찬 송 하 리 내 기 도 거 절 치 않 고

수 소 와 염 소 드 립 니 다 수 소 와 염 소 드 리 리
내 맘 에 죄 악 을 품 으 면 주 께 서 듣 지 않 으 리
그 인 자 하 심 나 에 게 서 거 두 지 아 니 하 였 다

88

시편 67편

Mode I, Dorian
Shu Changwon, 2009

KOR. GENEVAN PSALTER 67: 98.98.665.665
Genevan Psalter, 1543, harm. Cl. Goudimel, 1564
rev. Lee Kuija, 2008, alt. 2017

1. 우 리 를 긍 휼 히 여 기 사　복 주 시 는 주 하 나 님
2. 열 방 은 기 쁘 고 즐 겁 게　하 나 님 찬 양 할 지 라
3. 하 나 님 우 리 의 하 나 님　우 리 에 게 복 주 시 네

그 얼 굴 빛 을 비 추 시 고　주 님 의 진 리 땅 위 에
주 민 족 공 평 하 게 판 단　땅 위 의 열 방 치 리 해
하 나 님 우 리 에 게 복 을　한 량 없 이 내 리 시 니

주 님 구 원 함 을 만 방 알 리 소 서　하 나 님 이 여
민 족 들 이 주 를 찬 송 하 게 하 며　모 든 민 족 이
땅 의 모 든 끝 이 하 나 님 경 외 해　하 나 님 찬 양

민 족 들 로 주 께 모 든 감 사 찬 송　찬 송 케 하 네
주 찬 양 케 하 네 땅 이 그 의 소 산　내 었 나 이 다
복 의 근 원 되 신 우 리 하 나 님 을　경 외 하 리 다

시편 68편-1

(1-14)

89

Mode XIII, Ionian
Shu Changwon, 2009

KOR. GENEVAN PSALTER 68-1: 887.887.D.
Genevan Psalter, 1543, harm. Cl. Goudimel, 1564
rev. Lee Kuija, 2008, alt. 2017

1. 하 나님원수흩으니 주 미워하는자들은 주 앞서도망하 리
2. 주 님께노래하면서 그 이름찬양하여라 그 이름찬송하 라
3. 거 역한자의거처는 메 마른땅뿐이로다 메 마른땅뿐이 라
4. 주 께서말씀주시니 소 식을공포하는자 큰 무리의여자 라

연 기가몰려가듯이 저 희를몰아내소서 저 희몰아내 소 서
하 늘을타고광야에 행 하시던이위하여 대 로를수축하 라
주 백성앞서나가사 광 야에행진할때에 하 늘이떨어 졌 다
여 러군대의왕들이 도 망하고도망하니 탈 취물나누 도 다

불 앞에밀이녹듯이 악 인이주님앞에서 망 하게하옵소 서
그 이름여호와시니 그 앞에뛰놀지어다 고 아의아버지 며
저 시내산도하나님 이 스라엘주앞에서 진 동하였나이 다
너 양우리에누울때 그 날개은을입히고 황 금깃비둘기 라

의 인은모두좋아서 하 나님앞에뛰놀며 즐 거워할지어 다
과 부의재판장이라 고 독한자와간힌자 형 통케하십니 다
하 나님흡족한비로 곤 핍한주의산업을 견 고케하시었 네
전 능자열왕흩을때 살 몬에눈날림같네 눈 발이날림같 네

90

시편 68편-2

(10-20, 33-35)

Mode XIII, Ionian
Shu Changwon, 2015

KOR. GENEVAN PSALTER 68-2: 887.887.D.
Genevan Psalter, 1543, harm. Cl. Goudimel, 1564
rev. Lee Kuija, 2008, alt. 2017

시편 69편-1

(1-16)

Mode III, Phrygian
Shu Changwon, 2009

KOR. GENEVAN PSALTER 69-1: 10 11.11 10.10 11 10.11 11
Genevan Psalter, 1539, harm. Cl. Goudimel, 1564
rev. Lee Kuija, 2008

1. 하 나님나 를 구원하 소 서 내 영혼까 지 물이 흘러 왔 네
2. 부 당히나 의 원수가 되 어 날 끊으려 는 사람강 하 여 서 다
3. 나 주를인 해 비방받 으 니 내 얼굴수 치 덮였사 옵 니 다
4. 나 굵은베 로 내옷삼 으 니 나 저희비 방 거리되 었 도 다
5. 날 수렁에 서 건져주 시 고 깊 은물에 서 건져주 옵 소 서

나 설곳없 는 깊은수렁 빠 져 깊 이들어 가 큰물넘 치 네
취 하지않 은 것도물어 줬 네 주 나의우 매 함을아 시 니
내 형제에 겐 나그네되 었 고 외 손들에 겐 외인되 었 네
성 문앉은 자 취한무리들 이 날 조롱하 며 노래합 니 다
큰 물이나 를 휩쓸지못 하 게 깊 은물나 를 삼키지 않 게

오 내가부 르 짖음으로 서 나 피곤하 여 나의목 마르 며 주 바라보 니
주 앞에내 죄 숨김이없 네 만 군의주 여 주를바 라는 자 날 인해수 치
주 의집위 한 열성날삼 켜 주 비방하 는 비방이 르렀 네 나 금식하 고
주 여호와 여 열납하시 는 그 때에내 가 기도하 옵나 니 하 나님이 여
웅 덩이입 이 내위에덮 쳐 그 입을닫 지 못하게 하소 서 오 주의인 자

내 눈쇠 했 네 날 무고하 게 미워하는자가 머 리털보다많고많습 니 다
당 케마 소 서 이 스라엘 하 나님찾는자가 날 인해욕 을 당케마 옵소서
곡 을함 으 로 나 의영혼 을 경계하였더니 도 리어내 게 욕이되 었도다
많 은인 자 와 구 원진리 로 응답하 옵소서 구 원진리 로 응답하 옵소서
선 하시 오 니 응 답하소 서 많은금휼 따 라 돌 이키소 서 내게향 하소서

92

시편 69편-2

(17-26)

Mode III, Phrygian
Shu Changwon, 2015

KOR. GENEVAN PSALTER 69-2: 10 11.11 10.10 11 10.11 11
Genevan Psalter, 1539, harm. Cl. Goudimel, 1564
rev. Lee Kuija, 2008

1. 주님의얼굴 주의종에게 주의종에게 숨기지마소서
나 환난중에 있사오니속히 내영혼에게 응답하소서
가까이하사 구속하시며 내원수인해 날속량하소서 주께서나의
훼방과 수치 능욕을아 십니다나의대적 다주의앞에 있사옵나이다

2. 내맘상케한 훼방인하여 근심이넘처 긍휼히여길자
바라나없고 안위자원해도 찾지못했네 찾지못했네
저희가쓸개 식물로주고 갈할때초로 마시웠사오니 저희앞밥상
올무가되고 저희의평안 덫이되게하고 저희눈어둬 못보게하소서

3. 그허리항상 떨리게하고 주님의분노 저희에게부어
주맹렬하신 노를저희에게 미치게하여 주시옵소서
저희의거처 황폐케하고 그장막에는 거주하는자가 없게하소서
대저저희가 주께서친자 핍박하며주가 상하게한자 슬픔말하리다

시편 69편-3

(27-36)

93

Mode III, Phrygian
Shu Changwon, 2015

KOR. GENEVAN PSALTER 69-3: 10 11.11 10.10 11 10.11 11
Genevan Psalter, 1539, harm. Cl. Goudimel, 1564
rev. Lee Kuija, 2008

94

시편 70편

Mode III, Phrygian
Shu Changwon, 2008

KOR. GENEVAN PSALTER 70: 89.98.98.89
Genevan Psalter, 1551, harm. Cl. Goudimel, 1564
rev. Lee Kuija, 2008

1. 하 나 님 날 건 지 소 서   오 주 여 속 히 도 우 소 서
2. 주 찾 는 모 든 자 들 로   주 기 뻐 하 고 즐 겁 게 해

내 영 혼 찾 는 자 들 에 게   수 치 와 무 안 당 하 고
주 사 모 하 는 자 로 항 상   하 나 님 광 대 하 다 해

내 상 함 기 뻐 하 는 자 로   수 모 당 하 게 하 소 서
나 가 난 하 고 궁 핍 하 니   하 나 님 속 히 오 소 서

아 아 하 아 하 하 는 자   뒤 로 물 러 가 게 하 소 서
주 나 의 도 움 이 시 니   주 여 지 체 치 마 옵 소 서

시편 71편-1

(1-8)

Mode III, Phrygian
Shu Changwon, 2008

KOR. GENEVAN PSALTER 71-1: 966,977
Genevan Psalter, 1551, harm. Cl. Goudimel, 1564
rev. Lee Kuija, 2008, alt. 2017

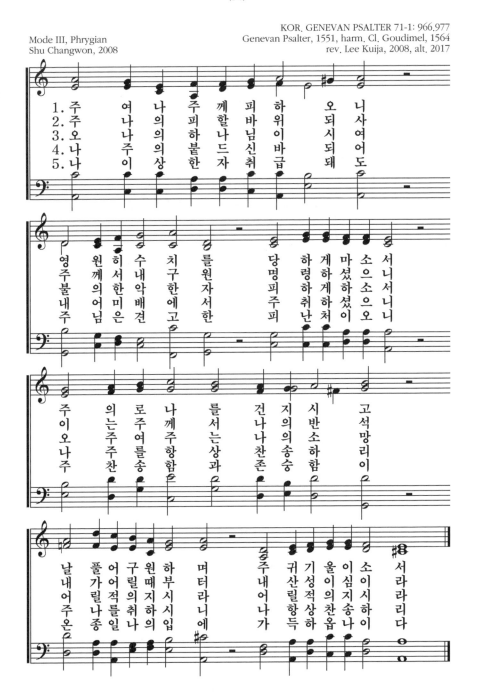

96 시편 71편-2

(9-16)

Mode III, Phrygian
Shu Changwon, 2015

KOR. GENEVAN PSALTER 71-2: 966.977
Genevan Psalter, 1551, harm. Cl. Goudimel, 1564
rev. Lee Kuija, 2008, alt. 2017

시편 72편

97

(1-8, 18-19)

KOR. GENEVAN PSALTER 72: 96,96,D.
Genevan Psalter, 1543, harm. Cl. Goudimel, 1564
rev. Lee Kuija, 2008, alt. 2017

Mode IX, Aeolian
Shu Changwon, 2008

98

시편 73편-1
(1-15)

Mode XIII, Ionian
Shin Soseop, 2009, alt. Shu Changwon, 2015

KOR. GENEVAN PSALTER 73-1: 88,99,88,88
Genevan Psalter, 1551, harm. Cl. Goudimel, 1564
rev. Joo Sunghee, 2009, alt. Lee Kuija, 2017

시편 73편-2

(16-28)

99

Mode XIII, Ionian
Shin Soseop, 2009, alt. Shu Changwon, 2015

KOR. GENEVAN PSALTER 73-2: 88.99.88.88
Genevan Psalter, 1551, harm. Cl. Goudimel, 1564
rev. Joo Sunghee, 2009, alt. Lee Kuija, 2017

100

시편 74편

(1-3, 21-23)

Mode VII, Mixolydian
Shin Soseop, 2009

KOR. GENEVAN PSALTER 74: 10 11.11 10
Genevan Psalter, 1562, harm. Cl. Goudimel, 1564
rev. Joo Sunghee, 2009

1. 하 나님이 여 어찌하여서　우 리를영 영 버리시나이 까
2. 예 부터언 고 속량하시사　주 님의기 업 지파삼으신 주
3. 영 구히파 멸 그곳향하여　주 님의발 을 옮겨놓으소 서
4. 하 나님이 여 일어나소서　일 어나주 의 원통하심풀 고
5. 학 대받은 자 부끄러워서　돌 아가게 하 시지마옵시 고
6. 주 대적소 리 잊지마소서　일 어나주 께 항거하는자 의

주 기르시 는 양을향하여 서　진 노의연 기 발하십니 까
주 님의회 중 기억하시오 며　주 거한시 온 생각하소 서
원 수가주 의 성소그곳에 서　그 모든악 을 행하였도 다
우 매한자 가 종일주를향 해　비 방하 는 것 기억하소 서
가 난한자 와 궁핍한자들 이　주 이름찬 송 하게하소 서
떠 드는소 리 항상주께상 달　주 님께상 달 되옵나이 다

우리는 복되시고 기업이 되시고 생명의 근원이시며

모든 좋은 것을 주시기를 아끼지 아니하시는 하나님께

마음의 소원을 겸손히 고백해야 합니다.

- 메튜 헨리 -

시편 75편

101

Mode XIII, Ionian
Shin Soseop, 2009, alt. Shu Changwon, 2015

KOR. GENEVAN PSALTER 75: 77.77.77
Genevan Psalter, 1562, harm. Cl. Goudimel, 1564
rev. Joo Sunghee, 2008

1. 하 나 님 우 리 가 주 께 감 사 감 사 함 은
2. 주 의 말 씀 이 내 가 정 한 기 약 이 르 면 해 며
3. 내 가 오 만 한 자 오 만 히 행 치 말 라 해 며
4. 무 릇 높 이 는 일 이 동 서 남 쪽 아 니 며
5. 주 님 손 에 잔 있 어 술 거 품 일 어 나 네
6. 주 여 나 는 야 곱 의 하 나 님 을 영 원 히

주 의 이 름 가 까 워 사 람 들 이 주 님 의 워
내 가 바 로 심 판 해 이 땅 기 둥 내 가 세 웠 네
악 인 뿔 들 을 높 이 신 하 나 님 이 낮 추 고
오 직 재 판 장 이 신 잔 주 께 서 쏟 으 시 니
선 포 하 며 찬 양 해 악 인 의 뿔 다 베 고

기 이 한 하 신 일 들 을 전 파 하 옵 나 이 다 네
이 땅 네 과 교 모 든 를 주 민 로 들 소 멸 되 하 리 라 지 말 라 지 어 신 하 리 다 다 라
저 실 의 인 뿔 을 높 이 지 의 인 뿔 높 이 들 리

102 시편 76편

KOR. GENEVAN PSALTER 76: 88.88.99
Genevan Psalter, 1551, harm. Cl. Goudimel, 1564
rev. Lee Kuija, 2008

Mode VIII, Hypomixolydian
Shu Changwon, 2008

시편 77편

(1-15)

103

Mode II, Hypodorian
Shu Changwon, 2008

KOR. GENEVAN PSALTER 77: 88.77.D.
Genevan Psalter, 1543, harm. Cl. Goudimel, 1564
rev. Lee Kuija, 2008

104

시편 78편
(1-12)

Mode I, Dorian
Shu Changwon, 2009

KOR. GENEVAN PSALTER 78: 11 11.11 11.10 10
Genevan Psalter, 1551, harm. Cl, Goudimel, 1564
rev. Lee Kuija, 2009

1. 내 백 성 나의교훈들으면 서   내 입의말 에 귀를기울이 라
2. 우 리 가 숨김없이말하리 라   주 여호와 의 영예와그능 력
3. 후 대 가 이를알게하라시 니   그 들일어 나 자손에게알 려
4. 그 들 의 마음정직하지않 고   그 심령주 께 충성하지않 는
5. 저 희 가 주님언약안지키 고   그 율법준 행 저희거절하 며

나 입을열 고 비유로말하 여   옛 비밀한 말 발표하겠으 니
기 이한사 적 후대에전하 리   주 께서증 거 야곱에세우 며
저 희의소 망 하나님께두 며   하 나님행 사 잊지아니하 고
세 대와같 지 않게함이로 라   에 브라임 의 자손무기갖 춰
주 행사보 인 기사잊었도 다   옛 적에주 님 애굽소안에 서

그 것 은 우리들고아 는 것   조 상 이 말해준것이로 다
이 스 라 엘의법도정 하 고   후 손 에 알리라명하 셨 네
패 역 과 완고한열조 같 이   행 하 지 않게하려함 이 라
활 까 지 모두갖추었 어 도   전 쟁 날 그들물러갔 도 다
기 이 한 일을열 조목 전 에   행 함 을 저희열조알 았 다

시편 79편

Mode XIV, Hypoionian
Shu Changwon, 2009

KOR. GENEVAN PSALTER 79: 11 15 7,11 6,67,667
Genevan Psalter, 1543, harm. Cl. Goudimel, 1564
rev. Lee Kuija, 2009, alt. 2017

1. 하 나 님 열 방 들 이 들 어 와 서   주 기 업 성 전 더 럽 히 고 서 예 루 살 렘 을
2. 우 리 는 우 리 이 웃 비 방 거 리   둘 러 선 자 에 조 롱 거 리 와 조 소 되 었 네
3. 저 희 가 야 곱 삼 켜 황 폐 케 해   우 리 열 조 죄 우 리 에 게 로 돌 리 지 말 며
4. 우 리 의 구 원 하 나 님 이 시 여   주 이 름 영 광 위 해 우 리 도 와 주 옵 소 서
5. 갇 힌 자 탄 식 주 께 닿 게 하 고   죽 임 당 할 자 주 능 력 으 로 보 존 하 소 서

돌 무 덤 되 게 했   네 까   저 희 가 주 의 종 들 의 시 체 를 까
오 언 제 까 지 니 까   저 영 원 히 주 주 의 여 분 노 하 렵 니 까
심 히 비 천 하 게 된   주 영 우 우 리 를 주 의 긍 휼 하 심 으 로
주 이 름 증 거 위 해   우 우 리 를 건 져 죄 를 사 하 소 서
주 여 우 리 이 웃 이   주 훼 방 한 죄 칠 배 갚 으 소 서

새 밥 으 로 주 고   주 성 도 육 체 를 까   땅 짐 승 에 게 주 며
주 님 의 진 노 가 서 이   불 영 성 주   기 르 는 양 들   땅 주 알 지 못 하 오
영 접 하 옵 소 서   불 영 접 하 옵   어 나 님 어   주 님 의 긍 휼 로 서 까
우 리 는 주 백 성   주 기 르 는 양 들   우 리 는 영 원 토 록

예 루 살 렘 사 람   면 도 히   그 들 피 흘 러 도   매 장 하 는 자 없 네
주 이 름 부 을   사 름 속 흘   하 는 열 국 에   주 진 노 쏟 으 소 서
우 리 들 을   름 도 히 림 며   접 해 주 소 서   영 접 하 여 주 소 서
주 종 들 피   흘 하   그 못 영 당   접 한 그 복 수 를   열 방 에 알 리 소
주 께 감 사 하   주 님 의 영 예 를   대 대 로 전 하 리 다

106 시편 80편
(1-7)

Mode I, Dorian
Shu Changwon, 2008

KOR. GENEVAN PSALTER 80: 99.88.88
Genevan Psalter, 1562, harm. Cl. Goudimel, 1564
rev. Lee Kuija, 2008

1. 양 같이요셉인도하 는 이 스라엘의목자시 여
2. 에 브라임과베냐민 과 므 낫세앞에서주능 력
3. 만 군의하나님여호 와 주 백성기도에대하 여
4. 우 리로우리이웃에 게 다 툼거리되게하시 니

귀 기울여 들 으소서 그 롭사이 에 앉은자
나 타내사 우 리들을 구 원하시 러 오소서
언 제까지 노 합니까 주 께서눈 물 양식을
원 수끼리 웃 나이다 만 군의주 여 우리를

빛 비추어주 옵 소서 빛 을 비 추어주 소 서
우 리를돌이 키 시고 구 원을 언 게하 소 서
먹 이시며많 은 눈물 마 시 게 하였나 이 다
돌 이키시고 주 얼굴 빛 비 취 구원하 소 서

(1-7)

 KOR. GENEVAN PSALTER 81-1: 11,10,11
Genevan Psalter, 1562, harm. Cl. Goudimel, 1564
rev. Lee Kuija, 2008, alt. 2017

Mode XIII, Ionian
Shu Changwon, 2008

1. 우　리　능력된　하　나　님을향　해금
2. 시　를　읊으며　소　고　치고수　금
3. 이　스　라엘의　율　레　규레로　다던
4. 내　가　거기서　알　지　못하였으
5. 네　가　고난중　부　르　짖었으니

기　뻐　노래　해　야　곱　의　주　께라
비　파　소리　로　아　우　를　지　라때
그　가　애들　으　치　내　짐　갈　벗기었
말　씀　들너　희　를　내　짐　벗　기었고
내　가　너희　를　건　져　내　었　고

즐　거　이　찬　송　름　소　리할　지　어　다　다
초　하　루　보　속　중　나　팔불거　세　우　셨　다다해
요　셉의　손　에　서　증　광　주리　시　게　놓　하　였다
그　의　바　에　서　널　지　우리험　하　였다
므　리　에　서　나　증　광　리시험　하　였다

108

시편 81편-2

(8-16)

Mode XIII , Ionian
Shu Changwon, 2008

KOR. GENEVAN PSALTER 81-2: 11.10.11
Genevan Psalter, 1562, harm. Cl. Goudimel, 1564
rev. Lee Kuija, 2008, alt. 2017

1. 나 의 백 성 아 들 으 라 증 거 한
2. 너 는 다 성 신 네 게 라 말 인 도 고
3. 나 의 너 른 를 애 굽 두 지 도 라
4. 나 내 의 백 이 나 를 서 인 않 리
5. 내 의 백 성 아 나 의 든 지 으 서
6. 내 가 성 들 서 나 말 들 적 치
7. 내 돌 진 그 을 대 이 면

이 스 라 엘 아 이 스 라 엘 말 아
이 방 신 에 게 여 와 지 니 라
너 희 하 나 엘 날 원 치 않 라
이 스 라 라 님 내 길 따 르 네
이 여 에 와 아 미 워 는 자
나 반 호 서 오 하 꿀 로

내 게 든 기 를 내 가 원 노 라
이 방 신 열 에 어 절 을 지 말 리 라 해
그 의 의 원 음 내 가 우 케 해
너 희 들 만 수 를 절 히 하 하 셨
그 를 족 내 임 원 계 네
너 시 대 영 하 히
그 속 라

시편 82편

109

Mode VII, Mixolydian
Shu Changwon, 2009

KOR. GENEVAN PSALTER 82: 99.88.D.
Genevan Psalter, 1543, harm. Cl. Goudimel, 1564
rev. Lee Kuija, 2008

1. 하 나님 회중에서 시 며 　재 판 장 중에 재 판 하 　네
2. 가 난한 자와 궁 핍한 　자 　악 인 손에서 건 질 지 　라
3. 너 희는 사람 처럼 죽 　고 　방 백 중 한 사람과 같 　이

너 희가 불 공 평 판 　단 　악 인의 얼 굴 보 려 　나
저 무지무 각 한 자 　들 　흑 암 가운데 다 니 　니
모 두다 엎어지 리 　라 　모 두다 엎어지 리 　라

그 일언 제 까지 하려 　냐 　가 난한 자와 고아 위 　해
땅 모든 터 가 흔들린 　다 　너 희 모 두는 신 들이 　며
하 나님 일어나시어 　서 　세 상을 심 판 하옵소 　서

곤 란한 자 빈궁 한 　자 　공 의로 판 단 할 지 　라
지 존 자의 아들 이 　라 　나 그들에게 말 했 　다
그 리하면 모든 열 　방 　주 기업될 것 이 　니 　다

110

시편 83편
(1-4, 12-18)

Mode III, Phrygian
Shu Changwon, 2009

KOR. GENEVAN PSALTER 83: 88.99.99
Genevan Psalter, 1562, harm. Cl. Goudimel, 1564
rev. Lee Kuija, 2008

시편 84편-1

(1-7)

111

Mode XIII, Ionian
Shu Changwon, 2008

KOR. GENEVAN PSALTER 84-1: 889,889,88
Genevan Psalter, 1562, harm. Cl. Goudimel, 1564
rev. Lee Kuija, 2008

1. 만 군의주여호 와 여   주 여호와의장 막 은
2. 만 군의주여호 와 여   주 의제단에참 새 와
3. 그 들이눈물골 짜 기   통 행할때에그 곳 에

어 찌그리사랑스런 지   내 영혼주 의 궁정을
제 비들도새끼둘자 리   보 금자리얻 었도다
많 은샘이되게하였 고   이 른비은택 입히네

사 모하여 쇠 약하고   내 육체가 생 존하시 는
주 의집에 사 는자는   복 있어항 상 주찬송 해
그 들은힘 을 더얻어   시 온에나 가 주님앞 에

주 께부르 짖 나이다   나 의왕나의하 나 님
복 있다주 께 힘얻고   시 온의대로있 는 자
각 기나타 나 리이다   주 님앞에나타 나 리

112

시편 84편-2

(8-12)

Mode XIII, Ionian
Shu Changwon, 2008

KOR. GENEVAN PSALTER 84-2: 889.889.88
Genevan Psalter, 1562, harm. Cl. Goudimel, 1564
rev. Lee Kuija, 2008

시편 85편 113

Mode VII, Mixolydian
Shin Soseop, 2008

KOR. GENEVAN PSALTER 85: 10 10.10 10.D.
Genevan Psalter, 1551, harm. Cl. Goudimel, 1564
rev. Joo Sunghee, 2008

1. 여호와께서 주의땅 위 에 그 땅에주은혜를베 푸 사
2. 주 우리구 원 하나님 이 여 우 리를돌이키어주 시 고
3. 여호와주 의 인자하 심 을 주 께서우리에게보 이 며
4. 주 구원그 를 경외하 는 자 영 광이우리땅에머 물 리

야 곱의포 로 된자 그 들로 주 께서돌 아 오게하 셨 네
우 리들에 게 향하 여 가진 주 님의분 노 거둬주 소 서
여 호와께 서 주의 구 원을 우 리들에 게 주시옵 소 서
인 애와진 리 같이 만 나고 화 평과의 가 입맞추 었 네

주 백성죄 악 사해주시 고 그 들의모 든 죄를덮 었 네
주 우리에 게 영원히노 해 대 대에진 노 하시나 이 까
주 께서하 실 말씀들으 니 화 평을말 씀 하실것 이 라
땅 에서진 리 솟아나오 고 하 늘서의 는 굽어보 도 다

주 님 의 모든분노거 두 며 주 님의진 노 돌이키 셨 네
주 께 서 우리다시살 리 사 주 백성주 를 기뻐하 게 해
그 들 은 어리석은곳으 로 다 시는돌 아 가지말 지 라
주 께 서 좋은것을주 리 니 의 앞서가 며 주의길 닦 네

114

시편 86편-1

(1-9)

Mode II, Hypodorian
Shu Changwon, 2008

KOR. GENEVAN PSALTER 86-1: 88.77.D.
Genevan Psalter, 1543, harm. Cl. Goudimel, 1564
rev. Lee Kuija, 2008

시편 86편-2

(10-17)

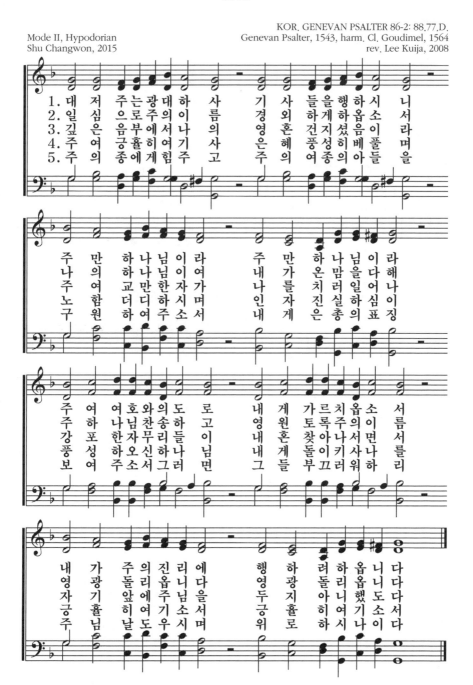

115

KOR. GENEVAN PSALTER 86-2: 88.77.D.
Genevan Psalter, 1543, harm. Cl. Goudimel, 1564
rev. Lee Kuija, 2008

Mode II, Hypodorian
Shu Changwon, 2015

116

시편 87편

Mode VII, Mixolydian
Shu Changwon, 2009

KOR. GENEVAN PSALTER 87: 11 10.10 11
Genevan Psalter, 1562, harm. Cl. Goudimel, 1564
rev. Lee Kuija, 2008

시편 88편
(1-10)

Mode I, Dorian
Shu Changwon, 2008

KOR. GENEVAN PSALTER 88: 889.889
Genevan Psalter, 1562, harm. Cl. Goudimel, 1564
rev. Lee Kuija, 2008

1. 여 호와 구원의 주 여   주 야로 내가 부르짖 네
2. 무 덤에 내려가 는 자 나   그 같은 자 인정되 고
3. 주 기억 아니하 시 니   주 손에 끊어진 자되 네
4. 주 께서 내가 아 는 자 날   멀리 떠나게 하시 고
5. 오 주여 내가 주 님 께 부   르짖으며 나의 두 손

내 기도 주 께 닿게하 며   주 귀를 기울이 소 서
힘 없는 용 사 같으오 니   죽 은자 중에 버려 져
주 나를 깊 은 웅덩이 에   어 둑침침한 곳 두 니
나 가증한 자 되게하 여   간 혀서 나갈수 없 네
주 님을 향 해 드나이 다   주 께서 죽은자 에 게

내 영혼 재 난 가득하 며   내 생명 음 부 가깝도 다
죽 임을 당 해 무덤속 에   누 워있 는 자 같나이 다
주 의 노하 심 날누르 며   주 모든 파 도 괴롭히 네
그 곤란으 로 인하여 서   내 눈이 쇠 하 였나이 다
기 이한일 어 찌보이 며   유 령이 찬 송 하리이 까

118 시편 89편-1
(1-18)

Mode XIV, Hypoionian
Shu Changwon, 2008, alt. 2015

KOR. GENEVAN PSALTER 89-1: 12 12.13 13.13 13
Genevan Psalter, 1562, harm. Cl. Goudimel, 1564
rev. Lee Kuija, 2008

시편 89편-2

119

(19-26)

Mode XIV, Hypoionian
Shu Changwon, 2008, alt. 2015

KOR. GENEVAN PSALTER 89-2: 12 12.13 13.13 13
Genevan Psalter, 1562, harm. Cl. Goudimel, 1564
rev. Lee Kuija, 2008

1. 주 께서 환상중 주 성도들 에 게 말 씀하기를 내 가 능한자 에 게 내 돕는힘을 더 해 택한 내 백 성 을 높 여주었으나 나 의 종 다윗 찾 아 거 룩한기름을 그 에게 부었도 다

2. 내 손이 함께하 여 견고케 하 고 내 팔로 다윗을 힘 있게하리 라 원 수가그에게 서 강탈치못 하 며 악 한자그를 곤 고 하게못하리 라 내 가그앞에서 대 적을박멸하 며 그 를미워하는 저 원수들치리 라

3. 내 성실과인자 함 저와함 께 해 내 이름인하여 그 뿔높아 지 리 나 또한그의손 을 바다에놓으 며 그 오른손을강 들 위에놓으리 니 그 가부르짖길 주 나의아버지 라 내 하나님은나 의 구원의바위 라

120

시편 89편-3

(27-37)

Mode XIV, Hypoionian
Shu Changwon, 2008, alt. 2015

KOR. GENEVAN PSALTER 89-3: 12 12.13 13.13 13
Genevan Psalter, 1562, harm. Cl. Goudimel, 1564
rev. Lee Kuija, 2008

1. 내 가또한저를 장 자로삼 아 서 열 왕의으뜸되 게
2. 만 일그자손이 내 법을버 리 며 내 율례파하며 계
3. 내 입술로낸언 약 파함이 없 고 변 함도없으리 라

싸 울것 이 라 저 위해나의인 자 영원히지 키 리
명 안지 키 면 나 회초리로그 죄 다스릴것 이 며
거 룩함 으 로 나 맹세했다거 짓 다윗에게 안 해

그 와맺은내언 약 나굳게세우 리 또 그후손들 을
채 찍으로그죄 악 엄히징책하 나 내 인자함을 다
그 후손장구하 고 그위는해같 이 내 앞에있으 며

영 구케하고그 위 하 늘의날같게 날 같게하리로 다
거 두지아니하 며 내 성실함도다 폐 하지아니하 리
궁 창의달과같 이 영 원히견고케 되 리라하셨도 다

시편 89편-4

(46-52)

121

Mode XIV, Hypoionian
Shu Changwon, 2008, alt. 2015

KOR. GENEVAN PSALTER 89-3: 12 12.13 13.13 13
Genevan Psalter, 1562, harm. Cl. Goudimel, 1564
rev. Lee Kuija, 2008

122

시편 90편

Mode I, Dorian
Shin Soseop, 2009

KOR. GENEVAN PSALTER 90: 11 11.11 11.10 10
Genevan Psalter, 1551, harm. Cl. Goudimel, 1564
rev. Joo Sunghee, 2009, alt. Lee Kuija, 2017

1. 주 는 대 대에 우리거처 되사 산 과땅세 계 조성 되기 전에
2. 그 들을 홍수처럼 쓸어 가네 그 들은 잠 깐 자는것같 으며
3. 주 앞에 우리죄악 놓으시며 은 밀한죄 주 얼굴 빛중 두사
4. 누 가 주 노여움의 능력 알며 진 노의두 려 움을 알리 이까
5. 주 인 자 우리를 만족케하사 우 리를평 생 즐겁 고기 쁘게
6. 여 호 와 께서행하신 일들을 주 종들에 게 나타 내옵 소서

영 영히주 는 하나님이시 다 사 람티 끌 로 돌아가게하 사
아 침에돋 는 풀과같으니 다 풀 아침꽃 이 피어자라다 가
분 노중우 리 평생다하였 네 우 리의연 수 칠팔십이라 도
우 리날계 수 함을가르치 사 지 혜론마 음 얻게하옵 소 서
피 롭게하 신 그날수대로 와 우 리가화 를 당한연수대 로
주 의영광 을 자손에나타 내 하 나님의 은 총을우리에 게

너 인 생 돌아가라하 셨 네 주 목 전 천년한순간 같 네
저 녁 엔 시들어마르 나 니 주 노 에 소멸분에놀 라 네
연 수 자 랑은수고와 슬 픔 신 속 히 가니날아가 도 다
주 언 제 돌아오시나 이 까 주 의 종 불쌍히여기 소 서
우 리 를 기쁘게하옵 소 서 우 리 를 기쁘게하옵 소 서
내 리 게 하사우리의 손 이 행 한 일 견고하게하 소 서

시편 91편-1

(1-10)

Mode I, Dorian
Shin Soseop, 2008

KOR. GENEVAN PSALTER 91-1: 87.87.D.
Genevan Psalter, 1543, harm. Cl. Goudimel, 1564
rev. Joo Sunghee, 2008

123

124

시편 91편-2

(11-16)

Mode I, Dorian
Shin Soseop, 2008

KOR. GENEVAN PSALTER 91-2: 87.87.D.
Genevan Psalter, 1543, harm. Cl. Goudimel, 1564
rev. Joo Sunghee, 2008

1. 주 께서너를위하 여 그 사자들을명하 사
2. 너 사자독사밟으 며 그 젊은사자와뱀 을
3. 저 가내게간구하 니 나 그에게응답하 리

네 모든길에서 너 를 널 지키게하심이 라
발 로서누르리로 다 하 나님이이르시 되
저 희들환난당할 때 나 저희와함께하 여

천 사들그들손으 로 오 너를붙들어 서
그 가나를사랑한 즉 나 그를건지리 라
건 지고영화롭게 해 나 그를장수케 해

돌 에발부딪히잖 게 부 딪히잖게하 리
그 들이내이름안 즉 나 그를높이리 라
그 들을만족하게 해 내 구원보이리 라

시편 92편-1

125

(1-10)

KOR. GENEVAN PSALTER 92-1: 13.13.D.
Genevan Psalter, 1562, harm. Cl. Goudimel, 1564
rev. Joo Sunghee, 2008

Mode I, Dorian
Shin Soseop, 2009

1. 지여 자십현금비와수금으로
2. 여호와석주께자도행신그일일못하시며
3. 어리와은주님은이영원지존하시네
4. 여호와주님은

주님기께감사해주의이름찬양하리니고라다리
나무호쁘게자도내높이치합망하
여지호한와주의깨수들은못패하리

아침에주님의인자하심알리며
주악행에신는일어찌그심리알큰지라지요고다
죄악을하한자풀모두흘어지리

밤주마다주성실하심베품이좋네다다네
주흥주님의생각여우영심기름이리이네
흥왕뽈높여신선한을붓네

126

시편 92편-2
(11-15)

Mode I, Dorian
Shin Soseop, 2009

KOR. GENEVAN PSALTER 92-2: 13.13.D.
Genevan Psalter, 1562, harm. Cl. Goudimel, 1564
rev. Joo Sunghee, 2008

1. 오 나의 원수들 보응받는 것들을
2. 의 인은 번성해 종려나무와같이
3. 늙 어도 결실하 며 진액이 풍족해

보 응받는 것 내눈으로나보면 서
백 향목같 이 의인성장하리로 다
빛 청청하 여 주의정직나타내 리

일 어나치는 자 나를치는 행악 자
이 는여호와의 집에심겼음이 여
여 호와는나의 바위되심이로 다

보 응받는 것 나의귀로들었도 다
주 여호와 의 뜰안에서번성하 리
그 에겐불의 불의하나도없도 다

시편 93편   127

Mode VIII, Hypomixolydian
Shu Changwon, 2009

KOR. GENEVAN PSALTER 93: 10 10.D.
Genevan Psalter, 1562, harm. Cl. Goudimel, 1564
rev. Lee Kuija, 2008

1. 여 호 와 께 서 통 치 하 시 니
2. 주 보 좌 에 로 부 터 견 고 해
3. 높 은 곳 계 신 주 의 능 력 은

스 스 로 권 위 입 으 셨 도 다
영 원 히 주 는 계 셨 나 이 다
많 은 물 파 도 보 다 크 도 다

주 능 력 입 고 띠 띠 셨 으 니
주 여 큰 물 이 소 리 높 였 고
주 증 거 확 실 하 고 거 룩 함

세 계 가 요 동 하 지 않 도 다
큰 물 이 물 결 높 이 나 이 다
주 집 에 합 당 영 구 하 리 다

128

시편 94편-1

(1-13)

Mode III, Phrygian
Shu Changwon, 2009

KOR. GENEVAN PSALTER 94-1: 99.88.88
Genevan Psalter, 1562, harm. Cl. Goudimel, 1564
rev. Lee Kuija, 2009

1. 여 호와복 수 하는주 여 복 수하시는주하 나 님
2. 오 주여악 인 언제까 지 개 가를부르게합니 까
3. 오 주의백 성 짓밟으 며 주 기업곤고케하오 며
4. 우 준한자 여 생각하 라 무 지한자여너희들 은
5. 열 방을징 벌 하시는 자 지 식으로교훈하는 자
6. 오 주께징 벌 당하오 며 주 님의법으로교훈 을

빛 비취주 시 옵소 서 세 계를심판하는주
저 희가지 껄 이면서 오 만하게떠들면서
나 그네과 부 죽이며 고 아들죽이며말 해
언 제나지 혜 로울까 귀 지은자들지않나
다 스리지 않 으시랴 사 람생각허무함을
받 는자가 복 있나니 환 난의날벗어나사

일 어나교만한자 들 마 땅히형 벌 주소서
죄 악을행하는자 가 다 자긍하 옵 나이다
여 호와보지못하 며 하 나님도생 각못해
눈 만든자보지않 나 눈 만든자 다 보도다
주 님은아시느리 라 주 님은아 시 느리라
악 인무덤팔때까 지 평 안을주 시 리로다

시편 94편-2

(14-23)

129

KOR. GENEVAN PSALTER 94-2: 99.88.88
Genevan Psalter, 1562, harm. Cl. Goudimel, 1564
rev. Lee Kuija, 2009

Mode III, Phrygian
Shu Changwon, 2015

130

시편 95편

Mode I, Dorian
Shin Soseop, 2009

KOR. GENEVAN PSALTER 95: 889,889
Genevan Psalter, 1542, harm. Cl. Goudimel, 1564
rev. Joo Sunghee, 2008

1. 오 라 주 께 노래하 며 구 원의반석을향 해
2. 여 호 와 는 크시도 다 그 는하나님이시 라
3. 그 가 바 다 만드시 고 육 지도그손지었 네
4. 그 는 우 리 주하나 님 그 기르시는주백 성
5. 그 때 너 희 조상들 이 나 행한일보고서 도
6. 근 심 하 여 이르기 를 마 음이미혹된백 성

주 님께즐거이외치 자 우 리가감 사함으 로
그 모든신들보다크 신 왕 이기때 문이로 다
다 오라우리가굽혀 서 여 호와께 경배하 며
주 돌보시는양이로 다 너 주의음 성듣거 든
날 시험하고조사했 다 오 내가사 십년동 안
내 길을알지못하나 니 분 노한나 맹세하 길

그 앞에나아가 면 서 시 로즐거이주찬양 해 다
땅 깊은곳과산 들 의 산 높은곳그의것 이 다
우 리를지으신 주 님 여 호와앞에무릎꿇 자 라
므 리바맛사날 같 이 네 맘을완악하게말 라 다
그 세대로인하 여 서 나 근심하게되었도 다 다
그 들은나의안 식 에 못 들어온다하였도 다

시편 96편-1

131

(1-8)

Mode I, Dorian
Shin Soseop, 2008

KOR. GENEVAN PSALTER 96-1: 99.88.9
Genevan Psalter, 1562, harm. Cl. Goudimel, 1564
rev. Joo Sunghee, 2008

1. 새 노래주 께 노래하 라   온 땅아주 께 노래하 라
2. 주 영광백 성 가운데 서   기 이한행 적 선포하 라
3. 만 국의신 들 우상이 라   주 께서하 늘 지으셨 다
4. 온 땅의만 국 족속들 아   영 광과권 능 여호와 께
5. 주 여호와 의 그이름 에   합 당한영 광 돌릴지 라

주 님께노 래 할지라   그 이름송 축 하 면 서
여 호와위 대 하시니   지 극히찬 양 할 지 라
존 귀와위 엄 주앞에   능 력과아 름 다 움 이
주 님께돌 릴 지어다   주 님께돌 릴 지 어 다
에 물을들 고 궁정에   그 궁정들 어 갈 지 라

주 모 구 든 원 신 항 보 상 다 전 경 파 외 하 하 라 라
주 모 든 님 신 의 성 주 소 께 경 안 에 있 네 라
여 호 와 의 주 들 께 어 돌 릴 지 어 라 다
궁 정 에 들 어 갈 지 어 다

132

시편 96편-2
(9-13)

Mode I, Dorian
Shu Changwon, 2015

KOR. GENEVAN PSALTER 96-2: 99.88.9
Genevan Psalter, 1562, harm. Cl. Goudimel, 1564
rev. Joo Sunghee, 2008

1. 거 룩하고 아 름다운 것 가 지고주 께 예배하 라
2. 여 호와통 치 하시나 니 온 세계굳 게 세워지 리
3. 하 늘들이 여 기뻐하 라 땅 들도다 즐 거워하 라
4. 그 때에숲 의 모든나 무 산 림의모 든 나무들 도
5. 주 께서땅 에 임하심 은 심 판을하 려 하심이 라

온 땅아그 분 앞에서 떨 지어다그분 앞 에서
흔 들지못 할 지로다 만 민들공평히 판 단것
바 다거기 충 만한것 밭 들과그중모 든 것니
여 호와앞 에 즐거이 즐 거이노래하 리 니
주 의로세 계 판단해 그 성실하심으 로 서

열 방 가 운 데 이 르 신 다라라
공 평 히 고 판 단 즐 거 기 임 할 지 리 라라
외 주 께 서 거 기 임 하 시 리 라라
주 께 서 거 기 임 하 시 리 라라
백 성 을 판 단 하 시 리 라라

시편 97편

KOR. GENEVAN PSALTER 97: 66.77.66.66.6
Genevan Psalter, 1562, harm. Cl. Goudimel, 1564
rev. Joo Sunghee, 2009

Mode XIII, Ionian
Shin Soseop, 2009

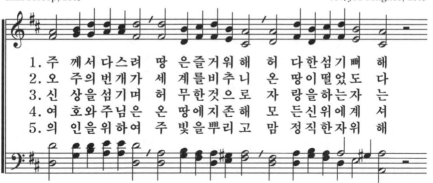

1. 주 께서다스려 땅 은즐거워해 허 다한섬기뻐 해
2. 오 주의번개가 세 계를비추니 온 땅이떨었도 다
3. 신 상을섬기며 허 무한것으로 자 랑을하는자 는
4. 여 호와주님은 온 땅에지존해 모 든신위에계 셔
5. 의 인을위하여 주 빛을뿌리고 맘 정직한자위 해

구 름과그흑암 이 그 주위둘렀고 주 의와공평이
산 들이주앞에 서 밀 랍같이녹아 하 늘이주님의
다 수치당하리 라 너 모든신들아 여 호와경배해
주 사랑하는너 희 악 미워하여라 주 그의성도의
기 쁨을뿌리도 다 의 인들너희는 주 여호와인해

그 보좌기 초 라 그앞에불 나 와 대 적불사 르 네
그 의를선 포 해 그모든백 성 이 그 영광보 았 네
여 호와시 온 이 주심판기 뻐 해 유 다딸즐 거 워
영 혼을보 전 해 악인의손 에 서 건 지시느 니 라
기 뻐해주 님 의 거룩한이 름 에 감 사할지 어 다

134

시편 98편

Mode XIV, Hypoionian
Shin Soseop, 2008

KOR. GENEVAN PSALTER 98: 98,98,D.
Genevan Psalter, 1543, harm. Cl. Goudimel, 1564
rev. Joo Sunghee, 2009, alt. Lee Kuija, 2017

1. 새 노래주께찬송하 라 기 이한일을행 하 사
2. 그 이스라엘집에베 푼데 인 자와성실기 억 해
3. 나 팔과호각소리울 려 왕 이신여호와 앞 에다
4. 주 께서땅을심판하 러 임 하실것임이 로 다

그 오른손과거룩한 팔 것 구 원을베푸셨도 다
땅 끝에이이르는모든 것 하 나님구원보았 네
즐 거이소리할지어 다 바 다와그충만한 것
주 께서땅을심판하 러 임 하실것임이로 다

여 호와가 구 원알게 해 공 의를열방목 전 에라
온 땅아주께 즐거웁게 래 거 주하는자외 쳐 라
온 세계와그 모든것중 거 주하는자외 쳐 라
주 께서의로 온세계를 다 판단하실것 이 라

명 수백히으나타내셨 도 다 명 수백히나타셨 네
주 금앞에큰나타물박수 하며 산 금과음성찬 양 해
공 평으로서그백성 을 심 판하시리로 다

시편 99편-1

(1-5)

135

KOR. GENEVAN PSALTER 99-1: 55.55.55.66
Genevan Psalter, 1562, harm. Cl. Goudimel, 1564
rev. Joo Sunghee, 2009

Mode XIV, Hypoionian
Shin Soseop, 2009

136

시편 99편-2
(6-9)

Mode XIV, Hypoionian
Shu Changwon, 2015

KOR. GENEVAN PSALTER 99-2: 55.55.55.66
Genevan Psalter, 1562, harm. Cl. Goudimel, 1564
rev. Joo Sunghee, 2009

시편 100편-1

137

KOR. GENEVAN PSALTER 100-1: 88.88
Genevan Psalter, 1551, harm. Cl. Goudimel, 1564
rev. Joo Sunghee, 2009

Mode III, Phrygian
Shin Soseop, 2008

138 시편 100편-2

Mode XIV, Hypoionian
Shu Changwon, 2009

KOR. GENEVAN PSALTER 100-2: 88,88
Genevan Psalter, 1551, harm. Cl. Goudimel, 1564
rev. Joo Sunghee, 2009

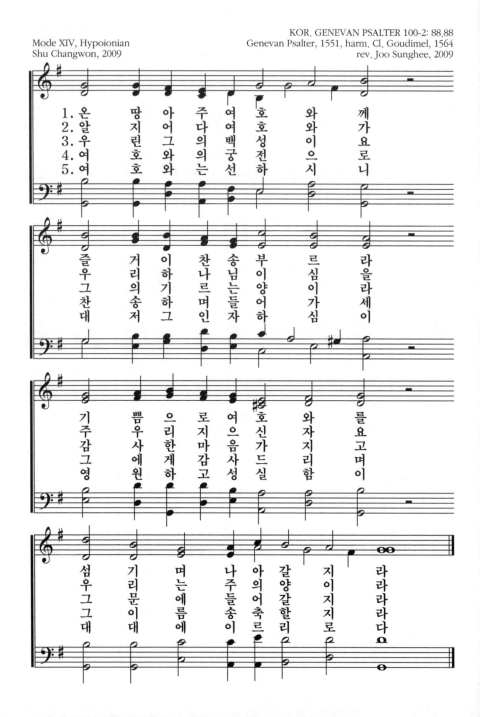

시편 101편

139

Mode XIV, Hypoionian
Shin Soseop, 2008

KOR. GENEVAN PSALTER 101: 11 11, 10 4
Genevan Psalter, 1543, harm. Cl. Goudimel, 1564
rev. Joo Sunghee, 2008

System 1

1. 인 자 와 공 의 내 가 찬 송 하 리 까
2. 주 께 서에 언 제 나 임 하 시 리 고
3. 눈 앞 에 비 천 한 것 두 지 않 으 니
4. 사 악 한 마 음 내 게 서 용 납 안 네 에
5. 눈 높 고 교 만 한 하 는 자 자 든 들 은
6. 거 짓 을 행 하 는 는 내 집 자
7. 죄 악 을 행 하 는 모

System 2

여 호 와 주 께 찬 양 하 리 이 다
내 집 교 안 에 그 온 전 한 맘 으 하 리
배 한 자 들 행 위 아 니 하 살 서 모
악 눈 일 땅 알 지 지 못 들
내 짓 이 의 충 성 미 자 에 서
거 호 와 말 한 성 에 된 그

System 3

나 완 전 한 길 주 의 하 리 라 주 의 하 리 리 라 네
나 행 하 리 라 온 마 음 다 해 행 하 하 잖 리 라 네 라
그 모 든 것 들 붙 지 않 들 을 가 붙 하 리 리 리
그 이 웃 사 니 뜬 자 한 가 멸 섬 기 하 리 리 요
나 함 께 침 마 온 전 한 인 들 날 하 지
그 들 모 두 가 끊 어 지 리 라 끊 어

140 시편 102편

(1-13)

Mode III, Phrygian
Shu Changwon, 2009

KOR. GENEVAN PSALTER 102: 88,77,88,88
Genevan Psalter, 1562, harm. Cl. Goudimel, 1564
rev. Lee Kuija, 2008

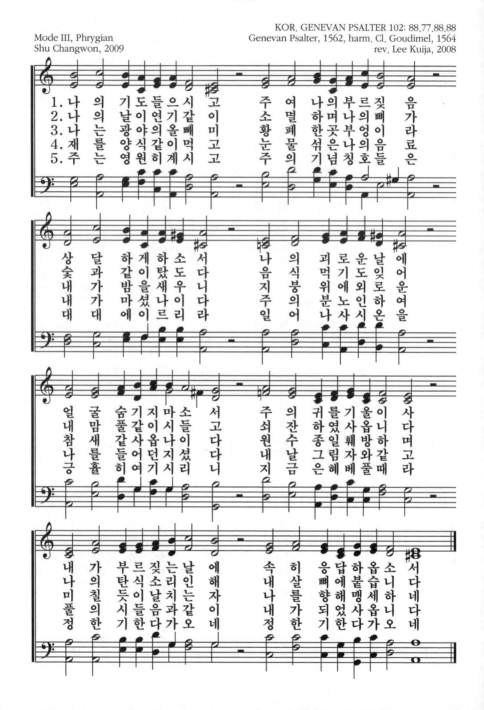

시편 103편-1

141

(1-11)

Mode VIII, Hypomixolydian
Shin Soseop, 2008

KOR. GENEVAN PSALTER 103: 11 11 10.11 11 10
Genevan Psalter, 1539, harm. Cl. Goudimel, 1564
rev. Joo Sunghee, 2009

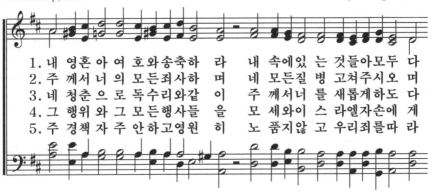

1. 내 영혼아 여 호 와 송축하 라 　 내 속에있 는 것들아모두 다
2. 주 께서너 의 모든죄사하 며 　 네 모든질 병 고쳐주시오 며
3. 네 청춘으 로 독수리와같 이 　 주 께서너 를 새롭게하도 다
4. 그 행위와 그 모든행사들 을 　 모 세와이 스 라엘자손에 게
5. 주 경책자 주 안하고영원 히 　 노 품지않 고 우리죄를따 라

그 성 호 송 축 하라내영아 　 주 여호와 를 송축할지어 다
네 생 명 파 멸 에서속량해 　 인 자와긍 휼 관을씌우시 며
여 호 와 께 서 의의일하고 　 압 박당하 는 모든자들위 해
알 리 셨 도 다 주여호와는 　 자 비하시 며 은혜로우시 고
처 치 안 하 고 죄악을따라 　 우 리게갚 지 아니하셨으 니

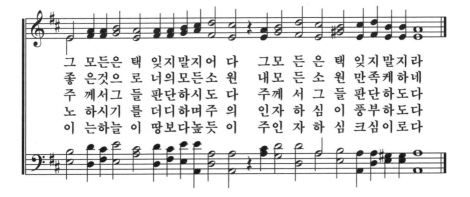

그 모든은 택 잊지말지어 다 　 그모 든 은 택 잊지말지라
좋 은것으 로 너의모든소 원 　 내모 든 소 원 만족케하네
주 께서그 들 판단하시도 다 　 주께 서 그 들 판단하도다
노 하시기 를 더디하며주 의 　 인자 하 심 이 풍부하도다
이 는하늘 이 땅보다높듯 이 　 주인 자 하 심 크심이로다

142 　시편 103편-2

Mode VIII, Hypomixolydian
Shin Soseop, 2008

KOR. GENEVAN PSALTER 103: 11 11 10.11 11 10
Genevan Psalter, 1539, harm. Cl. Goudimel, 1564
rev. Joo Sunghee, 2009

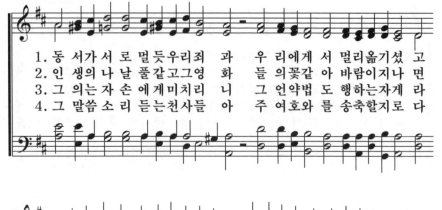

1. 동 서가 서 로 멀듯우리죄 과　우 리에게 서 멀리옮기셨 고
2. 인 생의 나 날 풀같고그영 화　들 의꽃같 아 바람이지나 면
3. 그 의는자 손 에게미치리 니　그 언약법 도 행하는자게 라
4. 그 말씀소 리 듣는천사들 아　주 여호와 를 송축할지로 다

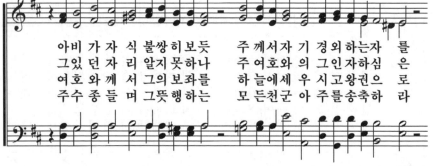

아비 가 자 식 불쌍히보듯　주 께서자 기 경외하는자 를
그있 던 자 리 알지못하나　주 여호와 의 그인자하심 은
여호 와 께 서 그의보좌를　하 늘에세 우 시고왕권으 로
주수 종 들 며 그뜻행하는　모 든천군 아 주를송축하 라

불 쌍히봄 은 우리체질알 고　먼 지뿐임 을 기억함이라
주 경외하 는 자게영원부 터　영 원 까 지 이르게되리라
만 유를통 치 하시도다주 의　능 력 으 로 주 말씀이루며
주 지음받 아 통치받는곳 서　내 영혼 주 를 송축할지라

시편 104편-1

(1-12, 33-35)

143

Mode I, Dorian
Shu Changwon, 2008

KOR. GENEVAN PSALTER 104: 10 10,11 11,D.
Genevan Psalter, 1542, harm. Cl. Goudimel, 1564
rev. Lee Kuija, 2008

1. 내 영혼아 주 송축하여라 여호와 나의 하나님이여
2. 바람으로 주 사자삼으며 화염을 자기 사역자 삼고
3. 주 가물의 경계를정하여 넘침이 없고 땅덮지 못해
4. 내 평생에 여호와노래해 나생존하는 동안주 찬양

주님은심히 광대하시오며 존귀와권위 입으셨나이다
땅 기초두어 요동찮게 했네 땅을깊은 바 다로덮으시매
골 짜기에서 샘이솟게하고 산 사이에 흐르게하시므로
주 나의기도 듣기바라나니 여 호와로나 즐거워하리라

주 께서옷을 입으심같이 빛 입고하늘 휘장치시며
산 위로물이 올라섰으나 주 꾸짖으니 물은도망해
들 짐승에게 마시우시니 들 나귀들도 해갈을하며
땅 에서죄인 소멸하시며 악 인들다 시 있지않게해

물 위에자기 누각들보였 고 운 무로수레 삼고다니시네
주 우레소리인해빨리가며 주 께서정한 곳으로흐르네
새 들도그가에서깃들이며 나 뭇가지서 소리를발한다
내 영혼여호와를송축하라 여 호와송축 하라할렐루야

144

시편 104편-2

(24-35)

Mode I, Dorian
Shu Changwon, 2008

KOR. GENEVAN PSALTER 104: 10 10.11 11.D.
Genevan Psalter, 1542, harm. Cl, Goudimel, 1564
rev. Lee Kuija, 2008

1. 여호와여 주께서 하신일 어찌 그렇게 많으신지요
2. 이것들 다 주께서 때마다 식물 주기를 바라나이다
3. 주의 영 보내 저희 만들고 지면을 새롭게 하나이다
4. 나의 묵상을 기뻐하시길 바라나니 나 여호와 인해

주께서 저를 지혜로 지었네 주의 부요가 땅에 가득하네
주께서 준즉 저희가 취하고 주손을 편즉 저희 만족하네
주 영광은 영원히 계속하며 자기 행사로 주즐거워하네
여호와를 즐거워하리로다 땅에서 죄인 소멸하시도다

저 크고넓은 바다가 있고 그 속에대 소 생물무수해
주께서낮을 숨기시오니 저 희가떨고 호흡취하니
주 땅을본즉 땅이진동해 산 들에대니 연기발하네
악 인을다시 못있게하리 내 영혼주를 찬양하여라

선 척이다니며주지은악어 그 물속에서 악어노나이다
저 희가죽어본흙으로가네 저 희가본흙 으로돌아가네
내 평생여호와께노래하며 나 생존하는 동안찬양하리
악 인들다시못있게하리라 내 영혼아여 호와찬양하라

시편 105편-1

(1-11)

145

Mode XIII, Ionian
Shin Soseop, 2009

KOR. GENEVAN PSALTER 105: 99.88.88
Genevan Psalter, 1562, harm. Cl. Goudimel, 1564
rev. Joo Sunghee, 2009

146

시편 105편-2
(8-19)

Mode XIII, Ionian
Shin Soseop, 2009

KOR. GENEVAN PSALTER 105: 99.88.88
Genevan Psalter, 1562, harm. Cl. Goudimel, 1564
rev. Joo Sunghee, 2009

시편 105편-3

147

(39-45)

Mode XIII, Ionian
Shin Soseop, 2009

KOR. GENEVAN PSALTER 105: 99.88.88
Genevan Psalter, 1562, harm. Cl. Goudimel, 1564
rev. Joo Sunghee, 2009

1. 여호와께 서 낮동안에 구름을펴 서 덮게삼 고
2. 반 석을연 즉 물나와서 마 른땅에 강 같이흘 러
3. 그 의백성 즐 겁게나와 그 택한자 들 노래하 며
4. 이 는그들 이 주의율 례 그 율례를 다 지키면 서

밤 에는불밝 히 시며 그 구한메추 라 기를
그 거룩한주 의 말씀 그 의종아브 라 함을
나 오게하여 나 라들 그 들에게나 눠 주며
주 님의그율 례 따라 살 게하려고 함 이라

가 져오고하늘 양 식 그 들로만족케 했 네
주 기억하셨음 이 라 주 기억하셨음 이 라
민 족들수고한 것 을 소 유로가지게 하 네
살 게하려고함 이 라 주 여호와찬양 하 라

148

시편 106편
(1-8, 47-48)

Mode X, Hypoaeolian
Shu Changwon, 2009

KOR. GENEVAN PSALTER 106: 88.98.98
Genevan Psalter, 1562, harm. Cl. Goudimel, 1564
rev. Lee Kuija, 2008

시편 107편-1

149

(1-11)

Mode I, Dorian
Shin Soseop, 2008

KOR. GENEVAN PSALTER 107-1: 76.76.67.67
Genevan Psalter, 1543, harm. Cl. Goudimel, 1564
rev. Joo Sunghee, 2008, alt. Lee Kuija, 2017

150 시편 107편-2

(28-31, 42-43)

KOR. GENEVAN PSALTER 107-2: 76.76.67.67
Genevan Psalter, 1543, harm. Cl. Goudimel, 1564
rev. Joo Sunghee, 2008, alt. Lee Kuija, 2017

Mode I, Dorian
Shin Soseop, 2008

1. 주 님 께 고통중 에 부 르짖었 더 니
2. 그 들 이 평온함 을 기 뻐하는 중 에
3. 정 직 한 사람들 은 보 고기뻐 하 며

그 들 의 고통에 서 인 도해내 시 고
주 께 서 인도하 네 소 원의항 구 로
모 든 사 악한자 는 자 기입봉 하 리

광 풍과물 결 을 잔 잔케하 나 이 다
여 호와인 자 와 행 하신기 적 인 해
지 혜있는 자 는 이 러한일 을 보 고

광 풍과물 결 을 잔 잔케하 나 이 다
여 호와찬 양 해 그 를찬송 할 지 라
여 호와인 자 함 께 달게되 리 로 다

시편 108편-1

(1-7)

151

Mode XIV, Hypoionian
Shu Changwon, 2009

KOR. GENEVAN PSALTER 108-1: 88.88.88.99
Genevan Psalter, 1562, harm. Cl. Goudimel, 1564
rev. Lee Kuija, 2008

1. 하 나님나의 마 음을 정 하였사옵나 이 다
2. 주 인자함하 늘 위에 광 대하며주의 진 실
3. 주 께서사랑 하 는자 건 져주시기위 하 여

나 주님께노래 하 고 마 음다하여 찬 양해
궁 창에미치나 이 다 궁 창에미치 나 이다
우 리에게응답 하 사 오 른손으로 구 원해

비 파야수 금 깰지라 새 벽을내 가 깨우리
하 나님주 는 하늘위 높 이들리 기 바라며
거 룩히주 가 말하되 나 뛰리라뛰 놀리라

만 민중내 가 주께감 사 주 님을찬 양 하오리 라
주 님의영광 온땅에 서 높 임받기 를 원합니 다
세 겜과숙 곳 골짜기 를 나 누며내 가 측량하 리

152

시편 108편-2
(8-13)

Mode XIV, Hypoionian
Shu Changwon, 2009

KOR. GENEVAN PSALTER 108-2: 88.88.88.99
Genevan Psalter, 1562, harm. Cl. Goudimel, 1564
rev. Lee Kuija, 2008

1. 길 르앗이내 것 이요 므 낫세도내것 이 며
2. 누 가나를견 고 한성 에 돔에인도하 려 나
3. 우 리가하나 님 만을 의 지하고의지 하 여

에 브라임은내 머 리 투 구요유다 는 내홀
하 나님이여주 께 서 우 리를버리 셨 나요
용 감히행하오 리 니 용 기를주시 옵 소서

모 압은나 의 목욕통 에 돔에내 신 던지며
주 께서우 리 군대와 함 께가지 않 습니까
주 님은우 리 대적을 밟 으실자 가 됨이라

블 레셋위 에 외치리 라 블 레셋위 에 외치리 라
대 적을치 게 도우소 서 사 람의구 원 헛됩니 다
주 님은우 리 대적들 을 밟 으실우 리 주시로 다

시편 109편-1
(1-11)

153

Mode II, Hypodorian
Shu Changwon, 2008

KOR. GENEVAN PSALTER 109: 99.99.88
Genevan Psalter, 1551, harm. Cl. Goudimel, 1564
rev. Lee Kuija, 2008

1.오 나의 찬송의하나 님　잠 잠하지마시옵소 서
2.그 가 심 판때죄인되 어　난 기도할뿐이옵니 다
3.저 판 단 받을때죄지 고　그 기도죄로변케하 며
4.그 자 녀 유리구걸하 며　그 황폐한집을떠나 서

그 들 의 악하고궤사 한　입 열 어 거짓혀로 말해
악 으 로 나의선갚으 며　내 사 랑 미움으로 갚네
그 년 수 단축케하시 며　그 직 분 타인취케 하며
걸 식 케 하고저의소 유　고 리 대 금자가취 하며

또 미 운 말로날둘 러　무 고히공격합니 다
악 인 이 그를다스 려　대 적그우편서게 해
자 녀 들 고아가되 며　아 내도과부되게 해
저 희 가 수고한것 들　외 인탈취케하소 서

154

시편 109편-2

(21-31)

Mode II, Hypodorian
Shu Changwon, 2008

KOR. GENEVAN PSALTER 109: 99.99.88
Genevan Psalter, 1551, harm. Cl. Goudimel, 1564
rev. Lee Kuija, 2008

1. 오 주 여 주의이름위 해　날 선대하여주옵소 서
2. 나 의 가 는것은석양 의　그 림자요메뚜기같 이
3. 그 들 이 나보면머리 를　흔 드나이다여호와 여
4. 주 께 서 행하셨나이 다　저 희가나를저주해 도
5. 내 대 적 욕을옷입듯 이　겉 옷같이수치입게 해

주 인 자 하심선하오 니　주 나 를 건져주옵 소 서
불 려 가 며금식하므 로　내 무 릎 약하며내 육 체
나 의 하 나님도우시 며　주 인 자 따라구하 소 서
주 내 게 복을주옵소 서　저 희 가 수치당하 여 도
나 주 께 크게감사하 며　무 리 중 에서찬송 하 리

나 가난궁핍하 오 니　내 중심상하옵니 다
수 척하오니또 나 는　그 들의비방거리 라
이 것이주의손으 로　하 신것알게하소 서
주 하나님의종 인 나　나 이를즐거워하 리
궁 핍한자우편 에 서　그 영혼주구원하 리

시편 110편

155

Mode X, Hypoaeolian
Shin Soseop, 2008

KOR. GENEVAN PSALTER 110: 11 10,11 10
Genevan Psalter, 1543, harm. Cl, Goudimel, 1564
rev. Joo Sunghee, 2008

1. 여호와께서 말씀하시기를 여호와내가 네원수들로
2. 여호와께서 시온에서부터 *권능의홀을 내보내시리
3. 주 권능의 날 주의백성들이 거룩한옷을 입고즐거이
4. 주 맹세하고 변하지않으리 여호와께서 이르시기를
5. 주 우편계신 주노하시는날 열왕을처서 파하시리라
6. 뭇 나라머리 처서파하시며 길가의시내 물을마시고

네 발등상이 되게하기까지 주 우편에 앉으라하시네
원 수들중에 다스리옵소서 원 수들중에 다스리소서
헌 신하나니 새벽이슬같은 주 청년들 주 께나오도다
멜 기세덱의 서열을따라서 영 원한제사 장이라 했네
열 방중판단 하여시체들로 시 체들가득 하게하소서
그 로인하여 그의머리들리 그 의머리를 드시리로다

* 힘의 지팡이

이를 위하여 너희가 부르심을 받았으니 그리스도도 너희를 위하여 고난을 받으사
너희에게 본을 끼쳐 그 자취를 따라오게 하려 하셨느니라 그는 죄를 범하지 아니하시고
그 입에 거짓도 없으시며 욕을 당하시되 맞대어 욕하지 아니하시고 고난을 당하시되
위협하지 아니하시고 오직 공의로 심판하시는 이에게 부탁하시며

벧전 2:21-23

156

시편 111편

KOR. GENEVAN PSALTER 111: 889.889
Genevan Psalter, 1542, harm. Cl. Goudimel, 1564
rev. Joo Sunghee, 2009

Mode I, Dorian
Shin Soseop, 2009

시편 112편

157

Mode I, Dorian
Shin Soseop, 2009

KOR. GENEVAN PSALTER 112: 99.99.99
Genevan Psalter, 1562, harm. Cl. Goudimel, 1564
rev. Joo Sunghee, 2009

1. 할 렐루야 주 경외하 며 그 계 명즐거워하는 자
2. 정 직한자 는 흑암중 에 빛 이 남은그가어질 고
3. 저 는영원 히 요동없 고 영 원 히기념케되리 라
4. 그 재물빈 궁 한자에 게 흩 어 서나눠주었으 니

복 있어후손이강성 해 정 직자후손복있으 리
자 비하고의로운자 라 은 혜베풀며꿔주는 자
흉 한소식두려워않 고 주 의뢰맘굳게정했 네
그 의는영원그의뿔 은 영 광중들림악인보 니

부 요와재물집에있 고 그 공 의 영원히있으 리
꿔 주는그가잘되나 니 그 일 을 공의로하리 다
견 고한그맘두려않 고 대 적 의 보응필경보 네
이 갈지만소멸하리 니 악 인 의 소욕멸망하 리

158 시편 113편

Mode VIII, Hypomixolydian
Shin Soseop, 2008

KOR. GENEVAN PSALTER 113: 889.889
Genevan Psalter, 1542, harm. Cl. Goudimel, 1564
rev. Joo Sunghee, 2008, alt. Lee Kuija, 2017

1. 할 렐 루 야 여호와의 종 들 아 찬양하여라
2. 해 돋 는 데에서부터 해 지 는 그곳에까지
3. 여 호 와 우리하나님 주 같 은 이가누구뇨
4. 가 난 하 고궁핍한자 거 름 더 미서일으켜

여 호와이 름 찬양하 라 이 제부터영원 까 지
주 이름찬 양 받으시 리 여 호와우리하 나 님
높 은위앉 아 계셨으 나 스 스로낮춰천 지 를
그 백성들 의 방백들 과 함 께세우며잉 태 치

여 호와주의이 름 을 찬 양할지라 찬양하 라
열 국들보다높 으 며 그 영광하늘 보다높 다
살 피시며가난 한 자 진 토에서일 으키시 네
못 하던여자제 집 서 어 미되게해 할렐루 야

시편 114편

159

KOR. GENEVAN PSALTER 114: 10 10 7.D.
Genevan Psalter, 1539, harm. Cl. Goudimel, 1564
rev. Lee Kuija, 2009

Mode I, Dorian
Shu Changwon, 2009

1. 이 스라엘 이 애 굽서 나 와 야 곱족속 과 언 어가다 른
2. 바 다가보 고 도 망을치 며 요 단은뒤 로 물 러갔으 며
3. 땅 이여너 는 주 하나님 앞 야 곱의하 나 님앞에떨 라

민 족서 나올때 에 유 다는주 의 성 소가되 고
산 들은 수양같 이 작 은산어 린 양 같이뛰 네
주 님은 반석으 로 변 하여못 이 되 게하시 며

이 스라엘 은 주의영토가 주 영토되었도 다
어 찌해바 다 도망가는가 왜 요단물러가 나
차 돌로샘 물 되게하셨다 샘 물되 게하셨 다

160

시편 115편
(1-15)

Mode I, Dorian
Shu Changwon, 2009

KOR. GENEVAN PSALTER 115: 10 10 7.D.
Genevan Psalter, 1539, harm. Cl. Goudimel, 1564
rev. Lee Kuija, 2009, alt. 2017

시편 116편

161

(1-10, 17-18)

Mode VII, Mixolydian
Shin Soseop, 2008

KOR. GENEVAN PSALTER 116: 10 11.11 10
Genevan Psalter, 1562, harm. Cl. Goudimel, 1564
rev. Joo Sunghee, 2008

1. 여 호와께 서 내음 성 간 구   들 으시니 나 저를 사랑하 네
2. 사 망의줄 이 나를 두르 고   *음 부의 고 통 내게 미치므 로
3. 주 은혜롭 고 의로 우시 며   주 님은 긍 휼 많으시나이 다
4. 나 의영혼 아 평안 함으 로   돌 아갈지 라 주너를 후대 해
5. 나 생존하 는 그땅 위에 서   여 호와앞 에 행하리이로 다
6. 여 호와주 께 감사 제드 려   여 호와이 름 부르오리이 다

그 귀를 내 게 기울이셨으 니   내 평생기 도 하오리 이다
환 난과 슬 픔 내가만났을 때   주 께구하 니 건져주 소서
순 진한 자 는 주보존하시 니   나 낮아질 때 구원하 셨네
사 망서 영 혼 눈물에서눈 을   넘 어짐에 서 내발건 졌네
말 하리 라 나 믿는고로내 가   큰 곤란함 을 당하였 도다
나 여호 와 께 서원한것들 을   백 성앞에 서 지키리 이다

*스올

옛적에 여호와께서 나에게 나타나사

내가 영원한 사랑으로 너를 사랑하기에 인자함으로 너를 이끌었다 하였노라

렘 31:3

162

시편 117편

KOR. GENEVAN PSALTER 117: 88.88.88
Genevan Psalter, 1551, harm. Cl. Goudimel, 1564
rev. Joo Sunghee, 2008

Mode VIII, Hypomixolydian
Shin Soseop, 2008

1. 너 희들모든나라여　주 여호와를찬 양 해
2. 오 우리에게향하신　여 호와인자하 심 이

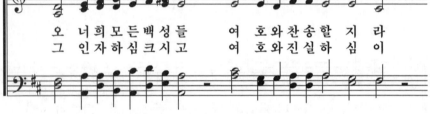

오 너희모든백성들　여 호와찬송할 지 라
그 인자하심크시고　여 호와진실하 심 이

너 희들모든백 성 아　여 호와찬송 할 지라
영 원하심이시 로 다　영 원하리할 렐 루야

이런 이들은 그 양심이 증거가 되어 그 생각들이 서로 혹은 고발하며

혹은 변명하여 그 마음에 새긴 율법의 행위를 나타내느니라

롬 2:15

시편 118편-1
(1-13)

163

KOR. GENEVAN PSALTER 118: 98.98.D.
Genevan Psalter, 1543, harm. Cl. Goudimel, 1564
rev. Joo Sunghee, 2008, alt. Lee Kuija, 2017

Mode XIV, Hypoionian
Shin Soseop, 2008

164 시편 118편-2
(14-29)

Mode XIV, Hypoionian
Shin Soseop, 2008

KOR. GENEVAN PSALTER 118: 98.98.D.
Genevan Psalter, 1543, harm. Cl. Goudimel, 1564
rev. Joo Sunghee, 2008, alt. Lee Kuija, 2017

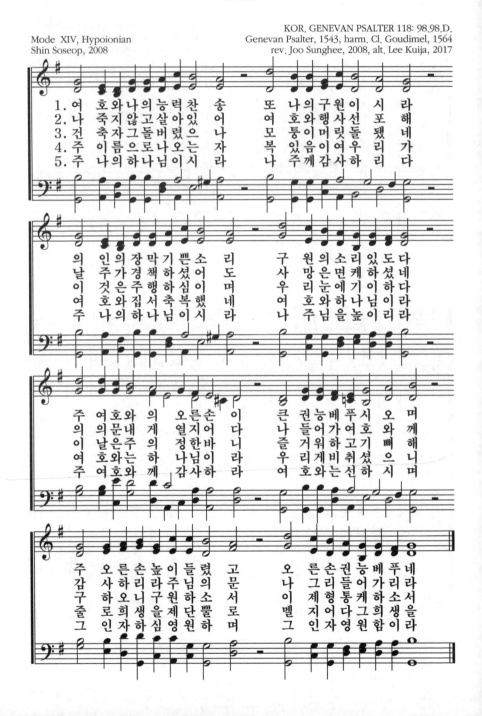

시편 119편-1

(1-16)

165

Mode XIV, Hypoionian
Shin Soseop, 2008

KOR. GENEVAN PSALTER 119-1: 10 11.10 11.10 11
Genevan Psalter, 1551, harm. Cl. Goudimel, 1564
rev. Joo Sunghee, 2008

1. 행위가온 전 주율법따라　행 하는자 들 복이있음이 여
2. 주 명령하사 법도지키게　내 길을정 해 율례지키게 해
3. 나 주의율 례 지키오리니　주 나를아 주 버리지마소 서
4. 나 전심으 로 주를찾았네　주 계명에 서 떠나잖게하 네
5. 주 입의규 례 입술로선포　나 모든재 물 즐거워함같 이

주 여호와 의 증거지키고　온 맘이주 를 구해복이있 네
나 주의계 명 주의할때에　나 부끄럽 지 아니하리이 다
청 년이그 가 무엇으로서　그 행실깨 끗 하게하리이 까
나 주께범 죄 아니하려해　주 말씀내 맘 두었음이니 다
주 증거도 를 즐거워했네　나 주의법 도 묵상하오리 니

참 으로그 들 불의행찮고　주 님의도 를 행하는자 로 다
나 주의판 단 배울때에는　정 직한마 음 주께감사 하 리
주 말씀만 을 지키오리다　주 님의말 씀 지키오리 이 다
찬 송받으 실 주여호와여　주 율례내 게 가르치옵소 서
주 님의도 에 주의를하며　주 율례즐 겨 말씀잊지않 네

166

시편 119편-2
(17-24)

Mode XIV, Hypoionian
Shu Changwon, 2011

KOR. GENEVAN PSALTER 119-2: 10 11.10 11.10 11
Genevan Psalter, 1551, harm. Cl. Goudimel, 1564
rev. Joo Sunghee, 2008

1. 주 의종후 히 살게하소서   그 리하면 주 말씀지키리 다
2. 주 규례항 상 사모함으로   내 마음이 늘 상하옵나이 다
3. 나 주의교 훈 지켰사오니   비 방과멸 시 떠나게하소 서

내 눈을열 어 주의율법의   놀 라운것 을 보게하옵소 서
교 만하여 늘 저주받으며   주 님의계 명 떠나는자들 을
방 백들앉 아 비방하오나   주 의종율 례 묵상하였도 다

나 는땅에 서 나그네이니   주 계명내 게 숨기지마소 서
주 께서그 들 꾸짖었도다   주 께서그 들 꾸짖으셨도 다
주 증거나 의 즐거움이요   주 님의증 거 나의모사로 다

시편 119편-3

(25-32)

167

KOR. GENEVAN PSALTER 119-3: 10 11.10 11.10 11
Genevan Psalter, 1551, harm. Cl. Goudimel, 1564
rev. Joo Sunghee, 2008

Mode XIV, Hypoionian
Shu Changwon, 2011

1. 내 영혼 진토 붙었사오니   주 말씀대로 소성케하소서
2. 나 주의법도 깨닫게하여   나 주의기사 묵상하오리다
3. 나 성실한 길 선택하오며   주님의규례 내앞에두었네

내 행위내가 주께고하매   주께서내게 응답하셨으니
내 영혼눌림 인해녹으니   주 말씀대로 나를세우소서
나 주의증거 접붙였으니   나 수치당케 하지마옵소서

주님의율례 가르치소서   주님의율례 가르쳐주소서
거짓된행위 떠나게하고   주의법내게 은혜로주소서
주께서내맘 넓히시오면   주 계명의길 나달려가리다

168

시편 119편-4
(41-48)

Mode XIV, Hypoionian
Shu Changwon, 2011

KOR. GENEVAN PSALTER 119-4: 10 11.10 11.10 11
Genevan Psalter, 1551, harm. Cl. Goudimel, 1564
rev. Joo Sunghee, 2008

1. 주 말씀대 로 주의인자와   주 의구 원을 내게베푸시 면
2. 나 주의규 례 바랐사오니   나 주의율 법 영영히지키 리
3. 나 사랑하 는 주의계명을   스 스로내 가 즐거워하오 며

비 방자에 게 할말있으니   나 주의말 씀 의지하옵니 다
주 님의법 도 나구했으니   자 유론행 보 나행하오리 다
또 나의사 랑 하는주계명   내 손을들 고 묵상하리로 다

진 리의말 씀 나의입에서   조 금도떠 남 없게하옵소 서
또 열왕앞 에 진리말할때   수 치와멸 시 당치아니하 리
주 님의율 례 묵상하리라   주 님의계 명 나즐거워하 리

시편 119편-5

169

(49-60)

Mode XIV, Hypoionian
Shu Changwon, 2020

KOR. GENEVAN PSALTER 119-1: 10 11,10 11,10 11
Genevan Psalter, 1551, harm. Cl. Goudimel, 1564
rev. Joo Sunghee, 2008

1. 주 말씀한 것 기억하소서　주 께서 나 로 소망있게했 네
2. 여 호와주 의 옛규례들을　나 기억 하 고 스스로위로 해
3. 여 호와내 가 밤에주이름　기 억해주 의 법지켰나이 다
4. 나 전심으 로 은혜구하니　주 말씀대 로 긍휼히보소 서

이 말씀내 게 곤란중위로　주 의말씀 이 나를살리셨 네
주 율법버 린 악인들인해　맹 렬한노 에 나사로잡혔 네
나 의소유 는 이것이오니　주 님의법 도 지킨것입니 다
나 행한일 을 나생각하고　주 의증거 로 내발돌이켰 네

교 만한자 가 날조롱해도　나 주의법 을 떠나지않았 네
나 나그네 된 집에서주의　율 례가나 의 노래되었도 다
여 호와나 의 분깃이오니　나 주의말 씀 지키리라했 네
주 계명내 가 신속히지켜　지 체하지 도 아니했나이 다

170   시편 119편-6

(61-71)

Mode XIV, Hypoionian
Shu Changwon, 2020

KOR. GENEVAN PSALTER 119-1: 10 11.10 11.10 11
Genevan Psalter, 1551, harm. Cl. Goudimel, 1564
rev. Joo Sunghee, 2008

1. 악인의줄 이 내게얽혀도 나 주의법 을 잊지아니했 네
2. 주여호와 의 인자함땅에 충 만해주 의 율례가르치 고
3. 나 고난몸 소 당하기전엔 나 그릇되 게 행하였사오 나
4. 교만한자 가 거짓을지어 날 치려하 나 주법도지키 네

의 로운주 의 규례인하여 밤 중일어 나 주께감사하 리
여 호와주 의 말씀을따라 주 님의종 을 선대하셨도 다
이 제는주 의 말씀지키네 주 는선하 사 선을행하시 니
저 들맘살 쩐 지방같으나 나 주의법 을 즐거워합니 다

주 경외하 는 모든자들과 주 법도지 킨 자들과동무 라
나 주의계 명 믿었사오니 명 철과지 식 가르쳐주소 서
주 님의율 례 가르치소서 주 님의율 례 가르쳐주소 서
고 난당함 이 내게유익해 주 님의율 례 배우게되었 네

시편 119편-7

171

(72-80)

Mode XIV, Hypoionian
Shu Changwon, 2020

KOR. GENEVAN PSALTER 119-1: 10 11.10 11.10 11
Genevan Psalter, 1551, harm. Cl. Goudimel, 1564
rev. Joo Sunghee, 2008

1. 주 입의법 이 천천금보다   귀 하네주 의 손이날만들 고
2. 나 아네주 의 판단의롭고   날 괴롭힘 은 주성실인하 며
3. 교 만한자 가 무고히나를   엎 어뜨리 니 수치당케하 고
4. 내 마음으 로 주의율례에   완 전케하 사 나로수치당 케

세 우셨으 니 나로께닫고   주 계명나 로 배우게하소 서
구 하오니 말 씀하신대로   주 인자함 이 위안되게하 며
나 주의법 도 묵상하리라   주 경외하 는 그들은내게 로
마 소서내 영 주의구원을   사 모하기 에 피곤하옵니 다

주 경외하 는 자가나보고   기 뻐해내 가 말씀바라 기 에
긍 휼히여 김 내게임하사   날 살게하 니 주의법내 기 쁨
돌 아오게 해 그리하시면   저 희가주 의 증거알리 이 다
오 히려나 는 주님의말씀   그 말씀내 가 바라옵나이 다

172 시편 120편

KOR. GENEVAN PSALTER 120: 99.99.99.88

Mode II, Hypodorian
Shin Soseop, 2008

Genevan Psalter, 1551, harm. Cl. Goudimel, 1564
rev. Joo Sunghee, 2008

1. 나 환난중에여호와 께 부 르짖으니응답 했네
2. 장 사의날카로운살 과 로 뎀나무숯불이 로다

오 주여거짓된입술 과 저 들의속이는혀에 서
메 섹과게달장막중 에 머 무는것이내게화 요

내 생명건지소서주 여 너 속이는혀무엇으 로
나 화평미워하는자 들 그 들과오래거주했 네

네 게주며무엇으로 너 에게더 해 주리요
나 화평원해말할때 그 들은싸 우 려하네

KOR. GENEVAN PSALTER 121: 86.68.77
Genevan Psalter, 1551, harm. Cl. Goudimel, 1564
rev. Joo Sunghee, 2009

Mode VIII, Hypomixolydian
Shin Soseop, 2009

174 시편 122편

시편 123편　175

KOR. GENEVAN PSALTER 123: 106,11 7,11 7,106
Genevan Psalter, 1551, harm. Cl. Goudimel, 1564
rev. Joo Sunghee, 2009

Mode XIV, Hypoionian
Shin Soseop, 2009

1. 하늘에 계신주여 눈들어 주께향 하 오니
2. 여호와 우리에게 은혜를 베풀어 주 소서

상전의손을 바라보 는 종 들 그종들의 눈 같 이
오 주여심한멸시 우리에 게 넘쳐나옵 나 이 다

여 주인손 을 바라보는여 종 그종의눈과같 이
안 일한자 의 조소와교만 한 그들의멸시함 이

우 리의눈 이 주님보 면 서은혜기다 리 네
그 심한멸 시 우리영혼 에넘치옵나 이 다

시편 124편

Mode XIV, Hypoionian
Shin Soseop, 2008

KOR. GENEVAN PSALTER 124: 10 10.10 10.10
Genevan Psalter, 1551, harm. Cl. Goudimel, 1564
rev. Joo Sunghee, 2008

1. 이 스라 엘 은 이제말하길　여 호와께 서 우리들 편 에
2. 사 람들 우 리 치러왔을때　주 우리편 에 안계셨 다 면
3. 그 때에 물 이 우리휩쓸며　시 내가우 리 영혼삼 켰 네
4. 우 리의 영 혼 사냥꾼들의　올 무벗어 난 새같이 되 어

계 시지아 니 하셨더 라면　우 리가어 찌 하였으리요
그 때그들 의 그노여 움이　우 리들에 게 맹렬하여서
넘 치는물 이 영혼삼 키리　그 이에씹 히 지않게하신
올 무끊어 져 우리벗 어나　우 리의도 움 천지지으신

우 리 가 어 찌 하 였 으 리 요 라
우 리 를 산 채 삼 켰 으 리 라 라
주 여 호 와 를 찬 송 할 지 라 라
주 여 호 와 의 이 름 에 있 네

시편 125편

Mode 1, Dorian
Shin Soseop, 2009

KOR. GENEVAN PSALTER 125: 96.69.95
Genevan Psalter, 1551, harm. Cl. Goudimel, 1564
rev. Joo Sunghee, 2009

1. 여 호 와 의 지 하 는 자 는 　시 온 산 영 원 히
2. 악 인 의 권 세 의 인 땅 서 　그 권 세 못 누 려
3. 자 기 굽 은 길 치 우 치 는 　그 들 을 주 께 서

요 동 않 음 같 네 　산 들 이 예 루 살 렘 성 을
의 인 들 로 인 해 　죄 악 에 손 대 지 못 하 게
죄 범 한 자 들 과 　함 께 다 니 게 하 시 리 라

두 름 과 같 이 그 백 성 을 　두 르 시 리 다
주 선 한 자 맘 정 직 한 자 　선 대 하 도 다
이 스 라 엘 에 게 는 평 강 　평 강 있 도 다

178

시편 126편

KOR. GENEVAN PSALTER 126: 88.88.99.88
Genevan Psalter, 1551, harm. Cl. Goudimel, 1564
rev. Joo Sunghee, 2008

Mode VII, Mixolydian
Shin Soseop, 2008

1. 주 께서 시온 의 포로 돌 려 보 내실 그때에
2. 주 께서 우리 의 포로 남 방 의 시내들 같이

우 리 꿈꾸는것 같 네 입 에 웃음가득 하 고
돌 려보내어주 소 서 울 면서씨뿌리 는 자

혀 에는찬양찼었도 다 열 방중주큰일행했 네
기 쁨으로거두리로 다 울 며씨뿌리러나간 자

주 큰일행하셨 으 니 오 우리는기쁘 도 다
기 쁨으로곡식 단을 가 지고돌아오 리 라

시편 127편   179

KOR. GENEVAN PSALTER 127: 88.88.88
Mode VIII, Hypomixolydian   Genevan Psalter, 1551, harm. Cl. Goudimel, 1564
Shu Changwon, 2009   rev. Lee Kuija, 2009

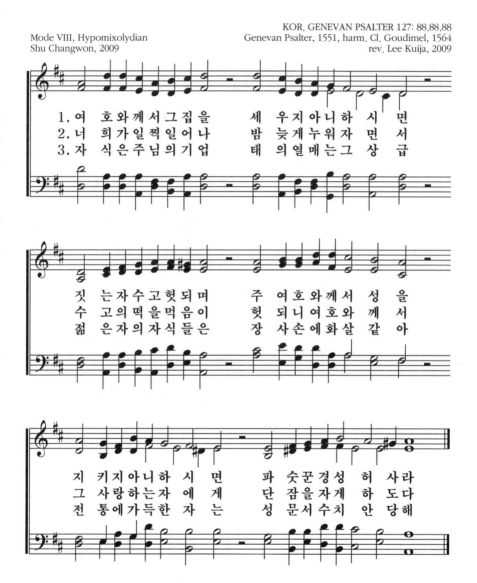

1. 여 호와께서그집을　세 우지아니하 시　면
2. 너 희가일찍일어나　밤 늦게누워자 면　서
3. 자 식은주님의기업　태 의열매는그 상　급

짓 는자수고헛되며　주 여호와께서 성 을
수 고의떡을먹음이　헛 되니여호와 께 서
젊 은자의자식들은　장 사손에화살 같 아

지 키지아니하 시 면　파 숫꾼경성 허 사라
그 사랑하는자 에 게　단 잠을자게 하 도다
전 통에가득한 자 는　성 문서수치 안 당해

180

시편 128편

KOR. GENEVAN PSALTER 128: 76.76.D.
Genevan Psalter, 1543, harm. Cl. Goudimel, 1564
rev. Joo Sunghee, 2009, alt. Lee Kuija, 2017

Mode I, Dorian
Shin Soseop, 2009

1.여 호와 경외 하 며 그 도 행하는 자
2.네 집안 방에 있 는 너의 그 아 내는
3.여 호와 께서 네 게 시 온 서 복 주 리

그 도 행하는 자 는 복 이 있 으 리 라
결 실 한 포 도 나 무 같 으 리 이 로 다
너 평 생 에 루 살 렘 복 을 누 리 리 라

네 손 수 고 한 대 로 너 먹 을 것 이 라
네 식 탁 앉 은 자 식 어 린 감 람 나 무
네 자 식 의 자 식 을 볼 것 임 이 로 다

너 복 되 고 형 통 해 복 되 고 형 통 해
주 경 외 하 는 자 는 이 런 복 얻 으 리
너 이 스 라 엘 에 게 평 강 있 으 리 라

시편 129편

181

Mode II, Hypodorian
Shin Soseop, 2008

KOR. GENEVAN PSALTER 129: 10 11,10 11
Genevan Psalter, 1551, harm. Cl. Goudimel, 1564
rev. Joo Sunghee, 2008

182

시편 130편

Mode I, Dorian
Shu Changwon, 2009

KOR. GENEVAN PSALTER 130: 76,76,D.
Genevan Psalter, 1539, harm. Cl. Goudimel, 1564
rev. Lee Kuija, 2008

시편 131편

183

KOR. GENEVAN PSALTER 131: 88.88
Genevan Psalter, 1551, harm. Cl. Goudimel, 1564
rev. Joo Sunghee, 2008

Mode III, Phrygian
Shin Soseop, 2008

1. 여　호　와　여　내　마　음　이
교　만　치　않　고　내　눈　이　로
높　지　아　니　하　며　내　가　를
큰　일　과　기　이　한　일　도

2. 힘　쓰　지　아　니　합　니　다
실　로　내　가　고　심　령　으　로
요　하　고　평　온　케　키　를
젖　을　뗀　어　린　아　기　가

3. 어　미　품　에　있　음　같　이
내　중　심　이　그　와　같　네
이　스　라　엘　지　금　부　터
영　원　까　지　주　바　라　라

184 시편 132편-1
(1-9)

Mode III, Phrygian
Shin Soseop, 2009

KOR. GENEVAN PSALTER 132: 888.88
Genevan Psalter, 1551, harm. Cl. Goudimel, 1564
rev. Joo Sunghee, 2009

1. 여호와여 다 윗위해 그 고통기억하 소 서
2. 나 진실로 내 가사는 내 장막안들어 가 며
3. 여호와의 그 처소를 야 곱의전능자 성 막
4. 나 무밭서 찾 았도다 우 리가그의성 막 에
5. 여호와여 일 어나사 주 의권능의궤 함 께

주 님께저맹세 하 며 야 곱의전 능 자에게
내 침상오르지 않 고 내 눈잠들 게 안하고
나 발견할때까 지 라 우 리가성 막 있는곳
들 어가발등상 앞 에 엎 드려경 배 하리라
평 안한곳에드 소 서 제 사장들 은 의입고

서 원 하 여 올 리 도 다 네
에 눈 브 드 라 풀 다 졸 있 지 다 않 하 나
엎 즈 도 려 즐 겨 경 배 이 하 리 외 치 라
성 도 즐 거 이 외 치 라

시편 132편-2

(10-17)

185

Mode III, Phrygian
Shin Soseop, 2009
alt., Shu Changwon, 2020

KOR. GENEVAN PSALTER 132: 888,88
Genevan Psalter, 1551, harm. Cl. Goudimel, 1564
rev. Joo Sunghee, 2009

1. 주 님의 종 다 윗 위 해　　주 기름 부음 받 은 자
2. 변 치 아 니 할 것 이 라　　네 몸 의 소 생 네 위 에
3. 저 희 의 후 손 그 들 도　　영 원 히 네 위 앉 으 리
4. 영 원 히 내 쉴 곳 이 라　　나 여 기 거 함 원 했 다
5. 나 거 기 서 다 윗 에 게　　뿔 이 나 게 할 것 이 라

물 리 치 지 마 옵 소 서　　주 다 윗 에 게 성 실 히
둘 지 라 너 의 자 손 이　　내 교 훈 나 의 언 약 과
여 호 와 께 서 시 온 을　　택 하 여 자 기 거 처 로
이 성 의 식 료 품 위 에　　풍 족 함 복 을 주 리 라
내 기 름 부 음 받 은 자　　위 하 여 등 을 준 비 해

맹　 세　 하　 여 주 셨 으　 니
내　 세　 거　 지 킬 지 로　 다
삼　 고　 자　 하 여 말 하　 길
빈　 민　 들　 만 족 케 하　 리
그　 등　 을　 예 비 하 였　 네

186

시편 133편

Mode XIII, Ionian
Shu Changwon, 2008

KOR. GENEVAN PSALTER 133: 11 11 8.10 10 8
Genevan Psalter, 1551, harm. Cl. Goudimel, 1564
rev. Lee Kuija, 2008

1. 형 제 가 연합하여동거함 이   어 찌그리 아 름답고선한 지
2. 헐 몬 산 이슬시온의산위 에   내 림같도 다 시온산들위 에

머 리 의 보배론 기 름   아 론의수 염   그옷깃까지
거 기 서 여호와 께 서   복 을명했 네   복을명했네

흘 러내리 는 기름과같이   그 옷 깃 까지흐 르 네
곧 영생의 복 영생의복을   영 원 히 내려주 시 네

형제들아 내가 우리 주 예수 그리스도의 이름으로 너희를 권하노니

모두가 같은 말을 하고 너희 가운데 분쟁이 없이

같은 마음과 같은 뜻으로 온전히 합하라

고전 1:10

KOR. GENEVAN PSALTER 134: 88.88
Mode XIV, Hypoionian
Genevan Psalter, 1551, harm. Cl. Goudimel, 1564
Shu Changwon, 2008
rev. Lee Kuija, 2008

1. 밤 중에 여호와 집에 서 있는 주의 종들 아
2. 너 희의 손을 거룩히 성 소를 향해 들 고 서
3. 시 온서 너희들에게 복 주시는 주 여 호 와

주 여호와송축하라 여호와 송축할지라
주 여호와송축하라 여호와 송축할지라
그 는천지를지으신 여호와 우리하나님

한밤중에 바울과 실라가 기도하고

하나님을 찬송하매 죄수들이 듣더라

이에 갑자기 큰 지진이 나서 옥터가 움직이고 문이 곧 다 열리며

모든 사람의 매인 것이 다 벗어진지라

행 16:25-26

188

시편 135편-1
(1-8)

Mode XIII, Ionian
Shin Soseop, 2009

KOR. GENEVAN PSALTER 135: 77.77.77
Genevan Psalter, 1562, harm. Cl. Goudimel, 1564
rev. Joo Sunghee, 2009

1. 할 렐 루 야 여 호 와　이 름 찬 송 할 지 라
2. 주 를 찬 송 하 여 라　주 는 선 하 시 오 며 다
3. 특 별 한 소 유 로 서　택 하 였 음 이 로 다 다
4. 기 뻐 하 시 는 일 을　주 가 행 하 셨 도 다
5. 비 를 위 해 번 개 를　만 드 시 며 바 람 을

여 호 와 의 종 들 아 다　그 를 찬 송 하 여 라
그 이 름 아 름 답 다 는　그 이 름 찬 양 하 라
내 가 알 기 로 주 는　광 대 하 며 우 리 주
천 지 바 다 깊 은 곳　모 두 행 하 셨 도 다
그 곳 간 서 내 도 다　저 가 애 굽 서 난 자

여 호 와 의 집 뜰 에　서 있 는 너 희 들 아 을 다
주 가 모 든 신 들 보 다 도　자 기 위 해 야 곱 을 다
모 땅 끝 에 서 서 안 개 를　더 높 으 신 주 로 다 다
땅 사 람 짐 승 치 셨 다　주 가 일 으 켰 도 다
사 람 짐 승 치 셨 다　사 람 짐 승 치 셨 다

시편 135편-2

(13-21)

189

Mode XIII, Ionian
Shu Changwon, 2019

KOR. GENEVAN PSALTER 135: 77.77.77
Genevan Psalter, 1562, harm. Cl. Goudimel, 1564
rev. Joo Sunghee, 2009

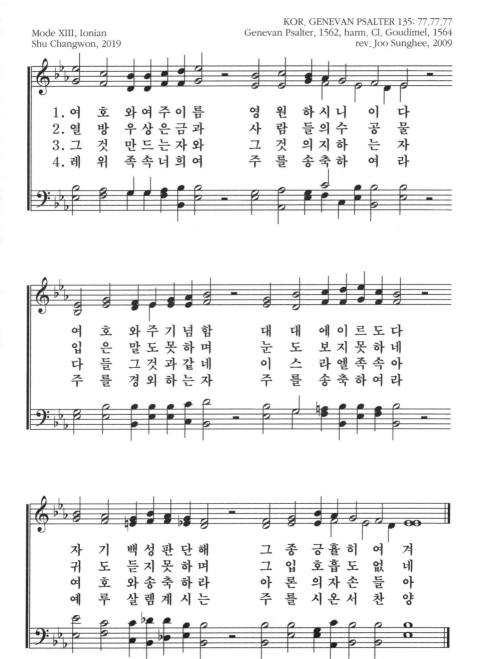

1.여 호 와 여 주 이 름　영 원 하 시 니 이 다
2.열 방 우 상 은 금 과　사 람 들 의 수 공 물
3.그 것 만 드 는 자 와　그 것 의 지 하 는 자
4.레 위 족 속 너 희 여　주 를 송 축 하 여 라

여 호 와 주 기 념 함　대 대 에 이 르 도 다
입 은 말 도 못 하 며　눈 도 보 지 못 하 네
다 들 그 것 과 같 네　이 스 라 엘 족 속 아
주 를 경 외 하 는 자　주 를 송 축 하 여 라

자 기 백 성 판 단 해　그 종 긍 휼 히 여 겨
귀 도 듣 지 못 하 며　그 입 호 흡 도 없 네
여 호 와 송 축 하 라　아 론 의 자 손 들 아
예 루 살 렘 계 시 는　주 를 시 온 서 찬 양

190

시편 136편
(1-10)

Mode VII, Mixolydian
Shu Changwon, 2008

KOR. GENEVAN PSALTER 136: 77.REF.
rev. Lee Kuija, 2008

1. 감　사　하　라　주　님　께　　그　는　선　하　심　이　라
2. 신　들　중　에　뛰　어　난　　주　께　감　사　하　여　라
3. 모　든　주　에　뛰　어　난　　주　께　감　사　하　여　라
4. 홀　로　큰　일　행　하　신　　주　께　감　사　하　여　라
5. 하　늘　지　혜　로　지　은　　주　께　감　사　하　여　라
6. 땅　을　물　위　에　펴　신　　주　께　감　사　하　여　라
7. 큰　빛　들　을　지　으　신　　주　께　감　사　하　여　라
8. 해　로　낮　주　관　케　한　　주　께　감　사　하　여　라
9. 달　과　별　로　밤　주　관　　주　께　감　사　하　여　라
10. 애　굽　장　자　를　치　신　　주　께　감　사　하　여　라

그　의　인　자　하　심　이　　영　원　하　심　이　로　다

아무것도 염려하지 말고 다만 모든 일에 기도와 간구로,
너희 구할 것을 감사함으로 하나님께 아뢰라
그리하면 모든 지각에 뛰어난 하나님의 평강이
그리스도 예수 안에서 너희 마음과 생각을 지키시리라

빌 4:6-7

시편 137편

191

(1-7)

Mode I, Dorian
Shin Soseop, 2009
alt., Shu Changwon, 2020

KOR. GENEVAN PSALTER 137: 11 11.10 10.11 11
Genevan Psalter, 1539, harm. Cl. Goudimel, 1564
rev. Joo Sunghee, 2009

1. 우 리 가 바 벨 론 강 변 에 앉 아　시 온 을 기 억 하 며 울 었 도 다
2. 자 기 들 위 해 시 온 노 래 하 나　노 래 하 라 고 청 하 였 음 이 라
3. 예 루 살 렘 아 내 너 를 잊 거 나　내 가 장 즐 겨 하 는 것 들 보 다
4. 그 들 의 말 이 훼 파 하 라 모 두　헐 어 라 기 초 헐 라 했 나 이 다

버 드 나 무 에 수 금 걸 었 다　이 는 우 리 를 사 로 잡 고 서
우 리 가 어 찌 이 방 땅 에 서　여 호 와 노 래 부 를 수 있 나
너 지 나 치 게 아 니 할 진 대　내 혀 입 천 장 붙 을 지 로 다
여 자 같 이 멸 망 할 바 벨 론　너 희 행 함 을 그 대 로 갚 고

거 기 서 노 래 우 리 게 청 하 며　황 폐 케 한 자 기 쁨 청 하 였 네
나 예 루 살 렘 너 를 잊 을 진 대　오 른 손 아 그 재 주 잊 을 지 라
오 여 호 와 여 예 루 살 렘 망 함　기 억 해 에 돔 자 손 치 옵 소 서
네 어 린 것 들 메 어 치 는 자 는　복 있 으 리 라 복 있 으 리 로 다

192

시편 138편

Mode XIII, Ionian
Shu Changwon, 2008

KOR. GENEVAN PSALTER 138: 89.89.8 10.89
Genevan Psalter, 1543, harm. Cl. Goudimel, 1564
rev. Lee Kuija, 2008

시편 139편-1

193

(1-10)

Mode VIII, Hypomixolydian
Shu Changwon, 2009

KOR. GENEVAN PSALTER 139: 88.88.99
Genevan Psalter, 1551, harm. Cl. Goudimel, 1564
rev. Lee Kuija, 2008

1. 주 나 를 감 찰 하 시 니   주 나 를 아 시 나 이 다
2. 내 행 위 익 히 아 시 니   오 주 여 내 혀 의 말 을
3. 이 지 식 높 고 기 이 해   나 능 히 미 치 지 못 해
4. 하 늘 에 올 라 가 봐 도   음 부 에 자 리 펼 쳐 도

나 앉 고 일 어 섬 알 며   멀 리 서 나 의 생 각 을
알 지 못 함 이 없 도 다   주 께 서 나 의 전 후 를
나 주 의 신 을 떠 나 서   어 디 로 피 하 리 이 까
거 기 도 계 시 나 이 다   나 새 벽 날 개 를 치 며

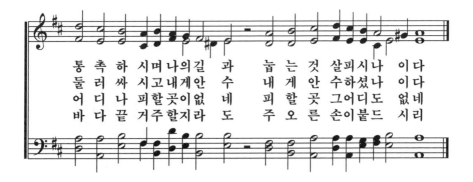

통 촉 하 시 며 나 의 길 과   눕 는 것 살 피 시 나 이 다
둘 러 싸 시 고 내 게 안 수   내 게 안 수 하 셨 나 이 다
어 디 나 피 할 곳 이 없 네   피 할 곳 그 어 디 도 없 네
바 다 끝 거 주 할 지 라 도   주 오 른 손 이 붙 드 시 리

194 시편 139편-2

(11-17, 23-24)

Mode VIII, Hypomixolydian
Shu Changwon, 2009

KOR. GENEVAN PSALTER 139: 88.88.99
Genevan Psalter, 1551, harm. Cl. Goudimel, 1564
rev. Lee Kuija, 2008

1.흑 암 이 정녕나덮고　나 두른빛 이 밤돼도
2.주 께 서 내장만들고　모 태서나 만 드셨네
3.은 밀 한 데서지었고　땅 깊은곳 서 기묘히
4.날 위 해 정한그날이　하 나도되 기 전이미
5.하 나 님 나를살피사　내 마음다 아 시오며

주 님 께 흑암못 숨 고　밤 낮과같이 빛 나니
나 주 께 감사하옵은　날 지음신묘 막 측해
지 음 받 을때내형체　주 앞에숨겨 짐 없네
주 책 에 기록되었네　하 나님주의 생 각이
날 시 험 하사내뜻을　아 옵소서주 하 나님

주 님 께 흑암과빛들 도　다 같 이 일반이니 이다
주 께 서 하는일기이 함　내 영 혼 알고있나 이다
내 형 질 이루어지기 전　주 님 의 눈이보았 도다
어 찌 그 렇게보배론 지　그 수 가 어찌많은 지요
나 행 한 악행있나보 고　영 원 한 길로이끄 소서

시편 140편

195

(1-8, 12-13)

Mode XIV, Hypoionain
Shin Soseop, 2009, alt. 2017

KOR. GENEVAN PSALTER 140: 98.98.98
Genevan Psalter, 1543, harm. Cl. Goudimel, 1564
rev. Joo Sunghee, 2009

196

시편 141편
(1-6)

Mode III, Phrygian
Shu Changwon, 2008

KOR. GENEVAN PSALTER 141: 98.89
Genevan Psalter, 1562, harm. Cl. Goudimel, 1564
rev. Lee Kuija, 2008, alt. 2017

1. 주여내 가주 찾으오 니   속 히내게 임하 소서
2. 나 의기 도주 앞에분 향   내 손듦은 저녁 제사
3. 내 맘악 한일 에기울 어   죄 악행하 는자 함께
4. 의 인이 나를 친다해 도   은 혜로여 기나 이다
5. 재 난중 항상 기도하 리   관 장들바 위곁 으로

나 주께간 구할 때에   내 음성귀 기 울이소 서
내 입에파 수꾼세 워   내 입술문 을 지키소 서
악 행치않 게하 소서   저 희의진 수 못먹게 해
책 망도머 리기 름과   같 게여겨 거 절치않 네
던 져져도 내말 달아   저 무리다 들 으리로 다

성령의 감화는

게으름을 관대하게 보아주는 식으로 오지 않고

분발하여 노력할 자극으로 옵니다.

- 존 에인젤 제임스 -

시편 142편 197

Mode III, Phrygian
Shin Soseop, 2009, alt. 2017

KOR. GENEVAN PSALTER 142: 88.88
Genevan Psalter, 1551, harm. Cl. Goudimel, 1564
rev. Joo Sunghee, 2009

1. 내 가 주께 소리 내 어 부 르짖으 며 간 구 해
2. 내 영 내 속에 상 할 때 주 께서 내 길 아 셨 네
3. 오 른 쪽살펴보 소 서 나 아는이 도 없 으 며
4. 내 가 주께 부르 짖 네 주 나의피 난 처 시 오
5. 부 르 짖음들으 소 서 나 심히비 천 합 니 다
6. 내 영 혼 옥에서 끌 어 주 이름감 사 하 게 해

원 통 함 주께 토 로 해 려 내 우 환주 님 아 시 네
가 는 길 나를 잡 으 려 고 올 무 를숨 겼 나 이 다
피 난 처 조차도 없 고 서 내 영 돌보 는 이없 네
생 존 한 자들 땅 지 소 서 주 나의분 깃 이시 다
핍 박 자 서건 소 서 그 들 나보 다 강 하 네
주 내 게 갚아 주 시 니 의 인 들나 를 두 르 네

우리가 알거니와 하나님을 사랑하는 자

곧 그의 뜻대로 부르심을 입은 자들에게는

모든 것이 합력하여 선을 이루느니라

롬 8:28

198

시편 143편
(1-7)

Mode I, Dorian
Shu Changwon, 2009

KOR. GENEVAN PSALTER 143: 998.98
Genevan Psalter, 1539, harm. Cl. Goudimel, 1564
rev. Lee Kuija, 2008

1. 주 여 내 기도들으소 서 내 간구에귀기울이 사
2. 주 의 종 심판치마소 서 주 앞에의로운자없 네
3. 내 심 령 속에서상하 며 내 마음참담하나이 다
4. 나 주 를 향해손을펴 고 내 영혼마른땅과같 이
5. 여 호 와 속히들으소 서 내 영혼피곤하나이 다

주 진실함과공 의 로 나 에게응답하옵소 서
원 수내영혼핍박 해 내 생명땅에엎으므 로
나 옛적일기억 하 고 주 모든행사묵상하 며
주 사모하옵나 이 다 내 영혼마른땅과같 이
주 얼굴숨지마 소 서 나 무덤내려간자될 까

나 에 게 응 답 하 소 서네
나 흑 암 속 에 거 했 하이다
주 행 한 일 생 각 이 네다
주 사 모 하 옵 하 이 다
두 려 워 하 옵 나 이 다

200

시편 145편

(1-13, 19-21)

Mode VII, Mixolydian
Shin Soseop, 2009

KOR. GENEVAN PSALTER 145: 10 10.10 10.11 11.11 11
Genevan Psalter, 1562, harm. Cl. Goudimel, 1564
rev. Joo Sunghee, 2009

201

시편 146편

Mode II, Hypodorian
Shu Changwon, 2008

KOR. GENEVAN PSALTER 146: 87.87.77
Genevan Psalter, 1562, harm. Cl. Goudimel, 1564
rev. Lee Kuija, 2008

1. 할 렐 루 야 내 영 혼 아 여 호 와 찬 양 하 라
2. 그 의 호 흡 끊 어 지 면 당 일 흙 으 로 가 서
3. 주 하 나 님 께 소 망 을 두 는 자 복 있 도 다
4. 주 린 자 는 먹 이 시 고 갇 힌 자 해 방 하 며
5. 주 는 과 부 붙 드 시 고 악 인 길 굽 게 하 네

평 생 하 나 님 찬 양 해 도 울 힘 하 나 없 는
그 의 도 모 소 멸 하 리 야 곱 의 하 나 님 을
여 호 와 는 천 지 바 다 그 중 만 물 지 었 고
소 경 들 의 눈 을 열 고 비 굴 한 자 일 으 켜
시 온 너 의 하 나 님 은 영 원 토 록 대 대 로

방 백 들 과 인 생 들 의 지 하 지 말 지 라
자 기 도 움 삼 으 며 자 기 도 움 삼 으 라
영 원 히 진 실 함 을 지 키 시 는 자 로 다
의 인 사 랑 하 시 며 객 을 보 호 하 시 네
통 치 하 시 리 로 다 할 렐 루 할 렐 루 야

시편 147편

(1-12)

202

KOR. GENEVAN PSALTER 147: 99,99,D.
Genevan Psalter, 1562, harm. Cl. Goudimel, 1564
rev. Joo Sunghee, 2009

Mode III, Phrygian
Shin Soseop, 2009, alt. 2017

1. 할렐루야우리하나 님 찬양하는일 선함이 여
2. 별들의수효를세시 고 다이름대로부르시네며
3. 여호와구름하늘덮고 땅위해비를준비하며
4. 여호와자기경외한자 그인자하심바라는자

찬송하는일아름답고 아름답고도마땅하 다다
주위대하며능력많고 지우혜가무궁하시도과
풀들을이산에자라게해다 에루살렘아여호와를
그들을기뻐하시도 에루살렘아여호와를

주예루살렘세우시며 흩어진자들모으시 며
주겸손한자붙드시고 악인들땅에엎뜨리네
들짐승먹을것을주네 힘센말기뻐아니하며
여호와찬양할지어다 시온아네하나님찬양

상심한자들고치시며 그상처싸매시는도 다해다
감사로주께노래하며 수금으로주님찬양
사람다리억세다하여 뼈하지아니하신
시온아하나님을찬양오 할렐루야찬양하라

203

시편 148편

KOR. GENEVAN PSALTER 148: 88.88.99.88

Mode I, Dorian
Shu Changwon, 2008

Genevan Psalter, 1562, harm. Cl. Goudimel, 1564
rev. Lee Kuija, 2008

1. 할 렐루야 하늘 에서 여호와 찬양할 지 라 은 풍
2. 천 지만물 여호와의 이름을 찬양하 라 옴광지 라
3. 불 우박과 눈과 안개 그 말씀 따르는 이름 찬양할
4. 여 호와의 이름 찬양 그 이름 찬양할 지 라

놉 은데 서 찬 양 하 라 그 모든 사 자 여 찬 양 것과
주 과 지음 과 시 며 그 음 백 향 또 저가 든 모든 축 이 라
반 모 든 그 영 광 모저 승 지 에 뛰어 남
높 으 라 이 목 천 짐 가 남 이

모 든군 대 여 찬 양 하 라 해 와 달 별 도 찬 양 하 라 다 성 의
영 원 토록 하 폐 하지 못 하 할 명 령을 정 하 시 었 도 모든 백 성
기 는것 하늘 나 는새 며 세 상의 왕 들모 든 자 손
그 백성 뿔을 높였으 니 저 는 이스 라엘

하 너 의 하 늘 도 찬 양 하 여 늘 위 물 도 찬 양 해 라 아
늘 방 희 용과 들 과 바 다 찬 다사 사 호 와 찬 인 아 이 야
방 찬 백 을 받 을 모 이 시 라 청 넌 노 렐 루 야 할 렐 루
그 양 의 땅 할 할 루 야 할 렐 루 야

시편 149편

204

KOR. GENEVAN PSALTER 149: 99.97.88.86
Genevan Psalter, 1562, harm. Cl. Goudimel, 1564
rev. Joo Sunghee, 2009

Mode I, Dorian
Shin Soseop, 2008

1. 할 렐루야 새 노래로서 여호와주께 노래하 며
2. 춤 추면서 그 이름찬양 소고와수금 주를찬 양
3. 이 것으로 열 방에보수 그 민족들을 벌하시 며

성 도 의 모임가운데 서 주찬양할지어 다
주 백 성 기뻐하시면 서 겸손한자구원 해
그 들 의 왕들은사슬 로 그들의귀인들 은

이 스 라 엘은자기를 지으신 이로즐거워
성 도 들 영광즐거워 침 상서 기뻐노래해
결 박 해 철고랑으로 거 룩한 판결시행해

시 온의백성왕 인 해 즐거워할 지 라
그 입에하나님 찬 양 손에는칼 있 네
그 영광성도에 있 네 영광할렐루 야

205 시편 150편

Mode XIII, Ionian
Shu Changwon, 2008

KOR. GENEVAN PSALTER 150: 77.77.87.78
Genevan Psalter, 1562, harm. Cl. Goudimel, 1564
rev. Lee Kuija, 2008

1. 할렐루야찬양해 성소에서하나님
2. 나팔소리로찬양 비파수금가지고
3. 호흡있는자마다 여호와를찬양해

그의권능궁창서 그를 찬양할지라
소고치며춤추어 찬양 찬양할지라
호흡있는자마다 여호와찬양하라

그의능한행동찬양 그의 위대함따라
현악통소로주찬양 큰소리나는제금
할렐루야주를찬양 할렐루야찬양해

그를찬양하여라 그를 찬양할지어 다
높은음제금으로 찬양 찬양할지어 다
호흡있는자마다 찬양 하라할렐루 야

웨스트민스터 신앙고백서
웨스트민스터 대요리문답
웨스트민스터 소요리문답
웨스트민스터 예배모범

웨스트민스터 신앙고백서

서창원 목사 번역

제1장 성경에 관하여

1. 본성의 빛과 창조와 섭리의 일들이 하나님의 선하심과 지혜와 권능이 명백하게 나타나 있어서 사람이 핑계할 수 없게 한다(롬 2:14-15, 1:19-20, 시 19:1-3, 롬 1:32, 2:1). 그러나 그것들이 하나님을 아는 지식과 구원에 필요한 하나님의 뜻을 아는 지식을 충분히 주지 못한다(고전 1:21, 2:13-14). 그러므로 주님께서는 여러 때에 여러 방식으로 자신을 나타내시며 그의 뜻을 교회에 선언하시기를 기뻐하셨다(히 1:1, 갈 1:11-12). 그리고 후에는 진리를 잘 보존하시고 전파하시기 위하여, 그리고 육체의 부패와 사단과 세상의 사악함에 대항하여 교회를 더 견고하게 세우시고 위로하시기 위하여 그 진리를 온전히 기록하게 하셨다(잠 22:19-21, 눅 1:3-4, 롬 15:4, 마 4:4, 7, 10, 사 8:19-20, 벧후 3:15-16). 이것이 성경을 가장 필요한 것으로 만들며(딤후 3:15, 벧후 1:19) 하나님께서 자기 백성들에게 자신의 뜻을 계시하시던 이전 방식은 종식된 것이다(히 1:1-2).

2. 성경 또는 기록된 하나님의 말씀이라는 명칭 아래 구약과 신약이 다 포함되어 있으니 그 책들은 다음과 같다:
   구약: 창세기 출애굽기 레위기 민수기 신명기 여호수아 사사기 룻기 사무엘상 사무엘하 열왕기상 열왕기하 역대상 역대하 에스라 느헤미야 에스더 욥기 시편 잠언 전도서 아가 이사야 예레미야 예레미야애가 에스겔 다

니엘 호세아 요엘 아모스 오바댜 요나 미가 나훔 하박국 스바냐 학개 스가랴 말라기

신약: 마태복음 마가복음 누가복음 요한복음 사도행전 로마서 고린도전서 고린도후서 갈라디아서 에베소서 빌립보서 골로새서 데살로니가전서 데살로니가후서 디모데전서 디모데후서 디도서 빌레몬서 히브리서 야고보서 베드로전서 베드로후서 요한1, 2, 3서 유다서 요한계시록

이 모든 책들은 하나님의 감동으로 주어진 것으로 신앙과 생활의 유일한 규범이다(눅 16:29, 31, 엡 2:20, 계 22:18-19, 딤후 3:16).

3. 보통 외경이라고 하는 책들은 하나님의 감동하심으로 기록된 것이 아니기에 정경에 포함할 수 없다. 그러므로 하나님의 교회 안에서 어떤 권위도 갖지 못하며 또 입증될만한 것도 아니며 다른 어떤 인간의 기록보다 더 사용할 수 있는 것도 아니다(눅 24:27, 44, 롬 3:2, 벧후 1:21).

4. 마땅히 믿고 순종해야 하는 성경의 권위는 인간이나 교회의 증언에 달려 있는 것이 아니라 진리이시며 저자이신 하나님에게 달려 있는 것이다. 그러므로 그 권위가 받아져야 함은 성경이 하나님의 말씀이기 때문이다(벧후 1:19, 21, 딤후 3:16, 요일 5:9, 살전 2:13).

5. 우리는 교회의 증언에 감동함과 감화를 받아서 성경을 최고로 높이고 거룩히 여기게 된다(딤전 3:15). 그리고 성경 내용의 하늘의 신령함, 교리의 유효성, 문체의 장엄함, 모든 부분의 일관성, 하나님께 모든 영광을 돌리려는 전체의 영역, 사람의 구원의 유일한 길의 충분한 발견, 이 외에 많은 비교할 수 없는 놀라운 것들과 전체의 완전성은 성경이 하나님의 말씀이라는 것을 충분히 증명하고도 남는 것들이다. 그러나 성경의 무오한 진리와 신적 권위에 대한 충분한 설득과 확신을 더욱 가지는 것은 우리 심령 안에서 말씀과 더불어 말씀에 의하여 증거하시는 성령의 내적 사역으로 말미암은 때문이다(요일 2:20, 27, 요 16:13-14, 고전 2:10-12, 고전 2:6-9,

사 59:21).

6. 하나님 자신의 영광과 인간의 구원, 믿음과 생활을 위하여 필요한 모든 것과 관련한 하나님의 전(全) 경륜(徑輪)은 성경에 명백하게 표현되어 있거나 선하고 필연적인 결과에 의하여 성경에서 추론할 수 있다. 이 성경에는 어느 때를 막론하고 성령의 새로운 계시에 의해서이든 인간의 전통에 의해서든 아무것도 추가될 수 없다(딤후 3:15-17, 갈 1:8-9, 살후 2:2). 그러나 우리는 말씀에 계시된 것과 같은 것들에 대하여 구원받는 것들에 대한 것으로 이해하기 위해서 하나님의 성령의 내적 조명하심이 필요하다는 것을 인정한다(요 6:45, 고전 2:9-12). 하나님을 예배하는 것, 교회의 정치, 인간의 행위들과 사회에서 흔히 일어나는 특별한 상황들이 있음도 인정한다. 그러나 그 상황들은 언제나 순종해야 할 말씀의 일반적인 규범에 따라 본성의 빛과 그리스도인의 분별에 의해서 규정되어져야 할 것이다(고전 11:13-14, 14:26, 40).

7. 성경에 있는 모든 것은 그 자체가 한결같이 명백하거나 모두에게 명확한 것으로 나타나지 않는다(벧후 3:16). 그러나 구원을 위해서 반드시 알아야 하고 믿어야 하며 지켜져야 할 것들은 성경의 이곳저곳에서 아주 분명하게 제시되어져 있고 밝혀져 있다. 그것은 배운 자나 못 배운 자나 다 통상적인 방편을 정당하게 사용하면 그것들에 대한 충분한 이해를 얻을 수 있다(시 119:105, 130, 행 17:11-12).

8. 옛 하나님의 백성들의 모국어인 히브리어로 된 구약과 기록될 당시 여러 민족의 대다수의 사람들이 알고 있는 언어인 헬라어로 된 신약은 하나님에 의해서 즉각적으로 감동하심을 받은 것이다. 하나님의 독특한 보호와 섭리에 의하여 이 성경은 모든 시대에 순전하게 보존되었기에 신뢰할 만한 것이다(마 5:18). 그러므로 종교의 모든 논쟁점에 있어서 교회는 최종적으로 신·구약 성경에 의존해야 한다(사 8:20, 행 15:15, 요 5:39, 46). 그러나 이 원어들이 성경에 대한 권리와 관심을 가지고 성경을 읽고 상고

해야 할 하나님의 모든 백성에게 알려진 말이 아니기 때문에 그 원어들은 그 말씀이 전수되는 모든 나라의 자국어로 번역되어야 한다(고전 14:6, 9, 11-12, 24, 27-28). 그리하여 하나님의 말씀이 모든 사람에게 풍성히 거하게 하고 그들이 하나님을 합당한 방법으로 예배케 해야 한다(골 3:16). 그리고 성경이 주는 인내와 위로를 통해서 소망을 가지게 해야 한다(롬 15:4).

9. 성경 해석의 무오한 법칙은 성경 자체이다. 그러므로 어떤 성경의 참되고 완전한 뜻에 관하여 의문이 생길 때(그 의미는 여럿이 아니고 하나뿐이다) 보다 명확하게 언급하고 있는 다른 곳에서 그 뜻을 찾아 알도록 해야 한다(벧후 1:20-21, 행 15:16).

10. 종교의 모든 논쟁들을 결정하고 종교회의의 모든 신조들, 고대 교부들의 의견들, 인간의 교리들, 점검되어야 할 사적 영들에 대한 판결에 순종해야만 하는 최고의 재판관은 성경 안에서 말씀하시는 성령이시다(마 22:29, 31, 엡 2:20, 행 28:25, 눅 10:26)

제2장 하나님과 성 삼위일체 하나님에 관하여

1. 오직 한 분뿐이시며 살아계시고 참되신 하나님은 존재와 완전함에 있어서 무한하시다(신 4:4, 고전 8:4, 6, 살전 1:9, 렘 10:10, 욥 11:7-9, 26:14). 그는 가장 순결하신 영이시며(요 4:24), 보이지 않으시며(딤전 1:17), 몸과 지체가 없으시며(신 4:15-16, 요 4:24, 눅 24:39), 성정(性情)도 없으시다(행 14:11, 15). 그는 불변하시며(약 1:17, 말 3:6), 광대하시고(왕상 8:27, 렘 23:23-24), 영원하시며(시 90:2, 딤전 1:17), 측량할 수 없으시고(시 145:3, 롬 11:33), 전능하시고(창 17:1, 계 4:8), 가장 지혜로우시고(롬 16:27), 가장 거룩하시며(사 6:8, 계 4:8), 가장 자유하시고(시 115:3) 가장 절대적이시다(출 3:14, 사 44:6, 행 17:24-25). 그는 자신의 변함없으시

고 가장 의로운 뜻의 도모를 따라 자신의 영광을 위해 모든 일을 하신다 (엡 1:11, 잠 16:4, 롬 11:36). 그는 가장 사랑이 많으시며(요일 4:8, 16) 은 혜로우시고 자비하시며 오래 참으시고 인자와 진리가 풍성하시다. 그는 죄악과 허물과 죄를 사하시며(출 34:6-7), 자기를 부지런히 찾는 자들에게 상주시는 자이시다(히 11:6). 그의 심판은 가장 공의롭고 무서우며(느 9:32-33), 모든 죄를 싫어하시고 유죄(有罪)자를 결코 면죄(免罪)하지 않으시는 분이시다(시 5:5-6, 느 1:2-3, 출 34:7).

2. 하나님은 자신 안에 그리고 자기에게서부터 모든 생명과 영광과 선함과 복을 가지고 계신다(요 5:26, 행 7:2, 시 119:68, 딤전 6:15, 롬 9:5). 그리고 홀로 자기 안에서 그리고 자기에게 전적으로 자족하시며 지으신 피조물의 도움을 필요로 하지 않으시며 그들에게서 어떤 영광도 얻으려하지 않으신다. 다만 자신의 영광을 피조물 안에서, 피조물로 말미암아, 피조물에게 나타내실 뿐이다(행 17:24-25, 욥 22:2-3). 그는 홀로 모든 존재의 근원이시며 모든 만물이 다 그에게서 나오고 그로 말미암고 그에게로 돌아간다(롬 11:36). 그는 만물을 절대 주권적으로 통치하시며 자신이 기뻐하시는 것은 무엇이든지 만물에 의해, 만물을 위하여 또는 만물에게 행하신다(계 4:11, 딤전 6:15, 단 4:25, 35). 그의 앞에서는 모든 만물이 드러나며 나타난다(히 4:13). 그의 지식은 무한하시고 무오하시며 피조물에 의존함이 없으시다(롬 11:33-34, 시 147:5). 그러므로 그에게는 아무것도 우연하거나 불확실한 것이 없다(행 15:18, 겔 11:5). 그는 그의 모든 계획과 그의 모든 일들과 그의 모든 명령에 있어서 가장 거룩하시다(시 145:17, 롬 7:12). 그에게는 그가 요구하시기를 기뻐하시는 천사들이나 사람들 그리고 모든 다른 피조물들에게서 예배와 섬김과 순종을 받으심이 마땅하다(계 4:12-14).

3. 신격(神格)의 통일에 있어서 삼위가 계시며, 본체와 능력과 영원성에 있어서 하나이신 성부 하나님, 성자 하나님, 성령 하나님이 계시다(요일 5:7, 마 3:16-17, 28:19, 고후 13:14). 성부는 아무 것에도 속하지 않으시고

228

나시지도 않으며 나오시지도 않으나 성자는 아버지에게서 영원히 독생하신 분이시며(요 1:14, 18), 성령도 아버지와 아들에게서 영원히 나오신다(요 15:26, 갈 4:6).

제3장 하나님의 영원한 작정에 관하여

1. 하나님은 장차 될 모든 일을 영원한 때부터 그 자신의 뜻하시는 바 가장 지혜롭고 거룩한 계획에 의하여 자유롭게 그리고 변치 않게 정하셨다(엡 1:11, 롬 11:33, 히 6:17 롬 9:15, 18). 그러나 그로 인해 하나님은 죄의 조성자(造成者)도 아니며(약 1:13, 17, 요일 1:5) 피조물들의 의지를 침해하지도 않으신다. 그렇다고 제2원인들의 자유나 우연성을 제거하시는 것이 아니라 도리어 확립하셨다(행 2:23, 마 17:12, 행 4:27-28, 요 19:11, 잠 16:33).

2. 비록 하나님은 예상되는 모든 조건들에 근거하여 장차 무엇이 일어날 것인지를 다 아신다할지라도(행 15:18, 삼상 23:11-12, 마 11:21, 23), 그가 그러한 조건들 위에 장차 일어날 것을 미리 예견(豫見, foresaw)하셨기 때문에 그 어떤 것들을 작정하신 것이 아니다(롬 9:11, 13, 16, 18).

3. 하나님의 작정하심에 의하여 그의 영광을 나타내시기 위해서 어떤 사람들과 천사들은 영생을 얻도록 예정하시고 다른 자들은 영원한 사망에 이르도록 예정하셨다(딤전 5:21, 마 25:41, 롬 9:22, 23, 엡 1:5-6, 잠 16:4).

4. 이렇게 예정되고 정해진 천사들과 사람들은 특별하게 그리고 불변하도록 계획된 것이다. 그리고 그들의 수는 확실하고 확정되어서 더하거나 뺄 수가 없다(딤후 2:19, 요 13:18).

5. 인류 중에서 생명에 이르도록 예정된 사람들을 하나님은 세상에 기초가

놓이기 전에 그의 영원하고 불변하는 목적과 그리고 은밀한 도모와 그의 기뻐하시는 선한 뜻을 따라 그리스도 안에서 영원한 영광에 이르도록 택함을 받은 자들이다(엡 1:4, 9, 11, 롬 8:30, 딤후 1:9, 살전 5:9). 이는 그의 값없는 은혜와 사랑으로 말미암은 것이며 믿음이나 선행 혹은 그들 안에 있는 인내를 미리 보시고 한 것이 아니다. 또는 피조물들 안에 있는 어떤 다른 것들이 하나님을 감동시켜 저들을 선택하게 하는 조건들이나 원인으로 된 것이 아니다(롬 9:11, 13, 16, 엡 1:4, 9). 이 모든 것은 다 그의 영광스러운 은혜를 찬송하게 하려 하신 것이다(엡 1:6, 12).

6. 하나님께서 택한 자들을 영광에 이르도록 정하신 것처럼 그의 뜻의 영원하고 가장 자유로운 목적에 의하여 영광에 이르는 모든 방편을 미리 정하셨다(벧전 1:2, 엡 1:4-5, 2:10, 살후 2:13). 그리하여 택함을 받은 자들이 아담 안에서 타락하였으나 그리스도로 말미암아 구속함을 받으며(살전 5:9-10, 딛 2:14), 그리고 정하신 때에 역사하시는 그의 성령으로 말미암아 그리스도 안에서 믿음에 이르도록 유효한 부름을 받는다. 그들은 의롭다 함을 받으며 양자가 되고 성화 된다(롬 8:30, 엡 1:5, 살후 2:13). 구원에 이르는 믿음을 통해서 택함을 받은 자들은 그의 능력으로 보호된다(벧전 1:5). 오직 택함을 받은 자 외에는 다른 누구도 그리스도로 말미암아 구속함을 받거나 유효한 부름을 받거나 의롭다 함을 얻거나 양자되거나 성화되거나 구원받지 못한다(요 17:9, 롬 8:28, 39, 요 6:64-65, 10:26, 8:47, 요일 2:19).

7. 인류의 나머지는 측량할 수 없는 하나님 자신의 의지의 도모에 따라 그가 기뻐하시는 대로 긍휼을 베풀기도 하시며 거두기도 하시나 그의 피조물들 위에 주권적 권능의 역사를 위하여 그들의 죄 때문에 그들을 버려두실 뿐 아니라 그들이 치욕과 진노를 당하도록 정하시기를 기뻐하셨다. 이는 그의 영광스러운 공의를 찬미케 하려는 것이다(마 11:25-26, 롬 9:17, 18, 21, 22, 딤후 2:19-20, 유다 4, 벧전 2:8).

8. 아주 신비한 이 예정 교리는 특별히 신중하고 조심성 있게 다루어야 한다 (롬 9:20, 11:33, 신 29:29). 이는 사람들로 하여금 하나님의 말씀에 계시된 그의 뜻에 유의하게 하고 거기에 순종하여 그들이 받은 유효한 부르심에 대하여 확신을 가지고 그들의 영원한 선택받음에 대하여 확신을 가지게 하기 위함이다(벧후 1:10). 그리하면 이 교리는 복음을 성실하게 순종하는 모든 자에게 찬양과 경외와 높임을 하나님께 드릴 수 있게 할 것이다(엡 1:6, 롬 11:33). 그리고 겸손과 근면함과 풍성한 위안을 안겨다 줄 것이다(롬 11:5-6, 20, 벧후 1:10, 롬 8:33, 눅 10:20).

제4장 창조에 관하여

1. 성부, 성자, 성령 하나님께서는(창 1:2, 욥 24:13, 33:4, 요 1:23, 히 1:2) 태초에 그의 영원하신 능력과 지혜와 선하심의 영광을 나타내시기 위하여 (롬 1:20, 렘 10:12, 시 104:24, 33:5-6) 세상을 창조하시되 무에서 만드시고, 그 안에 있는 모든 것들, 보이는 것이나 보이지 않는 것들을 6일 동안에 만드시기를 기뻐하셨다. 그 모든 것들이 다 좋았다(창 1장, 히 11:3, 골 1:1, 행 17:24).

2. 하나님께서 다른 모든 피조물들을 만드신 후에 사람을 남자와 여자로 창조하시되 이성적이고 불멸의 영을 가진 자로 만드셨다(창 1:27, 2:7, 전도서 12:7, 눅 23:43, 마 10:28). 그리고 자신의 형상을 따라 지식과 의와 참된 거룩을 부여해 주셨다(창 1:26, 골 3:10, 엡 4:24). 또한 그들의 마음에 하나님의 율법을 기록하셨으며(롬 2:14-15), 또 그 율법을 성취할 수 있는 능력도 주셨다(전 7:29). 그러나 그들이 변화에 굴복된 그들 자신의 의지의 자유에 맡겨져 범죄 할 가능성 아래 있었다(창 3:6, 전 7:29). 그들 마음에 새겨진 이 율법 외에 선악을 알게 하는 나무의 실과를 따먹지 말라는 명령을 받았다(창 2:17, 3:8-11, 23). 그 계명을 지키는 동안 하나님과 교통하며 행복하였고 피조물을 다스렸다(창 1:26, 28, 시 8:6-8).

제5장 섭리에 관하여

1. 만물의 위대한 창조주이신 하나님은 그의 가장 지혜로우시고 거룩한 섭리하심에 의하여, 그의 무오한 예지(豫知)에 따라, 그 자신의 의지의 자유롭고 불변하시는 도모에 따라 가장 큰 것에서부터 가장 작은 것에 이르기까지 만물과 행동들과 일들을 붙드시고 지시하시고 통치하신다(히 1:3, 단 4:34-35, 시 135:6, 행 17:25, 26, 28, 욥 38-41장, 마 10:29-31, 행 15:18, 시 94:8-11). 그리하여 그의 지혜와 권능과 공의와 선함과 자비의 영광을 찬미하게 하신다(사 43:14, 엡 3:10, 롬 9:17, 창 14:7, 시 145:7).

2. 제1원인인 하나님의 예지와 작정과 관련하여 모든 것이 변함없이 성취되고 정확무오하게 발생하지만(행 2:23), 동일한 섭리에 의하여 하나님은 제2원인의 속성을 따라 그 모든 일들이 필연적으로 자유롭게 또는 우발적으로 일어나도록 정하셨다(창 8:22, 렘 31:35, 출 21:13, 신 19:5, 왕상 22:28, 34, 사 10:6-7).

3. 하나님은 그의 일반적인 섭리하심에 있어서 방편들을 사용하시나 방편들 없이도, 초월해서, 때론 역행하여 그의 기뻐하신 뜻대로 자유롭게 일하신다(행 27:31, 34, 사 55:10-11, 호 2:21-22, 1:7, 마 4:4, 욥 34:10, 롬 4:19-21, 왕하 6:6, 단 3:27).

4. 하나님의 전능하신 능력과 측량할 수 없는 지혜와 무한한 선하심이 그의 섭리에 잘 나타나 있다. 그 섭리는 심지어 아담의 첫 타락과 천사들과 사람들의 모든 죄까지 미친다(롬 11:32-34, 삼하 24:1, 대하 22:1, 왕상 22:22-23, 대상 10:4, 13-14, 삼하 14:10, 행 2:23, 4:27-28). 그러나 그러한 것은 단순한 허용에 의한 것이 아니다(행 14:16). 하나님의 허용은 여러 세대에 가장 지혜롭고 강력하게 제한하시고(시 76:10, 왕하 19:28) 그밖에도 명하시고 주관하시어 그 자신의 거룩한 뜻을 이루도록 하신다(창 1:20, 사 10:6, 7, 12). 그러나 죄악성은 오직 피조물에게서만 나오는 것이

지 하나님께로부터 나오는 것이 아니다. 하나님은 가장 거룩하시고 의로우신 분이기에 죄의 조성자이거나 승인자가 되실 수가 없으시다(약 1:13, 14, 17, 요일 2:16, 시 1:21).

5. 가장 지혜로우시고 가장 의로우시며 은혜로우신 하나님께서는 때로 자기 자신의 자녀들을 허다한 시험과 그들의 마음의 부패에 잠시 동안 내버려두신다. 그것은 그들이 전에 지은 죄를 인하여 징계하기 위함이거나 또는 부패성의 숨은 힘과 그들 심령의 기만성을 발견케 하여 겸손한 자가 되게 하려 함이다(대하 32:25, 26, 31, 삼하 24:1). 그리고 그들의 보존을 위하여 하나님 자신에게 더 가까이 그리고 지속적으로 의존하여 살게 하려 함이며, 또한 장차 있을 모든 죄 짓는 기회들을 대적하고 여러 가지 의롭고 거룩한 목적들을 위하여 깨어 있게 하려 함이다(고후 12:7-9, 시 73, 77:1, 10, 12, 막 14:66-72, 요 21:15-17).

6. 의로우신 재판장이신 하나님께서는 그들이 지은 죄악들을 인해 눈멀고 강퍅케 되어 사악하고 경건치 못한 자들에 관해서는(롬 1:24, 26, 28, 11:7-8) 그들이 깨달아 눈이 밝게 될 수 있고 그들 마음에 이미 경험한 것일 수 있는 주님의 은혜를 허락하시지 않을 뿐 아니라(신 29:4), 때로 그들이 가진 은사들조차도 거둬들이신다(마 13:12, 25:29). 그리고 그들의 부패함이 범하게 되는 죄악들이 대상에 그대로 노출되게 하신다(신 2:30, 왕하 8:12-13). 또한 동시에 그들을 그들 자신의 정욕과 세상의 유혹들과 사단의 권세에 내어주신다(시 81:11-12, 살후 2:10-12). 그로 인해 그들은 심지어 하나님께서 다른 이들의 마음을 부드럽게 하기 위하여 사용하시는 방편들을 가지고도 자신들을 강퍅케 한다(출 7:3, 8:15, 32, 고후 2:15-16, 사 8:14, 벧전 2:7-8, 사 6:9-10, 행 28:26-27).

7. 일반적으로 하나님의 섭리하심은 모든 피조물들에게 미치듯이 가장 특별한 방식으로 교회를 돌보시며 모든 일들을 교회에 유익하도록 처리하신다(딤전 4:10, 암 9:8-9, 롬 8:28, 사 43:3-5, 14).

233

제6장 인간의 타락과 죄 및 형벌에 관하여

1. 우리의 첫 어버이는 사단의 간계와 시험에 의하여 유혹을 받아 금지된 열매를 따 먹는 죄를 범하였다(창 3:13, 고후 11:3). 이것이 그들의 죄인데 하나님은 그의 지혜롭고 거룩한 계획을 따라 기쁘게 허용하셨는데 이는 그것을 명하여 자신의 영광을 드러내기로 목적하셨기 때문이다(롬 5:19-21, 11:32).

2. 이 죄 때문에 그들은 그들의 본래 의로움과 하나님과의 교통함에서 끊어졌으며(창 3:6-8, 전 7:29, 롬 3:23), 그리하여 죄 가운데 죽은 자가 되었다(창 2:17, 엡 2:1). 그리고 영혼과 몸의 모든 기능들과 지체들이 전적으로 더럽혀졌다(딛 1:15, 창 6:5, 렘 17:9, 롬 3:10-18).

3. 그들은 전 인류의 시조이기 때문에 이 죄의 죄책은 모든 후손들에게 전가(轉嫁)되었다(창 1:27-28, 2:16-17, 행 17:26, 롬 5:12, 15-19, 고전 15:21, 22, 49). 또한 그 죄로 동일한 사망과 부패한 본성이 통상적인 출생법에 의하여 시조로부터 그들의 모든 후손들에게 전하졌다(시 51:5, 창 5:3, 욥 14:4, 15:14).

4. 이 원 부패로 말미암아 우리는 선을 행하고자 하는 마음을 전혀 가질 수 없으며 선을 행할 수도 없고 모든 선을 대항하며 전적으로 모든 악에 기울어져 있고 실제로 모든 허물을 행하게 된다(롬 5:6, 8:7, 7:18, 골 1:21, 창 6:5, 8:21, 롬 3:10-12, 약 1:14-15, 엡 2:2-3, 마 15:19).

5. 이 본성의 부패는 이 세상에 사는 동안 중생한 자들 안에도 남아 있다(요일 1:8, 10, 롬 7:14, 17-18, 23, 약 3:2, 잠 20:9, 전 7:20). 비록 그것이 그리스도를 통하여 사함을 받고 억제되고 있다할지라도 본성 그 자체와 본성에서 비롯되는 모든 행동들은 참으로 그리고 정확히 죄이다(롬 7:5, 7-8, 25, 갈 5:17).

234

6. 원죄와 본죄 등 모든 죄는 하나님의 의로운 율법의 위반이며 그 율법에 반대되고 그 자체의 성질상 죄인들에게 죄책을 가져다주는 것이기 때문에 그로 인해 죄인은 하나님의 진노와 율법의 저주에 매이게 된다(요일 3:4, 롬 2:15, 3:9, 19, 엡 2:3, 갈 3:10). 그리고 영적으로 모든 비참함과 함께 영적으로, 현세적으로 영원히 죽음에 복종하게 되었다(롬 6:23, 엡 4:18, 롬 8:20, 렘애 3:39, 마 25:41, 살후 1:9).

제7장 사람과 맺은 하나님의 언약에 관하여

1. 하나님과 피조물 사이의 거리는 너무나 커서 이성적인 피조물이 마땅히 하나님을 그들의 창조주로 순종해야함에도 불구하고 그들은 하나님에게서 무슨 축복이나 상급을 얻어 낼 수 없었다. 오직 하나님 편에서 자발적으로 베풀어 주시는 은혜로서만 가능한 것이다. 그것을 하나님은 언약의 한 방편으로 나타내시기를 기뻐하셨다(사 40:13-17, 욥 9:32, 33, 삼상 2:25, 시 113:5-6, 100:2-3, 욥 22:2-3, 35:7-8, 눅 17:10, 행 17:24, 25).

2. 사람과 맺은 첫 언약은 행위 언약이다(갈 3:12). 이 안에서 아담과 그 안에서 그의 후손에게 생명이 약속되었다(롬 10:5, 5:12-20). 이 생명은 완전하고 개별적인 순종의 조건위에 주어진 약속이다(창 2:17, 갈 3:10).

3. 인간이 타락함으로 말미암아 행위언약으로는 생명을 얻을 수 없게 되었다. 주께서는 두 번째 언약을 맺으시기를 기뻐하셨다(갈 3:21, 롬 8:3, 3:20-21, 창 3:15, 사 42:6). 이것을 일반적으로 은혜의 언약이라고 한다. 이 언약에 의해서 하나님은 죄인에게 예수 그리스도로 말미암아 생명과 구원을 값없이 베풀어 주셨다. 그리고 이 구원을 위해 죄인들에게 그리스도를 믿는 신앙을 요구하신다(막 16:15-16, 요 3:16, 롬 10:6, 9, 갈 3:11). 생명을 얻기로 작정된 모든 자에게 성령을 주시기로 약속하셨으며 그들로 하여금 기꺼이 믿을 수 있게 하신다(겔 36:26-27, 요 6:44-45).

4. 이 은혜 언약은 종종 성경에서 유언이라는 이름으로 자주 언급되어 있다. 특히 유언자이신 예수 그리스도의 죽으심과 관련하여 영원한 기업과 거기에 속해 있는 모든 것들과 관련하여 언급하고 있다(히 9:15-17, 7:22, 눅 22:20, 고전 11:25).

5. 이 언약은 율법의 시대와 복음 시대에는 각기 다르게 집행되었다. 율법 하에서 이 언약은 약속들과 예언들, 희생제사들과 할례, 유월절 양 및 유대인들에게 전달된 다른 유형들과 예식들에 의해서 집행되었다. 이 모든 것들은 성령의 역사하심을 통하여 성도들에게 약속된 메시아를 믿는 믿음 안에서 택함 받은 자들이 교훈 받고 세움을 입는 일에 일시적으로 충분하고 효과적인 것으로서 장차 오실 그리스도를 예표한 것들이다. 이 메시아로 말미암아 그들은 완전히 죄를 사함 받으며 영원한 구원을 얻게 된다. 이것을 구약이라 한다(고후 3:6-9, 히 8-10, 롬 4:11, 골 2:11-12, 고전 5:7, 고전 10:1-4, 히 11:13, 요 8:56, 갈 3:7-9, 14).

6. 복음 아래에서 그 실체인 그리스도께서 나타나시게 되자 이 언약 안에 드러나 있는 의식들은 말씀 선포와 세례와 성찬의 거행이다(골 2:7, 마 28:19-20, 고전 11:23-25). 비록 이 규례들의 수가 적고 단조로우며 외적으로 화려함도 없이 거행된다 할지라도 여기엔 더 충만함과 확실한 증거와 영적 효력을 모든 나라들, 유대인과 이방인들에게 나타내신다(히 12:22-27, 렘 31:33-34, 마 28:19, 엡 2:15-19). 이를 신약이라 부른다. 그러므로 본질적으로 다른 은혜의 두 언약이 있는 것이 아니라 여러 세대에 걸쳐 내려져 왔지만 하나이며 동일한 언약일 뿐이다(갈 3:14, 16, 행 15:11, 롬 3:21-23, 30, 시 32:1, 롬 4:3, 6, 16-17, 23-24).

제8장 중보자 그리스도에 관하여

1. 하나님께서는 그의 영원하신 계획에 따라 그의 독생자이신 주 예수를 택

정하시어 하나님과 사람사이의 중보자가 되게 하시기를 기뻐하셨다(사 42:1, 벧전 1:19-20, 요 3:16, 딤전 2:5). 그리고 선지자 제사장 및 왕이 되심과 그의 교회의 머리와 구세주가 되게 하심을 기뻐하셨다(행 3:22, 히 5:5-6, 시 2:6, 눅 1:33, 엡 5:23). 또한 만유의 후사가 되시며(히 1:2) 세상의 심판자가 되게 하심을 기뻐하셨다(행 17:31). 하나님께서는 그의 독생자에게 만세전부터 한 백성을 주어 그의 씨가 되게 하셨다(요 17:6, 시 22:30, 사 53:10). 그리고 그로 말미암아 기약한 때에 그 백성이 구속함을 받고 부르심을 받으며 의롭다 함과 성결케 함과 영화되게 하셨다(딤전 2:6, 사 55:4-5, 고전 1:30, 롬 8:30).

2. 삼위에 있어서 제2위이신 하나님의 아들은 참되시고 영원하신 하나님이시오 성부와 한 본체이시며 또한 동등하신 분이시나 때가 차매 인간의 본성을 취하시되 모든 본질적인 성질들과 그로 인한 공통적인 나약함을 함께 취하셨으나 죄는 없으시다(요 1:1, 14, 요일 5:20, 빌 2:6, 갈 4:4, 히 2:14, 16-17, 4:15). 그는 성령의 능력으로 동정녀 마리아의 몸에 잉태되시고 그녀의 본체(of her substance)에서 나셨다(눅 1:27, 31, 35, 갈 4:4). 그리하여 두 개의 온전하고 완전하고 구별된 본성, 즉 신성과 인성이 한 인격 안에서 분리될 수 없는 것으로 연합되어 있으되 전환이나 혼합이나 혼동됨이 없으시다(눅 1:35, 골 2:9, 롬 9:5, 벧전 3:18, 딤전 3:16). 그 위는 참 하나님이시오 참 사람이시나 한 분 그리스도시며 하나님과 사람 사이의 유일한 중보자이시다(롬 1:3-4, 딤전 2:5).

3. 그의 인성에 있어서 그의 신성에 결합된 주 예수는 성령으로 성결케 되었고 한량없이 기름 부으심을 받으셨다(시 45:7, 요 3:34). 그 안에는 지혜와 지식의 모든 보고를 가지고 있으시며(골 2:3) 아버지께서는 그 안에 모든 충만함이 거하게 하시기를 기뻐하셨다(골 1:19). 이는 그가 거룩하고 악이 없고 더러움이 없고 은혜와 진리로 충만하여(히 7:26, 요 1:14) 중보자요 보증자의 직임을 수행하기에 부족함이 없게 하셨다(행 10:38, 히 12:24, 7:22). 그 직임은 그가 스스로 취하신 것이 아니라 그의 아버지의

부르심에 의해서 된 것이다(히 5:4-5). 성부 하나님은 모든 권세와 심판을 그 아들의 손에 맡기시고 그것을 수행하도록 명령하셨다(요 5:22, 27, 마 28:18, 행 2:36).

4. 주 예수는 이 직분을 아주 기꺼이 맡으셨다(시 40:7-8, 히 10:5, 10, 요 10:18, 빌 2:8). 이 직분을 수행하기 위하여 그는 율법 아래 태어나셨고 (갈 4:4), 율법을 완벽하게 성취하셨다(마 3:15, 5:17). 그리고 그 자신의 영혼으로 가장 극심한 괴로움을 다 견디시고(마 26:37-38, 눅 22:44, 마 27:46), 그의 몸으로 가장 고통스러운 고난을 참으셨으며(마 26-27), 십자가에 못 박혀 죽으셨다(빌 2:8). 그리고 장사되어 사망의 권세 아래 계셨으나 썩음을 당하지 않으셨다(행 2:23-24, 27, 13:37, 롬 6:9). 제 삼일에 그는 그가 고난당하신 그 동일한 몸으로 죽은 자에게서 살아나시고(고전 15:3-4), 그 동일한 몸으로 하늘에 승천하셨다. 거기에서 그의 아버지 보좌 우편에 앉으시고(마 16:19) 간구 하시며(롬 8:34, 히 9:24, 7:25), 세상 마지막 날에 사람들과 천사들을 심판하시려 다시 오실 것이다(롬 14:9-10, 행 1:11, 10:42, 마 13:40-42, 유다 6, 벧후 2:4).

5. 그의 완전한 순종과 하나님께 영원하신 성령을 통하여 단번에 희생제물을 드림으로 인하여 주 예수는 그의 아버지의 공의를 충분히 만족시키셨다(롬 5:19, 히 9:14, 16, 10:14, 엡 5:2, 롬 3:25-26). 그리고 화목만이 아니라 하늘나라의 영원한 기업까지도 성부께서 그에게 주신 모든 사람들을 위하여 자신의 희생 제물로 값 주고 사셨다(단 9:24, 26, 골 1:19-20, 엡 1:11, 14, 요 17:2, 히 9:12, 15).

6. 비록 구속의 사역이 그리스도에 의해서 그의 성육신하시기까지는 실제적으로 수행되지 않았을지라도 그것의 효력과 효험과 은택이 세상의 시초로부터 만대에 계속적으로 택자들에게 전달되었으되 그리스도가 계시된 약속들, 예표들, 제사들에게 또는 그것들에 의하여 전달되었다. 또 그리스도는 사단의 머리를 상할 여자의 후손, 세상의 시초부터 죽임을 당한

어린양, 어제나 오늘이나 영원토록 동일하신 분으로 예시된 분이시다(갈 4:4-5, 창 3:15, 계 13:8, 히 13:8).

7. 중보사역에 있어서 그리스도는 두 본성에 따라 행하신다. 각각의 본성은 그 본성 자체에 속한 것을 행하신다(히 9:14, 벧전 3:18). 그러나 그 위(位)의 통일성으로 인하여 한 본성에 본래 속해 있는 것이 성경에서 때로는 다른 본성에 의해서 압도되는 그 위에 귀결된다(행 22:28, 요 3:13, 요일 3:16).

8. 그리스도께서 속량하신 모든 사람들에게 그는 그 구속을 확실하고도 효과 있게 적용하시고 교통하신다(요 6:37, 39). 그들을 위해서 대신 기도하시며(요일 2:1-2, 롬 8:34), 그들에게 말씀 안에서 말씀으로 구원의 신비를 계시하신다(요 15:13, 15, 엡 1:7-9, 요 17:6). 그들을 그의 성령으로 인하여 효과적으로 설득하시어 믿게 하시고 순종케 하신다. 그리고 그들의 심령을 그의 말씀과 성령으로 다스리신다(요 14:16, 히 12:2, 고후 4:13, 롬 8:9, 14, 15:18-19, 요 17:17). 그의 기이하고 측량할 수 없는 섭리에 가장 부합되는 전능한 능력과 지혜로 그들의 원수들을 이기시고 동일한 방식과 방도로 하신다(시 110:1, 고전 15:25-26, 말 4:2-3, 골 2:15).

제9장 자유의지에 관하여

1. 하나님은 사람의 의지에 선천적 자유를 부여해 주셨다. 그 의지는 선이나 악을 행하도록 강요된다든지 또는 어떤 절대적인 필요에 의해 결정되는 것이 아니다(마 17:12, 약 1:14, 신 30:19).

2. 무죄한 상태에서 인간은 선하고 하나님을 기쁘시게 할 것을 뜻하고 행할 수 있는 자유와 능력을 가졌었다(전 7:29, 창 1:26). 그러나 변하기 쉬워 그것으로부터 타락할 수도 있었다(창 2:16-17, 3:6).

239

3. 타락으로 인해 죄의 상태에서 인간은 구원을 수반하는 어떤 영적 선한 일을 할 의지의 능력을 전적으로 상실하였다(롬 5:6, 8:7, 요 15:5). 그리하여 자연인으로서 그 선을 행함으로부터 완전히 싫어하게 되고(롬 3:10, 12), 죄로 인해 죽어(엡 2:1, 5, 골 2:13) 그 자신의 힘으로는 자신을 회개할 수 없으며 또 회개를 준비할 수도 없다(요 6:44-65, 엡 2:2-5, 고전 2:14, 딛 3:3-5).

4. 하나님께서 한 죄인을 회심시키고 은혜의 상태에 들어가도록 변환시키실 때 그는 그 죄인을 그의 자연적인 죄의 속박으로부터 해방시키신다(골 1:13, 요 8:34, 36). 오직 그의 은혜로 말미암아 영적인 선을 행할 의지를 자유롭게 가지며 선을 행하게 될 수 있다(빌 2:13, 롬 6:18, 22). 그렇다고 해도 그의 남아 있는 부패 때문에 선한 것을 온전히 행하지 못할 뿐 아니라 악한 것을 행하기도 한다(갈 5:17, 롬 7:15, 18-19, 21, 23).

5. 사람의 의지는 오직 영화의 상태에서만 완전하게 만들어졌고 변함없이 자유로이 선만 행할 수 있게 된다(엡 4:13, 히 12:23, 요일 3:2, 유다 24).

제10장 유효한 부르심에 관하여

1. 하나님께서 생명에 이르도록 예정하신 모든 사람들만이 그가 정하시고 열납하시는 때에 그의 말씀과 그의 성령으로 말미암아 효과적으로 부르시되(롬 8:30, 11:7, 엡 1:10-11, 살후 2:13-14, 고후 3:3, 6), 본질적으로 죄와 사망의 상태로부터 예수 그리스도로 말미암아 은혜와 구원의 상태로 인도하신다(롬 8:2, 엡 2:1-5, 딤후 1:9-10). 또한 그들의 마음을 영적으로 그리고 구원에 관하여 깨우쳐서 하나님의 일들을 이해하게 하시고(행 26:18, 고전 2:10, 12, 엡 1:17-18), 그들의 돌 같이 굳은 마음을 제거하시고 살같이 부드러운 마음을 주시며(겔 36:26), 그들의 의지를 새롭게 하신다. 그리고 그의 전능하신 능력으로 그들이 선한 것을 할 수 있도록 결

심케 하신다(겔 11:19, 빌 2:13, 신 30:6, 겔 36:27). 그리고 그들을 효과적으로 예수 그리스도에게로 이끄신다(엡 1:19, 요 6:44-45). 그러나 그들이 하나님의 은혜로 말미암아 기꺼이 나오게 되기에 가장 자유스럽게 나오는 것이다(아 1:4, 시 110:3, 요 6:37, 롬 6:16-18).

2. 이 유효적 부르심은 하나님의 값없이 베푸시는 특별한 은혜에서 나오는 것이지 사람에게 있는 무엇을 미리 내다보고 하신 것이 아니다(딤후 1:9, 딛 3:4-5, 엡 2:4-5, 8-9, 롬 9:11). 그 점에 있어서 인간은 전적으로 수동적이다. 성령으로 말미암아 깨우침을 받고 새롭게 되어(고전 2:14, 롬 8:7, 엡 2:5) 이 부르심에 응답할 수 있게 되고 제공되고 전달된 은혜를 가슴에 품으며 받아들이기까지 수동적이다(요 6:37, 겔 36:27, 요 5:25).

3. 영아기에 죽은 택함 받은 영아들은 그의 기뻐하시는 때와 장소와 방법으로 역사하시는 성령을 통하여 그리스도로 말미암아 중생하고 구원받게 된다(눅 18:15-16, 행 2:38-39, 요 3:3, 5, 요일 5:12, 롬 8:9과 비교, 요 3:8). 또한 말씀 사역으로 말미암아 외적으로 부름을 받을 수 없었던 모든 다른 택함 받은 자들의 구원도 그와 같다(요일 5:12, 행 4:12).

4. 말씀의 사역으로 말미암아 부름을 받으며 성령의 일반적인 역사하심을 맛보았을지라도(마 22:14, 7:22, 13:20-21, 히 6:4-5) 택함을 받지 못한 자들은 결코 참되게 그리스도에게 올 수 없으며 그러므로 구원받을 수도 없다(요 6:64-66, 8:24). 기독교를 믿지 않는 사람들은 다른 어떤 방법으로도 구원받을 수 없다. 비록 그들이 본성의 빛과 그들이 믿는 종교의 계율에 따라 그들의 삶이 근면하게 형성되어 있을지라도 구원받지 못하는 것이다(행 4:12, 요 14:6, 엡 2:12, 요 4:22, 17:3). 그러나 그들이 구원받을 수 있다고 단언하고 주장하는 것은 아주 악하며 가증스러운 것이다(요이 9-11, 고전 16:22, 갈 1:6-8).

제11장 칭의(稱義)에 관하여

1. 하나님께서 유효하게 부르신 사람은 또한 하나님께서 값없이 의롭다 함을 받게 하신다(롬 8:30, 3:24). 그것은 그들에게 의를 주입하심으로 말미암은 것이 아니라 그들의 죄를 사하시고 그들의 인격을 의롭게 간주하여 용납하심으로 말미암는 것이다. 그들 안에서 이루어진 어떤 것이나 또는 그들에 의해서 행해진 어떤 것들 때문이 아니라 오직 그리스도 때문이다. 믿음 자체, 믿는 행위, 또는 다른 어떤 복음적 순종을 그들의 의로 돌림으로 말미암은 것이 아니라 그리스도의 순종과 만족을 그들에게 전가시킴으로 말미암는 것이다(롬 4:5-8, 고후 5:19, 21, 롬 3:22, 24-25, 27-28, 딛 3:5, 7, 엡 1:7, 렘 23:6, 고전 1:30-31, 롬 5:17-19). 그들은 믿음으로 그리스도와 그의 의를 받아들이고 의존함으로 의롭다 함을 받게 된다. 그 믿음은 그들 스스로에게서 나온 것이 아니라 하나님의 선물이다(행 10:44, 갈 2:16, 빌 3:9, 행 13:38-39, 엡 2:7-8).

2. 이처럼 그리스도와 그의 의를 영접하고 의지하는 믿음은 칭의의 유일한 방편이다(요 1:12, 롬 3:28, 5:1). 그러나 이 신앙은 의롭다 함을 받은 사람 안에서 가만히 있는 것이 아니라 언제나 모든 다른 구원의 은혜들이 따라온다. 그것은 죽은 믿음이 아니라 사랑으로 역사하는 믿음이다(약 2:17, 22, 26, 갈 5:6).

3. 그의 순종과 죽으심으로 말미암아 그리스도는 이렇게 의롭다 함을 받은 모든 자들의 빚을 완전하게 갚으셨다. 그리고 그리스도는 그들을 대신하여 그의 아버지의 공의에 합당하고 실제적이며 온전한 만족을 드리셨다(롬 5:8-10, 19, 딤전 2:5-6, 히 10:10, 14, 단 9:24, 26, 사 53:4-6, 10-12). 그러나 그들을 위하여 아버지로 말미암아 그 자신이 내어준바 되었고(롬 8:32), 그의 순종과 만족이 그들 대신에 받아들여졌다(고후 5:21). 둘 다 그들 안에 어떤 무엇이 있어서가 아니라 그들의 칭의는 오직 값없이 베푸신 은혜로 말미암은 것이다(롬 3:24, 엡 1:7). 그리하여 하나님의 엄정한

공의와 풍성한 은혜가 죄인의 칭의에서 영화롭게 되어진다(롬 3:26, 엡 2:7).

4. 하나님은 영원부터 모든 택함을 받은 자들을 의롭다 함을 받도록 정하셨다(갈 3:8, 벧전 1:2, 19-20, 롬 8:30). 때가 차매 그리스도께서 그들의 죄를 위해 죽으셨으며 그들의 의롭다 하심을 위하여 다시 살아나셨다(갈 4:4, 딤전 2:6, 롬 4:25). 그럼에도 불구하고 그들은 성령께서 정한 때에 그리스도를 그들에게 적용하시기까지는 의롭다 함을 받지 못하는 것이다(골 1:21-22, 갈 2:16, 딛 3:4-7).

5. 하나님은 계속해서 의롭다 함을 받은 자들의 죄들을 용서하신다(마 6:12, 요일 1:7, 9, 2:1-2). 그리고 비록 그들이 칭의의 상태에서 결코 떨어지는 일이 없을지라도(눅 22:32, 요 10:28, 히 10:14), 그들의 죄로 말미암아 하나님의 부성적(父性的)인 불쾌감을 사게 된다. 그리고 그들이 스스로를 겸비하게 하여 그들의 죄를 고백하고 용서를 구하며 그들의 믿음과 회개를 새롭게 하기까지는 하나님의 얼굴빛이 회복되지 않는다(시 89:31-33, 51:7-12, 32:5, 마 26: 75, 고전 11:30, 32, 눅 1:20).

6. 이 모든 측면에서 구약에서 신자들의 칭의도 신약에서 신자들의 칭의와 하나요 동일하다(갈 3:9, 13-14, 롬 4:22-24, 히 13:8).

제12장 양자됨에 관하여

1. 하나님은 의롭다 함을 받은 모든 자들을 그의 독생자 예수 그리스도 안에서 그리고 예수 그리스도를 위하여 양자됨의 은혜에 참여하는 자들이 되는 것을 허락하신다(엡 1:5, 갈 4:4-5). 이로 말미암아 그들은 하나님의 자녀의 수에 가입되고 하나님 자녀의 자유와 특권들을 누린다(롬 8:17, 요 1:12). 또한 그들 위에 하나님의 이름이 기록되며(렘 14:9, 고후

6:18, 계 3:12), 양자의 영을 받으며(롬 8:15), 은혜의 보좌 앞에 담대하게 나아가게 된다(엡 3:12, 롬 5:2, 히 4:16). 그들은 하나님을 아바 아버지라 부를 수 있고(갈 4:6), 불쌍히 여김을 받으며(시 103:13), 보호받으며(잠 14:26), 필요한 것을 공급받는다(마 6:30, 32, 벧전 5:7). 그리고 육신의 아버지에게 징계를 받는 것처럼 하나님에 의해서 징계를 받으나(히 12:6), 결코 버림을 당하지 않으며(애 3:31, 히 13:5), 구속의 날까지 인치심을 받으며(엡 4:30), 약속들을 기업으로 받는 영원한 구원의 상속자들이다(히 6:12, 벧전 1:3-4, 히 1:14)

제13장 성화(聖化)에 관하여

1. 효과적으로 부르심을 받고 중생한 자들, 곧 그 안에 창조된 새 마음과 새 영을 가진 자들은 그리스도의 죽으심과 부활의 공로를 통하여(고전 6:11, 행 20:32, 빌 3:10, 롬 6:5, 6), 그의 말씀과 그들 안에 내주하시는 성령으로 말미암아 실제로 그리고 개인적으로 성화된다(요 17:17, 엡 5:26, 살후 2:18). 그리고 온 몸을 주관하는 죄의 권세가 파괴되고(롬 6:6, 14), 그리고 그 죄의 몸으로부터 나오는 여러 욕망들이 더 약화되고 죽어진다(갈 5:24, 롬 8:13). 그들은 구원의 은총들 안에서 더욱 더 깨우침을 받으며 강건해져 참된 거룩의 삶을 살게 된다. 이러한 거룩한 생활이 없이는 아무도 주를 보지 못할 것이다(고후 7:1, 히 12:14).

2. 이 성화는 전 인격을 통해서 이루어진다(살전 5:23). 그러나 이 세상에서는 불완전하다. 이 세상에서는 모든 부분에 얼마간의 부패의 잔재들이 여전히 남아 있다(요일 1:10, 롬 7:18, 23, 빌 3:12). 그리하여 계속적이고 화해할 수 없는 전쟁이 일어난다. 육체는 성령을 거스르고 성령은 육체를 거슬러 싸운다(갈 5:17, 벧전 2:11).

3. 전쟁에서 비록 어느 때는 부패함이 지배적인 것으로 남아 있을지라도(롬

7:23) 그리스도의 성결케 하는 영으로부터 지속적으로 힘을 공급받아서 중생한 부분이 이기게 된다(롬 6:14, 요일 5:4, 엡 4:15-16). 그리하여 성도들은 은혜가운데서 자라게 되며(벧후 3:18, 고후 3:18), 하나님을 경외함 안에서 거룩함을 온전히 이룬다(고후 7:1).

제14장 구원에 이르는 신앙에 관하여

1. 택함을 받은 자들이 그들의 영혼이 구원을 받을 수 있게 됨을 믿게 되는 믿음의 은혜는(히 10:39) 그들 마음에 있는 그리스도의 영의 역사이다(고후 4:13, 엡 1:17-19, 2:8). 그리고 그 역사는 통상적으로 말씀 사역으로 말미암아 이루어진다(롬 10:14, 17). 또한 말씀과 성례 거행과 기도로 말미암아 믿음의 은혜가 자라고 강화된다(벧전 2:2, 행 20:32, 롬 4:11, 눅 17:5, 롬 1:16-17).

2. 이 신앙으로 말미암아 그리스도인은 말씀 안에 계시된 것이 무엇이든지 참된 것임을 믿게 됨은 그 안에서 하나님이 친히 말씀하시는 하나님의 권위 때문이다(요 4:42, 살전 2:13, 요일 5:10, 행 24:14). 그리고 그 말씀의 각 구절에 포함되어 있는 내용에 따라 다르게 행동하되, 그 계명에는 순종하고(롬 16:26) 경고의 말씀에 대해서는 두려워 떤다(사 66:2). 그리고 금생과 내생을 위한 하나님의 약속들을 기꺼이 받아들인다(히 11:13, 딤전 4:8). 그러나 구원에 이르는 믿음의 주된 행동은 칭의와 성화 및 영생을 위하여 은혜 언약의 진가로 말미암아 오직 그리스도만을 받아들이고 영접하며 의뢰하는 것이다(요 1:12, 행 14:31, 갈 2:20, 행 15:11).

3. 이 믿음은 정도의 차이가 있어서 약하기도 하고 강하기도 하다(히 5:13-14, 롬 4:19-20, 마 6:30, 8:10).그리고 이 믿음은 자주 또 여러 모양으로 공격당하고 약해질 수도 있으나 결국 승리를 얻게 된다(눅 22:31-32, 엡 6:16, 요일 5:4-5). 그리고 우리 믿음의 조성자시요 완성자이신 그리

스도를 통하여 충만한 확신에 이르게 되는 가운데 성장한다(히 6:11-12, 10:22, 골 2:2, 히 12:2).

제15장 생명에 이르는 회개에 관하여

1. 생명에 이르는 회개는 복음적인 은혜이니(슥 12:10, 행 11:18), 이 교리는 그리스도를 믿는 믿음의 교리와 마찬가지로 복음의 모든 사역자들에 의해서 전파되어지는 것이다(눅 24:47, 막 1:15, 행 20:21).

2. 회개로 말미암아 죄인은 자신의 죄가 위험할 뿐 아니라 더럽고 추악하여 하나님의 거룩하신 성품과 그의 의로운 율법에 정반대되는 것임을 눈으로 보고 깨닫게 된다. 그리고 회개하는 자들에게 그리스도 안에서 하나님이 긍휼을 베푸신다는 것을 깨닫게 될 때 자신의 죄를 슬퍼하고 미워하게 되며 그리하여 그 모든 것들로부터 돌이켜 하나님께로 향하게 된다(겔 18:30-31, 36:31, 사 30:22, 시 51:4, 렘 31:18-19, 욜 2:12-13, 암 5:15, 시 119:128, 고후 7:11). 그리고 그의 모든 계명들을 좇아서 하나님과 동행함을 목적하며 힘쓰게 된다(시 119:6, 59, 106, 눅 1:6, 왕하 13:25).

3. 비록 회개가 죄를 위한 어떤 만족이 된다든지 죄 용서의 원인으로 간주해서는 안될지라도(겔 36:31-32, 16:61-63), 그것은 그리스도 안에 있는 하나님의 값없이 베푸시는 은혜의 행동이다(호 14:2,4, 롬 3:24, 엡 1:7). 그러나 회개는 모든 죄인에게 필요한 것이니 회개 없이는 누구도 죄 용서를 기대할 수 없다(눅 13:3, 5, 행 17:30-31).

4. 아무리 작은 죄라도 영벌을 받지 않아도 되는 것이 없는 것처럼(롬 6:23, 5:12, 마 12:36), 참되게 회개하는 자에게 영벌을 가져다주는 큰 죄는 하나도 없다(사 55:7, 롬 8:1, 사 1:16, 18).

5. 사람들은 일반적인 회개로 만족해서는 안 되며 각자 자신의 특별한 죄들을 특별히 회개하기를 힘써야만 함이 각자가 할 의무이다(시 19:13, 눅 19:8, 딤전 1:13, 15).

6. 각 사람은 하나님께 자신의 죄들을 개별적으로 고백해야만 한다. 그리고 그 죄들을 용서해 달라고 간구해야 한다(시 51:4-5, 7, 9, 14, 32:5-6). 그렇게 기도하고 죄악들을 버림으로 하나님의 자비를 얻을 것이다(잠 28:13, 요일 1:9). 따라서 형제나 그리스도의 교회에 문제를 일으킨 자들은 기꺼이 사적으로나 공적으로 고백하며 그 죄를 인해 슬퍼해야 하고 손상을 입은 자들에게 그의 회개를 선언해야만 한다(약 5:16, 수 7:19, 시 51). 그로 인해 피해자들은 그와 화목하게 되고 사랑으로 그를 영접해야 한다(고후 2:8).

제16장 선행에 관하여

1. 선행이란 하나님께서 그의 거룩한 말씀 안에서 명령하신 것과 같은 것들뿐이다(미 6:8, 롬 12:2, 히 13:21). 성경에 근거함이 없이 사람들에 의해서 고안되거나 맹목적인 열심에서 나오는 것들이나 선한 의도를 구실삼아 하는 것들은 선행이 아니다(마 15:9, 사 29:13, 벧전 1:18, 롬 10:2, 요 16:2, 삼상 15:21-23).

2. 하나님의 계명에 순종함으로 이루어진 선행들은 참되고 살아 있는 믿음의 열매들이요 증거들이다(약 2:18, 22). 그것들로 인하여 신자들은 그들의 감사함을 표하는 것이요(시 114:12-13, 벧전 2:9), 그들의 확신을 견고케 하며(요일 2:3, 5, 벧후 1:5-10), 그들의 형제들에게 덕을 세우며(고후 9:2, 마 5:16), 복음에 대한 신앙고백을 흠모케 하며(딛 2:5, 9-12, 딤전 6:1), 대적자들의 입을 막고(벧전 2:15), 하나님을 영화롭게 한다(벧전 2:12, 빌 1:11, 요 15:8). 저희들은 하나님의 지으심을 받은 자들이요 그리

스도 예수 안에서 선한 일을 위하여 창조된 자들이므로(엡 2:10) 거룩함에 이르는 열매를 맺기에 종국에는 영생을 가지게 된다(롬 6:22).

3. 선행을 할 수 있게 되는 신자들의 능력은 그들 스스로에게서 나오는 것이 아니요 전적으로 그리스도의 영으로부터 나오는 것이다(요 15:4-6, 겔 36:26-27). 그리고 그들이 선을 행할 수 있으려면 그들이 이미 받은 은혜들 외에 그들 속에서 역사하시며 그의 기뻐하신 뜻을 따라 행하게 하시는 동일한 성령의 실제적 감화가 필요하다(빌 2:13, 4:13, 고후 3:5). 그러나 성령의 특별한 감화가 없으면 아무런 의무도 실천할 필요가 없는 것으로 오해하거나 나태함에 빠져서는 안 된다. 오직 신자들은 그들 안에 있는 하나님의 은혜를 불일듯 하게함에 근면해야 한다(빌 2:12, 히 6:11-12, 벧후 1:3, 5, 10-11, 사 54:7, 딤후 1:6, 행 26:6-7, 유 20-21).

4. 순종을 통해서 금생에서 할 수 있는 최고의 선행에 도달한 사람들일지라도 의무 이상의 공을 세운다든가 하나님이 요구하시는 것보다 더 많은 것을 결코 행할 수 없다. 왜냐하면 그들이 마땅히 행해야 할 의무조차도 다 실천할 수 없기 때문이다(눅 17:10, 느 13:22, 욥 9:2-3, 갈 5:17).

5. 우리는 우리의 최선의 행동으로도 하나님의 손에 있는 죄 용서함이나 영생을 얻을 만한 공로를 세울 수 없다. 그 이유는 우리의 선행들과 장차 있을 영광 사이에는 너무나도 큰 차이가 있으며 우리와 하나님 사이에도 무한한 거리가 있기 때문이다. 그리하여 우리의 이전 죄악들의 빚을 갚지도 못할 뿐 아니라 만족시킬 수도 없다(롬 3:20, 4:2, 4, 6, 엡 2:8-9, 딛 3:5-7, 롬 8:18, 시 16:2, 욥 22:2-3, 35:7-8). 그러나 우리가 할 수 있는 모든 것을 다 했을 때도 우리의 의무만 한 것이며 무익한 종들일 뿐이다(눅 17:2). 왜냐하면 실로 그것들이 선한 것은 그것들이 그리스도의 영으로부터 나온 것이기 때문이다(갈 5:22-23). 그리고 그것들이 우리들에 의하여 된 것일 때 그것들은 더러운 것들이며 너무나 많은 연약함과 불완전이 섞여 있어서 하나님의 준엄한 심판을 견디어 낼 수 없는 것이다(사 64:6, 갈 5:17,

롬 7:15, 18, 시 143:2, 130:3).

6. 그럼에도 불구하고 신자 자신들의 인격이 그리스도를 통해서 용납되었기 때문에 신자들의 선행들은 그리스도 안에서 받아들여진다(엡 1:6, 벧전 2:5, 출 28:38, 창 4:4, 히 11:4). 그러나 그것은 그 선행들이 이 세상에서 하나님 앞에 전혀 흠이 없거나 책망 받을 것이 없다는 것을 말하는 것이 아니다(욥 9:20, 시 143:2). 그의 아들 안에서 그들을 내려다보시기 때문에 비록 수많은 연약함과 불완전을 수반한 것들일지라도 성실하게 행한 것으로 받으시고 상을 베푸신다(히 13:20-21, 고후 8:12, 히 6:10, 마 25:21, 23).

7. 중생하지 못한 사람들이 한 행위들은 그 자체들로만 보면 그들도 하나님이 명하신 것들을 행한 것이요 자신들과 다른 사람들에게 유용한 것이라 할지라도(왕하 10:30-31, 왕상 21:27, 29, 빌 1:15-16, 18) 그것들이 믿음에 의해서 청결한 마음에서 나온 것이 아니며(창 4:5, 히 11:4, 6) 말씀을 따라 올바른 방식으로 한 것도 아니며(고전 13:3, 사 1:12), 하나님의 영광을 위한 올바른 목적을 달성하기 위함도 아니기 때문에(마 6:2, 5, 16) 그것들은 죄악된 것들이요 하나님을 기쁘게 할 수 없는 것들이며 하나님으로부터 사람이 은혜를 받게 할 수도 없는 것들이다(학 2:14, 딛 1:15, 암 5:21-22, 호 1:4, 롬 9:16, 딛 3:5). 그렇지만 그 같은 행위들을 게을리하는 것은 더욱 죄악된 것이며 하나님을 더욱 불쾌하게 하는 것이다(시 14:4, 36:3, 욥 21:14-15, 마 25:41-43, 45, 23:23).

제17장 성도의 견인에 관하여

1. 하나님이 그의 사랑하시는 독생자 안에서 용납해 주시고 그의 성령으로써 효과적으로 부르시고 성결케 하신 자들은 전적으로 그리고 최종적으로 은혜의 상태로부터 타락할 수 없다. 그들은 마지막 날까지 그 상태에

서 확실히 보존되어 영원히 구원을 얻게 될 것이다(빌 1:6, 벧후 1:10, 요 10:28-29, 요일 3:9, 벧전 1:5, 9).

2. 이 성도의 견인은 성도들 자신의 자유의지에 달려 있는 것이 아니라 성부 하나님의 값없이 베푸시고 변함없으신 사랑으로부터 흘러나오는 선택 작정의 불변성에 달려 있는 것이다(딤후 2:18-19, 렘 31:3). 그리고 예수 그리스도의 공로와 중보의 효력과(히 10:10, 14, 13:20-21, 9:12-15, 롬 8:33-39, 요 17:11, 24, 눅 22:32, 히 7:25), 성령의 내주하심과 그들 속에 있는 하나님의 씨로 말미암는 것이다(요 14:16-17, 요일 2:27, 3:9). 그리고 은혜의 언약의 본질에 달려있다(렘 32:40). 이와 같은 모든 것에서 견인의 확실성과 무오성이 나오는 것이다(요 10:28, 살후 3:3, 요일 2:19).

3. 그럼에도 불구하고 그들은 사단과 세상의 시험들을 당하며, 부패의 요소가 그들 안에 남아 번져 있으며, 그들을 보존하는 방편에 대한 무시함으로 인해 중한 죄에 빠질 수 있다(마 26:70, 72, 74). 그리고 한동안 그 죄 가운데 거하기도 한다(시 51편 제목, 14절). 그로 인하여 그들은 하나님의 분노를 사며(사 64:5, 7, 9, 삼하 11:27), 성령을 근심케 한다(엡 4:30). 그리고 그들의 은혜들과 위로들을 어느 정도 빼앗기게 된다(시 51:8, 10, 12, 계 2:4, 애 5:2-4, 6). 그들의 마음이 강퍅케 되고(사 63:17, 막 6:52, 16:14), 그들의 양심이 상처를 받으며(시 32:3-4, 51:8), 다른 사람들을 다치게 하고 비방거리를 사게 한다(scandalize, 삼하 12:14). 그리고 일시적으로 그들 자신에게 심판을 초래한다(시 89:31-32, 고전 11:32).

제18장 은혜와 구원의 확신에 관하여

1. 비록 위선자들과 그 밖의 중생하지 못한 사람들이 하나님의 은총과 구원의 상태에 있는 줄로 아는 거짓된 소망과 육적 추측을 가지고 스스로를 헛되이 속일 수 있을지라도(욥 8:13-14, 미 3:11), 그들의 이 소망은 곧 사

라지고 말 것이다(마 7:22-23). 그러나 진실로 주 예수를 믿는 자들과 신실하게 주님을 사랑하는 자들, 모든 선한 양심을 가지고 주 앞에서 행하고자 힘쓰는 자들은 이 세상에서 은혜의 상태에 있음을 확신할 수 있다(요일 2:3, 3:14, 18-19, 21, 24, 5:13). 그들은 하나님의 영광의 소망 안에서 즐거워하며 그들의 소망은 그들을 결코 부끄럽게 하지 않을 것이다(롬 5:2, 5).

2. 이 확실성은 그릇된 소망에 근거한 단순한 억측에 지나지 않는 그럴듯한 확신이 아니라(히 6:11, 19), 구원의 약속들에 대한 신적 진리 위에서 발견된 믿음의 무오한 확신이다(히 6:17-18). 또한 그 약속들이 만든 은혜들의 내적 증거와(벧후 1:4-5, 10-11, 요일 2:3, 3:14, 고후 1:12) 우리의 영과 더불어 우리가 하나님의 자녀임을 증거하시는 양자의 영의 증거로 말미암은 확신이다(롬 8:15-16). 그 영은 우리 기업의 보증이시며 그로 인하여 우리가 구속의 날까지 인치심을 받게 된다(엡 1:13-14, 4:30, 고후 1:21-22).

3. 이 무오한 확신은 믿음의 본질에 속한 것이 아니라 참된 신자가 이 확신에 참여하는 자가 되기 전에 오랫동안 사모하고 많은 난관에 부딪히면서 얻어진다(요일 5:13, 사 1:10, 막 9:24, 시 38, 77:1-12). 그러나 하나님께로부터 그에게 값없이 주어진 것들을 알 수 있도록 성령이 능하게 하심으로 그는 초자연적인 계시가 없어도 통상적인 방편들을 올바르게 사용함에 있어서 확신에 도달할 수 있다(고전 2:12, 요일 4:13, 히 6:11-12, 엡 3:17-19). 그러므로 부르심과 택하심을 굳게 하도록 성실하게 온 힘을 다하는 것은 성도 각자가 할 의무이다(벧후 1:10). 그로 인해 그의 마음은 성령 안에서 평강과 희락으로 넘치게 되고 하나님께 향한 사랑과 감사가 커지며 순종의 의무에 있어서 더욱 힘 있고 즐거워하게 된다(롬 5:1-2, 5, 14:17, 15:13, 엡 1:3-4, 시 4:6-7, 119:32). 이 같은 것들은 확신에서 나오는 당연한 열매들이다. 그리하여 이 확신을 가지고 있는 한 사람들은 결코 방탕한 생활에 빠져들지 않는다(요일 2:1-2, 롬 6:1-2 딛 2:11-12, 14 고

후 7:1, 롬 8:1, 12, 요일 3:2-3, 시 130:4, 요일 1:6-7).

4. 구원의 확신을 가진 참된 신자들도 여러 가지 모양으로 흔들리며 약해지며 일시 중단될 수 있다. 확신을 보존함에 있어서 게을리한다든지, 양심을 다치게 하고 성령을 근심케 하는 특별한 죄에 빠져 있다든지, 갑작스럽거나 강렬한 시험에 의한 것이든지, 하나님의 얼굴 빛을 거둬가심으로 그를 경외하는 사람일지라도 흑암 중에 걸으며 빛을 가지지 못함으로 말미암아 그 같은 일이 발생한다(애 5:2-3, 6, 시 51:8, 12, 14, 엡 4:30-31, 시 77:1-10, 마 26:69-72, 시 31:22, 88편, 사 50:10). 그러나 그들은 하나님의 씨와 믿음의 생명, 그리스도와 형제들에 대한 사랑, 신실한 마음과 의무에 대한 양심이 전적으로 결여되어 있는 것이 아니다. 이 확신은 성령의 역사하심으로 말미암아 적당한 때에 소생함을 받으며(요일 3:9, 눅 22:32, 욥 13:15, 시 73:15, 51:8, 12, 사 1:10), 심한 절망가운데서도 버텨낼 수 있는 힘을 가지게 된다(미 7:7-9, 렘 32:40, 사 54:7-10, 시 22:1, 88편).

제19장 하나님의 율법에 관하여

1. 하나님은 아담에게 행위 언약으로서 한 율법을 주셨다. 그로 말미암아 하나님은 아담과 그의 모든 후손들로 하여금 개인적으로, 온전히 정확하게 그리고 영구적으로 순종할 의무가 있게 하셨다. 그 약속을 잘 지키면 생명을 주시겠다고 약속하시고 그것을 어기면 사망을 주겠다고 경고하셨다. 그리고 그 율법을 지킬 수 있는 힘과 능력을 부여해 주셨다(창 1:26-27, 2:17, 롬 2:14-15, 10:5, 5:12, 19, 갈 3:10, 12, 전 7:29, 욥 28:28).

2. 이 율법은 아담이 타락한 후에도 계속해서 의에 대한 완전한 법칙이 되게 하셨다. 이런 법칙으로서 하나님은 시내산에서 십계명을 주셨으며 두 돌판에 새기셨다(약 1:25, 2:8, 10-12, 롬 13:8-9, 신 5:32, 10:4, 출 34:1). 첫 네 계명은 하나님을 향한 우리의 본분을 포함하고 있고 나머지 여섯 계명

들은 사람에게 향한 우리의 본분을 담고 있다(마 22:37-40).

3. 일반적으로 도덕법이라 부르는 이 율법 외에도 하나님은 이스라엘 백성에게 하나의 미숙한 교회로서 의식법을 제정해 주시기를 기뻐하셨다. 여기에는 여러 가지 예표적인 규례들이 포함되어 있는데, 부분적으로는 예배에 대한 것과 그리스도를 예표하는 것들, 그의 은혜와 행위들 및 고난과 유익들을 예시하고 있으며(히 9장, 10:1, 갈 4:1-3, 골 2:17), 부분적으로는 도덕적 의무들에 대한 다양한 지침들을 주고 있다(고전 5:7, 고후 6:17, 유 23). 모든 의식법들은 이제 새 언약 아래에서는 폐지되었다(골 2:14, 16-17, 단 9:27, 엡 2:15-16).

4. 하나의 정치적 집단으로서 이스라엘 백성들에게 하나님은 또한 많은 사법적 율법을 주셨으니 그것은 그 백성의 국가와 함께 시효가 만료되었으며 따라서 그것의 일반적인 정당성이 요구할 수 있는 것 외에는 더 이상 지켜야 할 의무가 없는 것이다(출 21장, 22:1-29, 창 49:10, 벧전 2:13-14, 마 5:17, 38-39, 고전 9:8-10).

5. 도덕법은 의롭다 함을 받은 사람들이나 불신자들 모두에게 다 영원한 구속력이 있는 것이기에 순종해야 한다(롬 13:8-10, 엡 6:2, 요일 2:3-4, 7-8). 그 이유는 그 율법 안에 포함된 내용과 관련해서만이 아니라 그 율법을 주신 창조주 하나님의 권위 때문에 그러하다(약 2:10-11). 또한 그리스도께서도 복음 안에서 이 법의 어느 것도 폐하시지 않으셨고 이 의무를 더욱 강화시키셨기 때문이다(마 5:17-19, 약 2:8, 롬 3:31).

6. 참 신자들은 행위 언약으로서 율법 아래 있지 않아서 그것으로 인해 의롭다 함을 받는다거나 정죄함을 받는 것은 아닐지라도(롬 6:14, 갈 2:16, 3:13, 4:4-5, 행 13:39, 롬 8:1), 이 율법은 신자들만이 아니라 불신자들에게도 아주 유용함은 그것이 생활의 규범으로서 하나님의 뜻과 그들의 의무가 무엇인지를 알려주며 그에 따라 지도하며 생활하게 묶어주기 때문이다

253

(롬 7:12, 22, 25, 시 119:4-6, 고전 7:19, 갈 5:14, 16, 18-23). 또한 이 율법은 그들의 본성과 마음과 생활이 죄악으로 오염되어 있는 것을 발견케 하고 (롬 7:7, 3:20), 그로 인해 그들 자신을 점검케 하여 죄에 대하여 깨닫게 하고 죄를 인하여 겸손하게 되며 죄를 증오하기에 이르게 한다(약 1:23-25, 롬 7:9, 14, 24). 그 모든 것들로 인해 그리스도와 그의 완전한 순종이 절실하게 필요하다는 것을 깨닫게 하기 때문이다(갈 3:24, 롬 7:24, 8:3-4). 또한 이 율법은 중생한 자들에게도 그들의 부패를 억제하며 죄를 금하게 하기 때문에 유용하다(약 2:11, 시 119:101, 104, 128). 그리고 그 율법의 경고들은 비록 중생한 자들이 율법에 경고하고 있는 저주로부터 해방되었다 할지라도 그들이 지은 죄들로 인하여 마땅히 받아야 하는 것이 무엇이며, 또한 이 세상에서 어떠한 고통들이 기대되는지를 보여주고 있기 때문이다 (스 9:13-14, 시 89:30-34). 그 율법의 약속들도 같은 방식으로 그들에게 율법에 대한 순종을 얼마나 기뻐하시며 그 율법을 행함으로 기대되는 복이 어떤 것인지를 보여준다(레 26:1-14, 고후 6:16, 엡 6:2-3, 시 37:11, 마 5:5, 시 19:11). 물론 이것은 행위 언약으로서의 율법으로 말미암아 그들에게 당연히 주어지는 것은 아니다(갈 2:16, 눅 17:10).

그리하여 사람이 선을 행하고 악을 삼가는 것은 율법이 선을 권장하고 악을 그치라고 말하기 때문이나 그렇다고 해서 그것이 율법 아래에 있고 은혜 아래에 있지 않다는 증거는 아니다(롬 6:12, 14, 벧전 3:8-12, 시 34:12-16, 히 7:28-29).

7. 앞서 언급한 율법의 용도는 복음의 은혜와 상충되는 것이 아니라 오히려 잘 조화된다(갈 3:21). 그리스도의 영은 율법 안에 계시된 하나님의 뜻을 따라 행하여야 할 의무들을 자유롭게 그리고 기쁜 마음으로 복종하고 수행하도록 인간의 의지를 작용하신다(겔 36:27, 히 8:10, 렘 31:33).

제20장 그리스도인의 자유와 양심의 자유에 관하여

1. 그리스도께서 복음 시대의 신자들을 위하여 값 주고 사신 자유는 죄책과 하나님의 정죄하시는 진노, 도덕법의 저주로부터 해방되는 것이다 (딛 2:14, 살전 1:10, 갈 3:13). 그리고 현재의 이 악한 세상에서, 사단의 매임에서, 죄의 지배로부터 건짐을 받는 것과(갈 1:4, 골 1:13, 행 26:18, 롬 6:14), 환난들의 악, 사망의 쏘는 것, 무덤의 승리 및 영원한 저주로부터 자유케 되는 것이다(롬 8:28, 시 119:71, 고전 15:54-57, 롬 8:1). 또한 신자들이 하나님께 자유롭게 나아가는 것과 그에게 기꺼이 순종을 드리되 노예의 두려움이 아니라 어린아이의 사랑하는 마음과 즐겨하는 마음 (willing mind)으로 하는 것이다(롬 8:14-15, 요일 4:18). 이 모든 것들은 율법 시대의 신자들에게도 있었던 것들이다(갈 3:9, 14). 그러나 신약 시대 그리스도인의 자유는 더욱 확대되어 유대인의 교회가 복종한 의식법의 멍에로부터 해방된 자유이다(갈 4:1-3, 6-7, 5:1, 행 15:10-11). 그리고 은혜의 보좌 앞에 담대하게 나아가게 되었고(히 4:14, 16, 10:19-22), 하나님의 성령과의 자유로운 교통함을 율법 시대의 신자들이 통상적으로 누렸던 것보다 더 충만하게 누리게 되었다(요 7:38-39, 고후 3:13, 17-18).

2. 하나님만이 양심의 주이시다(약 4:12). 신앙이나 예배에 관한 일에 있어서 양심을 하나님의 말씀에 조금이라도 배치되거나 혹은 위배되거나 혹은 벗어나는 인간들의 교훈들과 계명들로부터 자유하게 하셨다(행 4:19, 5:29, 고전 7:23, 마 23:8-10). 그러므로 양심에 반하여 그러한 교리들을 믿는 것이나 그런 계명에 순종하는 것은 양심의 참된 자유를 배반하는 것이다(골 2:20, 22-23, 갈 1:10, 2:4-5, 5:1). 또한 맹신과 맹종을 요구하는 것은 양심과 이성의 자유를 파괴하는 것이다(롬 10:17, 14:23, 사 8:20, 행 17:11, 요 4:22, 호 5:11, 계 13:12, 16-17, 렘 8:9).

3. 그리스도인의 자유를 구실로 하여 죄를 범하거나 정욕을 품는 사람은 그로 인하여 그리스도인의 자유의 목적을 파괴하는 것이다. 그것은 우리가 원

수들의 손에서 건짐을 받아 평생토록 주님을 두려움 없이 주님 앞에서 거룩함과 의로움으로 주님을 섬기고자 하는 목적이다(갈 5:13, 벧전 2:16, 벧후 2:19, 요 8:34, 눅 1:74-75).

4. 하나님이 정하신 권세들과 그리스도께서 값 주고 사신 자유는 양자가 서로 충돌하여 파괴되도록 하나님이 의도하신 것이 아니요 상호 붙들어 주며 서로를 보존하는데 그 목적이 있다. 그러므로 그리스도인의 자유의 구실로 국가적인 것이나 교회적인 것이나 합법적인 권세나, 정당한 법 집행을 반하는 것은 하나님의 정하신 것을 저항하는 것이다(마 7:25, 벧전 2:13-14, 16). 또 신앙과 예배 또는 시민 생활에 관하여 본성의 빛이나 기독교의 일반 원리나 경건의 능력에 반대하는 견해들을 발표하거나 그러한 행동들을 지속적으로 행사하는 경우, 또는 그러한 그릇된 견해나 소행들이 본질상 그리고 그것들을 발표하거나 시행하는 방법면에서 그리스도께서 교회 안에 세우신 외적 평화와 질서를 파괴하는 경우 그런 자들은 합법적으로 교회법이나 시민법에 의해서 소환을 받아 문책당하거나 고소될 수 있다(롬 1:32, 고전 5:1, 5, 11, 13, 요일 10-11, 살후 3:14, 딤전 6:3-5, 딛 1:10-11, 13, 3:10, 마 18:15-17, 딤전 1:19-20, 계 2:2, 14-15, 20, 3:9, 신 13:6-12, 롬 13:3,4, 스 7:23, 25-28, 계 17:12, 16-17, 느 13:15, 17, 21-22, 25, 30, 왕하 23:5-6, 9, 20-21, 대하 34:33, 15:12-13, 16, 단 3:29, 딤전 2:2, 사 49:23, 슥 13:2-3).

제21장 예배와 안식일에 관하여

1. 자연의 빛은 만물의 통치권과 주권을 가지신 하나님이 계시다는 것을 보여준다. 하나님은 선하시며 만물에게 선을 행하신다. 그러므로 인간은 마음을 다하고 성품을 다하고 힘을 다하여 그를 경외하며 사랑하며 찬양하며 부르며 신뢰하고 섬겨야 한다(롬 1:20, 행 17:24, 시 119:68, 렘 10:7, 시 31:23, 18:3, 롬 10:12, 시 62:8, 수 24:14, 막 12:33). 그러나 참되신 하

나님을 예배하는 합당한 방식은 하나님 자신에 의해서 제정하신 것이라야 하며 그리하여 그의 계시된 뜻에 의하여 한정된다. 그러므로 사람들의 상상이나 고안 또는 사단의 제안에 따라 어떤 가시적인 현상들을 사용하거나 성경에 명시되어 있지 않은 방식으로 예배할 수 없다(신 12:32, 마 15:9, 행 17:25, 마 4:9-10, 신 4:15-20, 출 20:4-6, 골 2:23).

2. 예배는 성부 성자 성령 하나님께, 하나님 한분께만 하는 것이다(마 4:10, 요 5:23, 고후 13:14). 천사들이나 성도들이나 다른 어떤 피조물에게 예배해서는 안 된다(골 2:18, 계 19:10, 롬 1:25). 타락이후 중보자 없이 예배할 수 없으며 오직 그리스도 이외의 어떤 중보로도 예배할 수 없다(요 14:6, 딤전 2:5, 엡 2:18, 골 3:17).

3. 감사함으로 드리는 기도는 예배의 특별한 한 요소이다(빌 4:6). 이것은 하나님께서 모든 사람에게 요구하신 것이다(시 65:2). 아들의 이름으로 그리고 성령의 도움으로 말미암아 그의 뜻을 따라, 사려 분별과 경외심과 겸손과 열심과 믿음과 사랑과 인내를 가지고 기도하는 것이 하나님이 받으시는 기도이다. 만일 소리를 내어 기도할 때는 알 수 있는 말로 해야 한다(요 14:13-14, 벧전 2:5, 롬 8:26, 요일 5:14, 시 47:7, 전 5:1-2, 히 12:28, 창 18:27, 약 5:16, 1:6-7, 마 11:24, 마 6:12, 14-15, 골 4:2, 엡 6:18, 고후 14:14).

4. 기도는 합법적인 것들과(요일 5:14), 생존하는 사람들과 장차 생존하게 될 자들을 위해서 하되(딤전 2:1-2, 요 17:20, 삼하 7:29, 룻 4:12) 죽은 자를 위하여 또는 사망에 이르는 죄를 범한 자로 알려진 자들을 위하여 기도하지 말아야 한다(요일 5:16).

5. 경건한 경외감으로 성경을 읽어야 한다(행 15:21, 계 1:3), 건전한 설교와(딤후 4:2), 이해와 신앙과 경외심으로 하나님께 복종하는 자세로 말씀을 양심적으로 듣는 것과(약 1:22, 행 10:33, 마 13:19, 히 4:2, 사 66:2), 마음

에 은혜로 시편을 찬양하는 것과(골 3:16, 엡 5:19, 약 5:13), 그리스도에 의해서 제정된 성례를 올바르게 거행하고 합당하게 받는 것은 하나님을 합당하게 예배하는 통상적인 예배요소들이다(마 28:19, 고전 11:23-29, 행 2:42). 이 외에 종교적인 맹세와(신 6:13, 느 10:29) 서약(사 19:21, 전 5:4-5), 신성한 금식(욜 2:12, 에 4:16, 마 9:15, 고전 7:5) 그리고 특별한 경우의 감사들은(시 107, 에 7:5) 몇 차례 적당한 시기에 거룩하고 종교적인 방식으로 사용되어야 한다(히 12:28).

6. 기도나 예배의 그 어떤 요소도 이제 복음 시대에 있는 것이므로 그것이 행해지는 장소에 매이는 것이 아니다. 그리하여 더 받을만한 장소가 있는 것이 아니며 특별한 곳으로 행할 필요가 없다(요 4:21). 그러므로 모든 장소에서 신령과 진리로 하나님을 예배해야 한다(말 1:11, 딤전 2:8, 요 4:23-24). 각 가정에서(렘 10:25, 신 6:6-7, 욥 1:5, 삼하 6:18, 20, 벧전 3:7, 행 10:2) 매일(마 6:11), 은밀하게 예배하듯(마 6:6, 엡 6:18) 공 예배에서는 더 엄숙하게 예배해야 한다. 하나님께서 자기의 말씀이나 섭리에 의하여 기도나 예배하도록 요구하신 때 경솔하게 하거나 고의적으로 소홀히 하거나 저버려서는 안 된다(사 66:6-7, 히 10:25, 잠 1:20-21, 24, 8:34, 행 13:42, 눅 4:16, 행 2:42).

7. 일반적으로 하나님을 예배하기 위하여 일정한 시간을 구별하여 정하는 것은 자연의 법칙에 속한 것이다. 그래서 하나님은 그의 말씀 안에서 모든 시대의 모든 사람들에게 매이는 적극적이고 도덕적이며 영구적인 계명으로 말미암아 이레 중 하루를 특별히 안식일로 규정하시고 하나님께 거룩히 지키도록 하셨다(출 20:8, 10-11, 사 56:2, 4, 6-7). 이것은 창세로부터 그리스도의 부활까지 한 주간의 마지막 날이었으나 그리스도의 부활로부터 주 중의 첫날로 바뀌었다. 성경에는 이 날을 주일이라 부른다(창 2:2-3, 고전 16:1-2, 행 20:7, 계 1:10). 주일은 세상 끝 날까지 그리스도인의 안식일로 지켜져야 한다(출 20:8, 10, 마 5:17-18).

8. 이 안식일은 주님께 거룩히 지켜야 한다. 이를 위해서 사람들이 그들의 심령에 합당한 준비를 하고 사전에 일상적인 일들을 잘 정돈해야 한다. 자신들의 일들과 말들 및 세속적인 직업과 오락에 관한 어떤 생각으로부터 떠나 온 종일 거룩하게 안식해야만 한다(출 20:8, 16:23, 25-26, 29-30, 31:15-17, 사 58:13, 느 13:15-22). 또한 전 시간을 공 예배와 사적 예배에 사용하고 부득의한 일들과 자비를 베풀어야 하는 일을 한다(사 58:13, 마 12:1-13).

제22장 합법적인 맹세와 서원에 관하여

1. 합당한 맹세는 예배의 한 요소이다(신 10:20). 이것은 정당한 기회에 맹세하는 사람이 하나님을 불러 자신이 주장하는 것이나 약속하는 것에 대해 증인이 되게 하는 것이다. 또 자신이 맹세하는 것에 대해 진위 여부에 따라 판단하도록 하나님을 부르는 것이다(출 20:7, 레 19:12, 고후 1:23, 대하 6:22-23).

2. 하나님의 이름만이 사람들이 의지해서 맹세해야 할 이름이다. 그 이름은 모든 거룩한 두려움과 경외감을 가지고 사용되어야 한다(신 6:13). 그러므로 그 영광스럽고 두려운 이름으로 헛되이 또는 경솔하게 맹세하거나 다른 무엇으로 맹세하는 것은 죄악되고 가증스러운 것이다(출 20:7, 렘 5:7, 마 5:34, 37, 약 5:12). 맹세는 구약에서와 마찬가지로 신약에서도 그 중요성과 시기에 따라 하나님의 말씀에 의해서 보증되어야 한다(히 6:16, 고후 1:23, 사 65:16). 따라서 합법적인 권위에 의하여 이루어진 맹세는 마땅히 취해져야 한다(왕상 8:31, 느 13:25, 스 10:5).

3. 무슨 맹세를 하든지 그것이 엄숙한 행위임을 신중히 고려해야 한다. 그리고 진리라고 자신이 확신하는 것 외에는 아무것도 공언하지 말아야 한다(출 20:7, 렘 4:2). 맹세하는 자는 선하고 정당한 것 그리고 그렇게 믿어

지는 것과 자신이 행할 능력이 있거나 이행하기로 결심한 것 외에는 어떤 것에도 맹세하지 말아야 한다(창 24:23, 5, 6, 8, 9). 그러나 합법적인 권위에 의하여 부여된 선하고 정당한 것에 대한 맹세를 거절하는 것은 죄이다 (민 5:19, 21, 느 5:12, 출 22:7-11).

4. 맹세는 애매모호하지 않고 분명하고 명백한 말로 해야 한다(렘 4:2, 시 24:4). 맹세가 죄를 짓게 해서는 안 된다. 그러나 죄가 되지 않는 것을 맹세한 때는 맹세한 자에게 손해가 될지라도 반드시 이행해야 한다(삼상 25:22, 32-34, 시 15:4). 비록 이단자들이나 불신자들에게 맹세한 것일지라도 어기지 말아야 한다(겔 17:16, 18-19, 수 9:18-19, 삼하 21:1).

5. 서원도 같은 방식으로 서약적인 성격을 띠고 있다. 그러므로 서원을 할 때도 경건한 배려와 성실성을 가지고 해야 한다(사 19:21, 전 5:4-6, 시 61:8, 66:13-14).

6. 서원은 어떤 피조물에게 하는 것이 아니라 하나님께만 하는 것이다(시 76:11, 렘 44:25-26). 그 서원이 열납되려면 자원하는 마음으로 믿음과 의무의 양심으로 해야 한다. 또한 받은바 은혜에 대한 감사 혹은 우리가 얻은 것을 인해 해야 한다. 그로 인해 우리는 필요한 의무나 그 밖의 것들에 우리 자신을 한층 더 엄격하게 매이게 되는 것이다(신 23:21-23, 시 50:14, 창 28:20-22, 삼상 1:11, 시 66:13-14, 132:2-5).

7. 누구도 하나님 말씀에서 금지되어 있는 것을 서원해서는 안 된다. 또 그 말씀에 명령된 것들을 수행하지 못하게 되는 것이라든지 자신의 능력 밖의 것이나 그 서원을 이행함에 있어서 하나님께로부터 아무 약속이나 능력을 얻지 못한 것에 대하여 서원을 해서는 안 된다(행 23:12, 14, 막 7:26, 민 30:5, 8, 12-13). 이런 점과 관련하여 볼 때 평생 독신으로, 청빈하게 규칙적으로 순종하며 살겠다는 교황청 수도사적 서원들은 완전하게 지킬 수가 없는 것들로서 미신적이고 죄악된 올가미들이므로 그리스도

인들은 누구도 거기에 얽매여서는 안 된다(마 19:11, 12, 고전 7:2, 9, 엡 4:28, 벧전 4:2, 고전 7:23).

제23장 국가 위정자에 관하여

1. 온 세상의 최고의 주이시며 왕이신 하나님은 자기 밑에 자신의 영광과 공공의 유익을 위하여 백성들을 다스리는 위정자들을 세우셨다. 그 목적을 위하여 그들에게 무장할 수 있게 하셨으며 그것은 선한 일을 하는 자들을 보호하고 격려하며 악을 행한 자들에게는 형벌을 주게 함이다(롬 13:1-4, 벧전 2:13-14).

2. 그리스도인이 위정자 직임을 맡게 되면 공직 수행을 받아들이는 것이 합법적이다(잠 8:15-16, 롬 13:1-2, 4). 공직을 수행함에 있어서 나라의 건전한 법률에 따라(영어의 according to the wholesome laws of each commonwealth는 당대 영국이 네 나라, 잉글랜드, 스코틀랜드, 웨일즈 및 북아일랜드로 구성되어 있었기 때문에 그 네 나라의 법률을 의미하는 것이다, 역자 주) 특별히 경건과 공의와 평화를 유지하는 것이라야 한다(시 2:10-12, 딤전 2:2, 시 82:3-4, 삼하 23:3, 벧전 2:13). 이 목적을 위하여 지금 신약시대에서 전쟁을 일으키는 것은 정당하고 필요한 경우에 합당하다(눅 3:14, 롬 13:4, 마 8:9-10, 행 10:1-2, 계 17:14, 16).

3. 위정자는 말씀과 성례를 거행하는 일이나 천국 열쇠의 권세를 맡을 수 없다(대하 26:18, 마 18:17, 16:19, 고전 12:28-29, 엡 4:11-12, 고전 4:1-2, 롬 10:15, 히 5:4). 그러나 그는 권위를 가지고 교회 안에 연합과 평화가 유지되도록 명령을 할 의무가 있다. 그리하여 하나님의 진리가 순결하게 지켜지고 온전히 보존되며 모든 신성모독과 이단들을 억압하고 예배와 권징에 있어서 모든 부패와 남용을 방지하고 개혁하게 된다. 하나님의 모든 규정들이 정당하게 안착되고 수행되며 지켜지게 되는 것이다(사 49:23,

시 122:9, 스 7:23, 25-28, 24:16, 신 13:5-6, 12, 왕하 18:4, 대하 13:1-9, 왕하 23:1-26, 대하 34:33, 15:12-13). 이 임무 수행의 보다 나은 효과를 위하여 그는 총회를 소집할 수 있는 권한이 있고 총회에 참여할 수 있으며 하나님의 마음을 따라 그들이 사안들을 정당하게 처리하도록 모든 배려를 아끼지 말아야 한다(대하 19:8-11, 29장 30장, 마 2:4-5).

** 현재 한국장로교가 채택한 신앙고백서 중 위정자의 권한 부분이 미국 장로교회에서 수정한 것을 채택하였기 때문에(1788) 역자는 먼저 영국에서 본래 쓰고 있는 신앙고백서를 번역한 것이다. 다음은 한국의 신앙고백서에 있는 것을 소개하는 3항 내용이다. **

(위정자는 신앙의 문제만은 간섭할 수 없다. 그렇지만 자녀를 양육하는 아버지처럼 어떤 특정한 교파에게 나머지 다른 교파들보다 우선권을 주는 일이 없이 모든 교파가 공통으로 섬기는 주님의 교회를 보호하되 누구나 교회 회원이면 모두가 폭력이나 위험이 없이 자기들의 성스러운 직무의 모든 부분을 충분하고 자유롭게 그리고 아무런 거리낌이 없이 수행하는 자유를 누리게 해 주는 것이 위정자들의 의무이다. 그리고 예수 그리스도께서 자기의 교회 안에 일정한 정치와 권징을 제정하여 주셨기 때문에 아무 기독교 교파의 회원 가운데서라도 자기들의 신앙고백을 따라 정당한 정치와 권징을 실시하는 경우에는 세속정부의 어떠한 법률로도 그것을 간섭하거나 방해해서는 안 된다. 국가 위정자들은 자기네들 백성들의 인격과 명예를 보호하여 주되 어떤 사람도 경건이나 불경건을 구실로 하여 다른 사람에게 모욕적인 언동이나 폭력이나 학대나 명예훼손을 행하지 아니하도록 해야 하며 또한 명령을 발하여 모든 종교적인 교회의 집회들이 훼방이나 소동이 없이 개회되도록 해야 하는 의무가 있다.)

4. 위정자들을 위하여 기도하고(딤전 2:1-2), 그들의 인격을 존중하며(벧전 2:17), 조세와 그 밖의 공과금을 바치고(롬 13:6-7), 그들의 합법적인 명령에 순종하고 양심을 위하여 그들의 권위에 복종하는 것은 백성들의 의무이다(롬 13:5, 딛 3:1). 신앙생활을 하지 않거나 종교가 다르다고 해서 그

위정자의 정당하고 적법한 권위를 인정치 않거나 순종하지 않아도 되는 것이 아니다(벧전 2:13-16). 교회의 직책을 맡았다고 해서 예외가 되지 않는다(롬 13:1, 왕상 2:35, 행 25:9-11, 벧후 2:1, 10-11, 유 8-11). 더구나 교황은 위정자들이 통치하는 영토에서 그들 백성들에 대하여 어떤 권한이나 사법권을 가지고 있는 것이 아니다. 교황이 그를 이단으로 정죄하거나 기타 다른 어떤 구실로도 그들의 통치권이나 생명을 빼앗을 수 없다(살후 2:4, 계 13:15-17).

제24장 결혼과 이혼에 관하여

1. 결혼은 한 남자와 여자 사이에 이루어지는 것이다. 남자가 동시에 한 아내 이상을 가진다든지 한 여자가 한 남편 이상의 남편을 가지는 것은 적법하지 않다(창 2:24, 마 14:5-6, 잠 2:17).

2. 결혼은 남편과 아내가 상호 돕는 자들이 되도록 정해진 것이다(창 2:18). 그리고 합법적인 방식으로 인류의 증가와 거룩한 씨로 교회를 번성시키기 위함이다(말 2:15). 그리고 부정을 방지하기 위해 제정된 것이다(고전 7:2, 9).

3. 결혼에 응할 수 있는 분별력을 가질 수 있는 사람은 누구든지 결혼함이 합법적이다(히 13:4, 딤전 4:3, 고전 7:36-38, 창 24:57-58). 그러나 그리스도인은 오직 주 안에서만 결혼해야 할 의무가 있다(고전 7:39). 그러므로 참된 개혁 신앙을 고백하는 자는 불신자들이나 로마 가톨릭 신자들 혹은 다른 우상 숭배자들과 결혼해서는 안 된다. 또한 경건한 자들은 생활면에서 노골적으로 사악하거나 혹은 저주받을 이단에 빠져 있는 자들과 결혼함으로 멍에를 함께 지어서는 안 된다(창 34:14, 출 34:16, 신 7:3-4, 왕상 11:4, 느 13:25-27, 말 2:11-12, 고후 6:14).

4. 결혼은 말씀에 금하고 있는 혈족이나 인척간에 이루어져서는 안 된다(레 18장, 고전 5:1, 암 2:7). 이와 같은 근친상간적인 결혼은 어떤 인간의 법이나 당사자들의 승인에 의해서도 적법하게 남편과 아내로 함께 살 수 있도록 적법화할 수 없다(막 6:18, 레 18:24-28). 남자는 자기 자신의 골육지친만이 아니라 자기 아내의 골육지친 중의 아무와도 결혼해서도 안 되며 여자도 자기 자신의 골육지친만이 아니라 자기 남편의 골육지친과 결혼해서는 안 된다(레 20:19-21).

5. 약혼 이후에 간음이나 간통이 결혼 전에 발견되면 무흠한 측에서 그 약혼을 파행할 수 있다(마 1:18-20). 결혼 후에 간음한 경우 무흠한 측에서 이혼 소송하는 것이 적법하고(마 5:31-32), 이혼한 후에는 마치 범죄한 측이 죽은 경우와 마찬가지로 다른 사람과 결혼하는 것이 합법적이다(마 19:9, 롬 7:2-3).

6. 인간의 마음이 부패한 까닭에 하나님께서 결혼하여 짝지어 주신 것을 부단히 나누려고 변론하기 쉬우나 간음이나 교회법이나 시민법으로도 치유될 수 없는 고의적인 별거 외에는 어떤 것도 이혼을 위한 충분한 사유가 될 수 없다(마 19:8-9, 고전 7:15, 마 19:6). 이혼을 할 때에는 공적인 법적 절차를 밟아야 하며 관련된 자들이 그들 자신의 사건에 있어서 자신들의 의사나 결정에 따라 자의로 처리해서는 안 된다(신 24:1-4).

제25장 교회에 관하여

1. 보편적 또는 우주적인 교회는 보이지 않는 것으로(불가견적 교회, 무형교회) 교회의 머리되신 그리스도를 중심으로 이전에도 모였고 현재에도 모이며 앞으로도 모일 택함 받은 모든 사람들로 구성된다. 이 교회는 그리스도의 신부이며 몸이며 만물 안에서 만물을 충만케 하시는 그의 충만이다(엡 1:10, 22-23, 5:23, 27, 32, 골 1:18).

2. 보이는 교회(가견적 교회, 유형교회) 역시 복음 아래서 보편적이고 우주적이다. 이 교회는 전에 율법 아래에 있던 것과 같이 한 국가에 한정된 것이 아니다. 이 교회는 전 세계적으로 참 종교를 신앙고백하는 자들과(고전 1:2, 12:12-13, 시 2:8, 계 7:9, 롬 15:9-12) 그 자녀들로 구성되어 있다(고전 7:14, 행 2:39, 겔 16:20-21, 롬 11:16, 창 3:15, 17:7). 이 교회는 주 예수 그리스도의 왕국이며(마 13:47, 사 9:7), 하나님의 집이요 가족이다(엡 2:19, 3:15). 이 교회를 떠나서는 일반적인 구원의 가능성은 없다(행 2:47).

3. 그리스도께서는 이 보이는 보편적 교회에게 교역자들과 말씀들과 규례들을 제정하셔서 이 세상에서 세상 끝 날까지 성도들을 모으고 온전케 하도록 하셨다. 그리고 자신의 임재와 성령으로 말미암아 그의 약속을 따라서 그것들을 효과 있게 하신다(고전 12:28, 엡 4:11-13).

4. 보편적인 교회는 때로는 더 잘 보이기도 하고 혹은 덜 보이기도 한다(롬 11:3-4, 계 12:6, 14). 그 보편적 교회에 속한 개 교회들은 그들 안에서 복음의 교리가 가르쳐지고 수용하는 것에 따라, 그리고 규례들의 집행에 따라 더 순결하기도 하고 덜 순결하기도 하다. 그리고 공예배가 행해지는 것에 따라 더 순결하기도 하고 그렇지 않기도 하다(계 2, 3장, 고전 5:6-7).

5. 하늘 아래서 가장 순결한 교회들도 혼잡과 오류를 범한다(고전 13:12, 마 13:24-30, 47). 어떤 교회들은 극도로 타락하여 그리스도의 교회가 아니라 사단의 회가 된다(계 18:2, 롬 11:18-22). 그럼에도 불구하고 지상에는 하나님의 뜻을 따라 하나님을 예배하는 교회가 항상 존재한다(마 16:18, 시 72:17, 102:28, 마 28:19-20).

6. 교회의 머리는 오직 주 예수 그리스도뿐이다(골 1:18, 엡 1:22). 로마의 교황은 어떤 의미로도 머리가 될 수 없다. 교황은 적 그리스도이다. 그는 죄의 사람이며 멸망의 아들이다. 교회에서 그리스도를 대적하여 자신을

높이며 하나님보다 높이는 자이다(마 23:8-10, 살후 2:3-4, 8-9).

** 여기에서도 미국의 신앙고백서에서는 앞의 진술 대신에 '주 예수 그리스도는 교회의 유일한 머리이시다. 그러므로 누구든지 그리스도의 대리자요 교회의 머리임을 자처하는 자의 주장은 비성경적이요 사실상 아무런 보증도 없고 주 예수 그리스도를 욕되게 하는 권리 침해인 것이다'로 수정했다. 총회에서 발간한 헌법에는 이 조항이 들어 있다.**

제26장 성도의 교통에 관하여

1. 모든 성도는 성령으로 말미암아 그들의 머리이신 그리스도에게 연합된다. 그리고 믿음으로 말미암아 그의 은혜와 고난과 죽음과 부활과 영광 안에서 그리스도와 교제한다(요일 1:3, 엡 3:16-19, 요 1:16, 엡 2:5-6, 빌 3:10, 롬 6:5-6, 딤후 2:12). 사랑가운데 서로 하나 된 자들로서 성도들은 각자의 은사들과 은혜들 안에서 교통을 가진다(엡 4:15-16, 고전 12:7, 3:21-23, 골 2:19). 그리고 상호 유익을 위하여 사람에게 안팎으로 유익되게 하는 의무들을 공적으로나 사적으로 행해야 한다(살전 5:11,14, 롬 1:11-12, 14, 요일 3:16-18, 갈 6:10).

2. 공적으로 성도라고 고백하는 사람들은 하나님을 예배하는 일에 있어서 거룩한 교제와 교통함을 유지해야 한다. 그리고 그들 상호간에 덕을 세우는데 도움이 되는 다른 신령한 섬김들을 수행함과(히 10:24-25, 행 2:42, 46, 사 2:3, 고전 11:20), 또한 그들의 각양 능력들과 필요들에 따라서 물질로 서로 돕는 일에 있어서도 거룩한 교제와 교통을 유지해야 한다. 이 교통은 하나님께서 기회를 제공해 주시는 대로 어디에서나 주 예수 그리스도의 이름을 부르는 모든 이에게 확장되어져야 한다(행 2:44-45, 요일 3:17, 고후 8, 9장, 행 11:29-30).

3. 성도들이 그리스도와 함께 가지는 교통은 그들이 그리스도의 신격의 본체에 참여하는 자가 되는 것이 아니며 어떤 측면에서든지 그리스도와 동등하게 되는 것이 아니다. 그 중에 어느 하나라도 긍정하는 것은 불경건이며 참람한 짓이다(골 1:18-19, 고전 8:6, 사 42:8, 딤전 6:15-16, 시 14:7, 히 1:8-9). 성도들로서 그들 상호간에 갖는 교통으로 말미암아 각자의 물건이나 소유들에 대한 권리를 빼앗거나 침해하는 것이 아니다(출 20:15, 엡 4:28, 행 5:4).

제27장 성례에 관하여

1. 성례는 은혜 언약의 거룩한 표이며 인침이다(롬 4:11, 창 17:7, 10). 이것은 하나님에 의해서 직접 제정된 것으로 그리스도와 그의 은총들을 나타내는 것이며 그 안에 있는 우리의 권익을 확정하는 것이다(고전 10:16, 11:25-26, 갈 3:27). 또한 교회에 속한 사람들과 세상에 속한 나머지 사람들과 보이는 구별을 주는 것이다(롬 15:8, 출 12:48, 창 34:14). 그리고 하나님의 말씀을 따라 그리스도 안에서 하나님을 섬기는 일에 엄숙히 종사하게 하는 것이다(롬 6:3-4, 고전 10:16, 21).

2. 각 성례에는 표시와 그것이 상징하는 것 사이에 영적인 관계 혹은 성례적인 연합이 있다. 성례가 집전될 때 성례의 명칭들과 효과들은 다른 편에 귀속된다(창 17:10, 마 26:27-28, 딛 3:5).

3. 성례 안에서 또 성례로 말미암아 나타나는 은혜는 그것들 안에 있는 어떤 힘으로 말미암아 주어지는 것이 아니다. 그렇다고 한 성례의 효력이 그 성례를 집행하는 자의 경건이나 의향에 의존되어 있는 것이 아니라(롬 2:28-29, 벧전 3:21) 성령의 역사에 달려 있는 것이다(마 3:11, 고전 12:13). 그리고 그 성례에 관한 말씀에 달려 있다. 여기에는 권위 있게 성례를 사용하는 명령과 함께 그 성례를 받는 자들에게 주어지는 은혜에 대

한 약속이 포함되어 있다(마 26:27-28, 28:19-20).

4. 복음 안에서 우리 주 그리스도로 말미암아 제정된 성례는 오직 두 가지 뿐이다. 즉 세례와 성찬이다. 그 중에 어느 것도 합법적으로 안수를 받은 하나님의 말씀의 사역자인 목사 외에 어느 누구에 의해서 분배되어서는 안 된다(마 28:19, 고전 11:20, 23, 4:1, 히 5:4).

5. 구약의 성례들이 상징하고 표현하는 영적인 뜻은 본질적으로 신약의 성 례와 동일하다(고전 10:1-4).

제28장 세례에 관하여

1. 세례는 예수 그리스도에 의하여 제정된 신약의 성례이다(마 29:19). 그로 인해 보이는 교회 회원으로 엄숙히 가입되는 것만이 아니라(고전 12, 13 장) 세례 받은 자에게 세례는 은혜 언약의 표시와 인침이 된다(롬 4:11, 골 2:11-12). 그리고 그리스도와 접붙임을 받으며(갈 3:27, 롬 6:5), 중생 하고(딛 3:5), 죄 사함을 받으며(막 1:4), 예수 그리스도를 통하여 하나님 께 자신을 드려서 새 생명 가운데 행하는 것을 나타내며 확증한다(롬 6:3-4). 그리스도께서 친히 제정하신 이 세례는 세상 끝 날까지 교회에서 계속 실시되어야 한다(마 28:19-20).

2. 이 성례에 사용되는 외적 요소는 물이며, 성부와 성자와 성령의 이름으로 합법적으로 안수 받은 복음의 사역자에 의하여 세례를 받게 된다(마 3:11, 요 1:33, 마 28:19-20).

3. 물속에 잠기게 하는 것은 반드시 필요한 것이 아니다. 그러나 그 사람의 머리 위에 물을 붓거나 뿌려서 세례를 집행해도 무방하다(히 9:10, 19-22, 행 2:41, 16:33, 마 7:4).

4. 세례는 그리스도를 믿으며 순종하겠다고 실질적으로 고백하는 자들만이 아니라(마 16:15-16, 행 8:37-38), 양친이 다 믿거나 어느 한쪽만 믿는 부모들의 유아들도 받는다(창 17:7, 9, 갈 3:9, 14, 골 2:11-12, 행 2:38-39, 롬 4:11-12, 고전 7:14, 마 28:19, 마 10:13-16, 눅 18:15).

5. 이 세례를 모독하거나 무시하는 것은 큰 죄이다(눅 7:30, 출 4:24-26). 그러나 은혜와 구원은 세례에 분리될 수 없는 것으로 결합되어 있는 것은 아니기에 누구도 세례 없이는 중생도 구원도 없다고 말한다든지 세례를 받은 사람은 의심 없이 다 중생된 자라고 말할 수 없다(롬 4:11, 행 2:2, 4, 22, 31, 45, 47, 8:13, 23).

6. 세례의 효력은 세례가 거행되는 시간에만 국한된 것이 아니다(요 3:5, 8). 그럼에도 불구하고 이 예식의 올바른 사용으로 말미암아 약속된 은혜가 제공되는 것만이 아니라 성령에 의하여 하나님께서 정해 놓으신 때에, 하나님 자신의 뜻하신바 계획에 따라서 (어른이나 유아에게) 실제로 나타나고 부여된다(갈 3:27, 딛 3:5, 엡 5:25-26, 행 2:38, 41).

7. 세례는 어떤 사람에게든지 한 번만 베풀어진다(딛 3:5).

제29장 주의 만찬(성찬)에 관하여

1. 우리 주 예수께서 잡히시던 날 밤 그의 몸과 피에 관한 성례를 정하셨으니 이를 성찬이라 하며 그의 교회에서 세상 끝 날까지 지키게 하셨다. 이 성찬은 그의 죽으심 안에서 자신의 희생을 영구히 기념케 하시기 위함이며 참 신자들에게 그의 희생이 주는 모든 은혜들을 보증하기 위함이다. 그리고 그 안에서 그들의 영적인 발육과 성장을 위하며, 그에게 그들이 마땅히 해야 할 모든 의무들을 더욱 더 수행하기 위함이며, 그와 더불어 갖는 교통과 그의 신비한 몸의 지체들로서 그들 상호간에 갖는 교통의 매는 줄과

보증이 되게 하시기 위함이었다(고전 11:23-26, 10:16-17, 21, 12:13).

2. 이 성찬에서 그리스도는 그의 아버지께 실제적으로 바쳐지거나 산 자나 죽은 자의 죄 사함을 위하여 희생 제물이 되시는 것이 아니다(히 9:22, 25-26, 28). 그러나 이 성찬은 십자가상에서 단번에 스스로 자신을 드린 그리스도의 희생을 기념하는 것에 지나지 않으며 하나님께 모든 가능한 찬미를 영적으로 드릴 수 있는 봉헌에 불과한 것이다. 그러므로 이른바 교황주의적 미사의 제사는 피택자들의 모든 죄를 위한 유일한 화목제물이신 그리스도의 유일한 제사에 가장 가증스럽게 손상을 가하는 것이다(히 7:23-24, 27, 10:11-12, 14, 18).

3. 이 예식에서 주 예수는 그의 사역자들을 세우셔서 백성들에게 그 예식에 관한 교훈을 선언하게 하셨으며 기도하고 떡과 잔을 축복하라고 하셨다. 그리고 그것들을 일반적 사용에서 거룩히 구별하여 사용하도록 하셨으며, 떡을 취하여 떼서 나눠주고 잔을 취하여 수찬자들에게 나눠주게 하셨다. 그러나 그 예식이 집전되는 시간에 참여하지 못한 자에게는 나눠주지 않는다(행 20:7, 고전 11:20).

4. 개인적 미사나 사제에 의해서 혹은 기타 다른 사람에게서 이 성찬을 혼자 받는 것이나(고전 10:16), 잔을 일반 회중들에게 돌리지 않는 것이나(막 14:23, 고전 11:25-29), 그 요소들을 숭상하며 숭배하고자 높이 들거나 혹은 가지고 돌아다니거나, 혹은 겉치레만의 종교적 용도를 위한 것이 있다고 한다면 성찬은 그 예식의 본질에서만 아니라 그리스도의 교훈하심에 정면으로 위배되는 것이다(마 15:9).

5. 이 성찬의 외적 요소들은 그리스도에 의해서 정당하게 구별된 것이니 그의 십자가 죽음과 깊이 연계된 것이다. 그 관계는 참되나 오직 상징적인 것에 지나지 않는다. 그 요소들은 때로 그것들이 나타내고 있는 것들의 이름으로 불려진다. 즉 그리스도의 몸과 피로 부른다(마 16:26-28). 그렇

270

다고 해도 그것들은 실제와 본질에 있어서는 전과 조금도 다름이 없이 떡과 포도주로만 남아 있을 뿐이다(고전 11:26-28, 마 26:29).

6. 사제의 감사의 기도와 또는 다른 방식을 통해서 떡과 포도주의 실체가 그리스도의 몸과 피의 실체로 바뀐다고 하는 교리는(화체설) 성경에 모순될 뿐 아니라 일반 상식에도 모순된다. 또한 이 교리는 성찬을 뒤엎는 것이며 여러 가지 미신을 불러 일으켰고 조잡한 우상 숭배를 불러일으키고 있다(행 3:21, 고전 11:24-26, 눅 24:6, 39).

7. 합당한 수찬자들은 이 성례의 보이는 요소를 외형적으로 참여하지만(고전 11:23), 실제로 믿음으로 말미암아 내면적으로 받는 것이다. 그러나 물질적으로나 신체적으로 받는 것이 아니라 영적으로 십자가에 못 박히신 그리스도와 그의 죽음에서 오는 모든 은혜를 받으며 또한 먹는 것이다. 그러나 성찬을 받는 그 때에 그리스도의 몸과 피가 실제 떡과 포도주 안에 함께 또는 그 밑에 물질적으로나 신체적으로 있는 것이 아니다. 그렇지만 그 보이는 요소들을 그 예전에 참여하는 신자들이 그들의 외적 감각에 의해 알아보는 것처럼 실제로 그러나 영적으로 신자들의 신앙에 나타난다(고전 10:16).

8. 비록 무지하고 사악한 자가 이 성례의 요소들을 받는다고 할지라도 그들은 그 요소가 의미하는 바의 것을 받는 것은 아니다. 그러나 그들이 합당하지 못하게 그 예식에 참여함으로 말미암아 그리스도의 몸과 피를 범하는 죄를 지어 그들 자신들의 영원한 저주에 나아가게 된다. 그러므로 무지하고 불경건한 사람들은 그리스도와 더불어 교통함이 맞지 않는 것이기 때문에 주의 만찬 석상에 앉는 것은 합당하지 않는 것이다. 그리고 그 자리에 앉아 있는 동안 그리스도를 대적하는 큰 죄를 범함이 없을지라도 이 신성한 신비들을 취한다든지(고전 11:27-29, 고후 6:14-16) 허락되어지는 것은(고전 5:6, 7, 13, 살후 3:6, 14-15, 마 7:6) 결코 허용할 수 없는 일이다.

제30장 교회의 권징에 관하여

1. 교회의 왕이며 머리이신 주 예수께서 교회 직임자들의 손에 하나의 정 치를 임명하였으니 이는 시민정치와는 구별되는 것이다(사 9:6-7, 딤전 5:17, 살전 5:12, 행 20:17-18, 히 13:7, 17, 24, 고전 12:28, 마 28:18-20).

2. 천국의 열쇠가 맡겨진 이들 직임자들은 그 효력으로 말미암아 죄를 보 류하거나 용서하기도 한다. 말씀과 권징을 사용함으로 회개치 않는 자 들에게 천국을 닫게 하고, 복음 사역으로 말미암아, 때로는 권징을 해제 해 줌으로 말미암아 참회하는 자들에게는 천국이 열리게 한다(마 16:19, 18:17-18, 요 20:21-23, 고후 2:6-8).

3. 교회 권징은 범죄하는 형제들을 바로잡고 다시 얻고자 함이며, 동일한 죄 악으로부터 다른 이들을 보호하기 위함이다. 그리고 온 덩어리에 퍼져 부패하게 할 누룩을 제거함이며, 그리스도의 명예와 복음의 거룩한 고백 을 옹호하기 위함이며, 만일 악명 높고 완악한 범죄자들에 의해서 하나님 의 언약과 그 언약의 인침을 훼손하게 되면 교회에 임할 하나님의 진노를 막기 위함이다(고전 5장, 딤전 5:20, 마 7:6, 딤전 1:20, 고전 11:27-34, 유 23).

4. 이러한 목적들을 효과적으로 달성하기 위하여 교회 직임자들은 당사자 의 범죄와 과실의 성격에 따라서 권계, 일시적인 수찬정지, 그리고 교회 에서의 출교를 부과할 수 있다(살전 5:12, 살후 3:6, 14-15, 고전 5:4-5, 13, 마 18:17, 딛 3:10).

제31장 대회와 협의회에 관하여

1. 교회의 보다 나은 정치와 건덕을 위하여 통상적으로 말하는 대회와 협의

회와 같은 회의들이 있어야 한다(행 15:2, 4, 6).

2. 위정자들이 목사들과 이에 준하는 자들로 구성된 회의를 소집하여 종교 문제를 상의하고 충고하는 일을 하는 것은 합법적이다. 이와 마찬가지로 위정자가 교회에 대하여 공적인 적대 행위를 할 때에는 그리스도의 사역 자들은 스스로 가지고 있는 직무에 따라서 그들의 교회에서 파견된 다른 적합한 사람들과 더불어 그 같은 회의를 소집할 수 있다(행 15:2, 4, 22-23, 25).

** 이 부분도 30장 1항과 모순된다고 하여 1788년 미국 장로회총회가 개 정한 고백서 내용은 다음과 같다 '---개 교회들의 감독들과 여타의 지도 자들에게는 파괴가 아니라 건덕을 위해서 그리스도가 그들에게 부여해 준 직분과 권세로 말미암아 이 같은 회의들을 만들고 교회의 유익을 위해 필요하다고 판단 되는대로 자주 서로 회합할 수 있도록 하는 권한이 있 다.'

3. 대회와 협의회는 목회적으로 신앙에 관한 논쟁들과 양심의 문제들을 판 단하거나 또는 더 좋은 순서로 하나님을 예배하는 규범들과 지침들을 정 하는 것과 교회의 정치 문제를 다룬다. 잘못된 행정에 대한 고소를 접수 하고 동일한 사건을 권위 있게 판단할 권한을 가진다. 결정된 명령이나 결의사항들은 하나님의 말씀에 일치한다면 그 결정 사항들이 말씀에 일 치하는 것만이 아니라 그것들이 제정된 회의들에 주어진 권세 때문에 하 나님께서 자기의 말씀으로 정하신 하나님의 규례로 알고 경외심과 복종 하는 마음을 가지고 받아들여져야 한다(행 15:15, 19, 24, 27-31, 16:4, 마 18:17-20).

4. 사도 시대 이후 모든 대회나 협의회는 전체적이든 개별적인 모임이든 오류를 범할 수 있으며 실지로 많은 모임에서 잘못을 저질렀다. 그러므 로 그들은 신앙이나 생활실제의 규범을 만드는 모임이 될 수 없으며 신

앙과 실제 생활면에서 도움이 되는 것으로 사용이 될 뿐이다(엡 2:20, 행 17:11, 고전 2:5, 고후 1:24).

5. 대회와 협의회는 교회에 관한 것 외에는 아무 것도 다루거나 결의할 수 없다. 국가와 관련이 있는 시민적인 일들은 특별한 경우에 있어서 겸손한 청원 방식으로, 또는 위정자의 요청이 있는 경우 양심껏 충고하는 방식을 취하는 경우가 아닌 한 간섭할 수 없다(눅 12:13-14, 요 18:36).

제32장 죽음 이후 인간의 상태와 죽은 자의 부활에 관하여

1. 사람의 육체는 사후에 흙으로 돌아가 썩게 된다(창 3:19, 행 13:36). 그러나 죽지도 않고 잠자지도 않는 그들의 영혼은 죽지 않는 본질을 가지고 있어서 그것을 주신 하나님께 즉시 돌아간다(눅 23:43, 전 12:7). 의인의 영혼은 죽는 순간에 거룩함으로 완전하게 만들어져서 지극히 높은 천국에 들어가 거기서 빛과 영광 가운데 하나님의 얼굴을 뵈며 몸의 완전한 구속을 기다린다(히 12:23, 고후 5:1, 6, 8, 빌 1:23, 행 3:21, 엡 4:10). 악인들의 영혼들은 지옥에 던져져 거기서 고통과 전적으로 어둠 가운데 거하며 마지막 심판의 큰 날까지 갇혀 있다(눅 16:23-24, 행 1:25, 유 6-7, 벧전 3:19). 이처럼 영혼과 육체가 분리되어 가는 이 두 장소 외에 성경은 다른 아무 곳도 인정하지 않는다.

2. 마지막 날에 살아남아 있는 자들은 죽지 않고 변화될 것이다(살전 4:17, 고전 15:51-52). 그리고 모든 죽은 자들은 전과 같은 몸으로 다시 살아날 것이다. 그러나 그 부활한 몸은 질적인 면에서는 전과 같지 않으며 그 몸은 그 영혼과 영원히 결합될 것이다(욥 19:26-27, 고전 15:42-44).

3. 불의한 자들의 몸은 그리스도의 능력으로 말미암아 살아나서 굴욕을 당케 될 것이나 의인의 몸은 그의 영으로 말미암아 영광에 이르게 될 것이

다. 그리고 그리스도 자신의 영화로운 몸을 닮게 될 것이다(행 24:15, 요 5:28-29, 고전 15:43, 빌 3:21).

제33장 최후의 심판에 관하여

1. 하나님께서는 예수 그리스도로 말미암아 세상을 의로 심판하실 날을 정하셨다(행 17:31). 예수 그리스도는 성부 하나님으로부터 모든 심판하는 권세를 받으셨다(요 5:22, 27). 그 날에 타락한 천사들이 심판을 받을 뿐 아니라(고전 6:3, 유 6, 벧후 2:4) 이 땅에서 살던 모든 사람들이 그리스도의 심판대 앞에 서서 자신들의 생각과 말과 행동의 전말을 밝히고 그들이 선악 간에 몸으로 행한 것에 따라 보응을 받게 될 것이다(고후 5:10, 전 12:14, 롬 2:16, 14:10, 12, 마 12:36-37).

2. 이 날을 하나님이 정하신 목적은 택함 받은 자들을 영원히 구원하여 그의 자비와 영광을 나타내며 사악하고 불순종하는 버림받은 자들을 정죄하여 그의 공의의 영광을 나타내기 위함이다. 그 때에 의인은 영원한 생명에 이르게 되며 주 앞으로부터 오는 충만한 기쁨과 유쾌함에 이르나 하나님을 알지 못하고 주 예수 그리스도의 복음에 순종하지 않는 악한 자들은 영원한 고통가운데 던져져 주 앞으로부터 그리고 그의 능력의 영광으로부터 오는 영원한 파멸의 벌을 받게 될 것이다(마 25:31-46, 롬 2:5-6, 9:22-23, 마 25:21, 행 3:19, 살후 1:7-10).

3. 그리스도께서는 장차 심판 날이 있을 것임을 우리에게 확실하게 확신시키고자 하셨던 것은 모든 사람들이 죄를 멀리하고 경건한 사람들이 역경 가운데서 큰 위로를 받게 하시기 위함이었다(벧후 3:11, 14, 고후 5:10-11, 살후 1:5-7, 눅 21:27-28, 롬 8:23-25).마찬가지로 그 날을 사람들에게 숨겨두심으로써 사람들이 모든 육욕적인 안전감을 떨쳐버리고 항상 깨어 있게 하시기 위함이다. 왜냐하면 언제 주님께서 다시 올지 알지 못하기

때문에 그리고 주 예수여 오시옵소서 속히 오시옵소서 아멘 하고 말할 수 있도록 준비하게 하기 위함이다(마 24:36, 42-44, 막 13:35-37, 눅 12:35-36, 계 22:20).

웨스트민스터 대요리문답

서창원 목사 번역

제1문 사람의 제일 되는 최고의 목적이 무엇입니까?

답: 사람의 제일 되는 최고의 목적은 하나님을 영화롭게 하는 것과 그를 영원토록 온전히 즐거워하는 일입니다.

제2문 하나님이 계시다는 것이 어떻게 나타나 있습니까?

답: 하나님이 계시다는 것은 사람에게 있는 본성(本性)의 빛과 하나님이 하신 일들에 명백히 나타나 있습니다. 그러나 사람들의 구원을 위하여 충분하고 유효하게 하나님이 계심을 사람들에게 계시할 수 있는 것은 하나님의 말씀과 성령뿐입니다.

제3문 하나님의 말씀은 무엇입니까?

답: 신구약 성경이 하나님의 말씀이요 신앙과 행위의 유일한 규범입니다.

제4문 성경이 하나님의 말씀이라는 사실이 어떻게 나타납니까?

답: 성경 자체가 하나님의 말씀임을 분명히 보여줍니다. 성경의 존엄성과 순수성, 성경의 모든 부분들이 서로 일치하는 것, 성경의 범위 전체가 다 하나님께 영광을 돌리고 있고, 죄인들을 확신케 하여 회심케 하고, 위로하며 세워서 구원에 이르게 하는 성경의 빛과 능력이 성경이 바로 하나님의 말씀임을 스스로 증언하는 증거들입니다. 그러나 성경과 더불어

277

사람의 마음속에서 증거 하시는 하나님의 영만이 성경이 하나님의 말씀임을 온전히 설득시킬 수 있습니다.

제5문 성경이 주로 가르치는 것은 무엇입니까?

답: 성경이 주로 가르치는 것은 사람이 하나님께 대하여 무엇을 믿어야 하는 것과 하나님께서 사람에게 요구하시는 의무가 무엇인지를 가르칩니다.

사람이 하나님께 대하여 마땅히 무엇을 믿어야 하는가에 대하여

제6문 성경이 하나님을 어떻게 알려주고 있습니까?

답: 성경은 하나님이 어떤 분이신지, 하나님의 신격(神格)안에 계신 위격(位格)들이 무엇인지, 하나님의 작정(作定)들은 무엇이며 그 작정들이 어떻게 시행되는지를 알려주십니다.

제7문 하나님은 어떤 분입니까?

답: 하나님은 영(靈)입니다. 하나님은 그 존재와 영광, 복되심과 완전함에 있어서 무한하신 분입니다. 하나님은 자충족(自充足)하며 영원하시고 불변하시며 불가해하시며 어디든지 계시고, 전능하시며, 전지하시며, 가장 지혜로우시며, 가장 거룩하시며, 가장 공의로우시며, 가장 자비로우시고 가장 은혜로우시며 가장 오래참으시며 선하심과 진실하심이 풍성하신 분입니다.

제8문 하나님 한 분 외에 다른 신들이 있습니까?

답: 살아계시고 참되신 하나님은 오직 한 분뿐입니다.

제9문 신격에는 위격이 몇이나 있습니까?

답: 신격에는 삼위가 계시니 성부, 성자, 성령입니다. 이 삼위는 홀로 참되고 영원하신 하나님이시며, 본질적으로 하나이시며, 영광과 권능이 동일하신 분입니다. 그러나 삼위의 위격적 특성들에 의해서 서로 구별되십니다.

제10문 하나님의 신격 안에 있는 삼위의 위격적(位格的) 특성들은 무엇입니까?

답: 성부가 성자를 나으심은 성부에게 고유한 것이며, 성자가 성부로부터 나으심 받는 것은 성자에게 고유한 것이며, 성령이 성부와 성자에게서 영원으로부터 나오심은 성령에게 고유한 것입니다.

제11문 성자와 성령이 성부 하나님과 동등한 하나님이심이 어떻게 나타나십니까?

답: 성경은 오직 하나님께 속한 고유한 이름들과 속성들 및 사역들과 예배를 성자와 성령에게도 동일하게 돌림으로써 성자와 성령이 성부와 동등하신 하나님이심을 나타냅니다.

제12문 하나님의 작정이란 무엇입니까?

답: 하나님의 작정은 하나님의 뜻의 경륜에 따른 지혜롭고 자유하며 거룩한 행위를 말합니다. 이 작정하심에 의하여 하나님은 자기 자신의 영광을 위하여 시간 안에서 일어나는 모든 일들, 특히 천사들과 인간들과 관련된 모든 일들을 영원부터 불변하게 미리 정하신 것을 말합니다.

제13문 천사와 사람에 대하여 하나님께서 특별히 작정하신 것은 무엇입니까?

답: 하나님께서는 때가 되면 드러나게 되는 영원하고 불변하는 작정에 의하여, 그의 순전한 사랑으로부터, 그리고 자기 자신의 영광스러운 은혜를 찬양케 하기 위하여, 일부 천사들을 영광으로 선택하셨습니다. 그리고 그리스도 안에서 일부 사람들을 영생으로 선택하셨으며, 영생에 이르는 방편도 선택하셨습니다. 뿐만 아니라 하나님의 주권적인 권능과 그 자신의 뜻의 측량할 수 없는 경륜에 따라서(이에 의하여 하나님은 자신이 기뻐하시는 대로 은총을 주시기도 하시고 거두시기도 하십니다) 그 남은 사람들은 치욕과 분노에 떨어지도록 간과하셨으며 예정하셨습니다. 이들은 자신들의 죄로 인하여 고통을 받게 됩니다. 하나님의 공의의 영광을 찬미하도록 이 모든 것을 작정하신 것입니다.

제14문 하나님은 자신의 작정들을 어떻게 이루어가십니까?

답: 하나님은 자신의 작정들을 창조와 섭리의 사역들 안에서 이루어가시되 오류가 전혀 없는 자신의 예지와 자신의 뜻의 자유롭고 변하지 않는 경륜에 따라서 이루어가십니다.

제15문 창조의 일은 무엇입니까?

답: 창조의 일은 하나님이 태초에 자기 자신을 위하여 그 권능의 말씀으로써 엿새 동안에 무(無)로부터 세상과 그 속에 있는 만물을 지으신 것인데 그 모든 것은 보시기에 좋은 것들이었습니다.

제16문 하나님은 천사들을 어떻게 창조하셨습니까?

답: 하나님께서 모든 천사들을 영(靈)들이요 불멸하며, 거룩하며, 지식이 탁월하며, 능력이 강대한 자들로 만드셨습니다. 하나님의 계명을 수행할 수 있고 하나님의 이름을 찬송할 수 있는 존재로 지었지만 변할 수도 있는 존재들입니다.

제17문 하나님께서 사람은 어떻게 창조하셨습니까?

답: 모든 피조물들을 다 만드신 후에 하나님께서 사람을 남자와 여자로 창조하셨습니다. 하나님은 남자의 몸은 땅의 흙으로 만드셨으며 남자의 갈빗대로 여자를 지으셨습니다.

그들에게 살아있고, 이성적이고, 죽지 않는 영혼을 주셨습니다. 하나님은 그들을 자신의 형상을 따라 지식과 의와 거룩을 가진 자로 지으시고, 하나님의 법을 그들의 마음속에 새겨 주셨으며, 그 법을 행할 능력과 피조물들을 다스리는 권세를 주셨습니다. 그러나 하나님은 인간을 타락할 수도 있는 자로 지으셨습니다.

제18문 하나님의 섭리하시는 일은 무엇입니까?

답: 하나님의 섭리하시는 일은 그가 모든 피조물을 가장 거룩하고 지혜롭고 능력 있게 보존하시고 통치하시는 것이며, 이 피조물들과 그들의 모든

행위들을 자기의 영광을 드러내도록 정돈해 가시는 일입니다.

제19문 천사들을 향한 하나님의 섭리하심은 무엇입니까?

답: 하나님은 그의 섭리를 통하여 어떤 천사들을 의도적으로 돌이킬 수 없는 죄악과 저주 속에 빠지는 것을 허용하셨습니다. 그러나 하나님은 하나님 자신에게 영광이 돌아갈 수 있도록 그들의 모든 죄를 제재(制裁)하고 정돈하셨습니다. 한편 하나님은 나머지 천사들은 거룩과 행복 가운데 세우셔서 그 기뻐하신 뜻대로 자신의 권능과 자비와 공의를 실행하는 일을 수종들게 하셨습니다.

제20문 창조된 상태에 있는 인간을 향한 하나님의 섭리하심은 무엇이었습니까?

답: 창조된 상태에 있는 사람을 향한 하나님의 섭리하심은 그를 낙원에 두시고 그로 하여금 낙원을 가꾸도록 임명해 주시고, 땅의 과실을 먹는 자유를 주셨습니다. 사람으로 만물을 다스리게 하셨고 그를 돕기 위하여 결혼을 제정하여 주셨습니다. 하나님과 교통하게 하셨으며 안식일을 제정하여 주셨고, 인격적이고, 온전하고, 영속적인 순종을 조건으로 하여 그와 함께 생명의 언약으로 들어가게 하셨습니다. 생명나무는 그 생명의 언약의 보증이었습니다. 선악을 알게 하는 나무의 열매를 먹는 것을 사망의 고통으로 금지하셨습니다.

제21문 인간은 처음 지음 받은 상태를 그대로 보존하였습니까?

답: 우리의 첫 부모는 자유의지를 가진 상태에서 사단의 시험을 받아 금지하신 열매를 먹음으로 하나님의 계명을 어겼습니다. 그로 인하여 죄 없이 지음 받은 원래의 상태에서 타락하게 되었습니다.

제22문 그 첫 범죄 안에서 모든 인류가 다 타락하였습니까?

답: 공적(公的) 대표성을 지닌 아담과 맺은 그 언약은 아담만을 위한 것이 아니라 그의 후손들을 위한 것이기도 했습니다. 통상적인 출생을 통하여 나온 모든 인류는 아담이 처음으로 범죄 했을 때 그 안에서 죄를 범했고 그

와 함께 타락했습니다.

제23문 그 타락이 인간에게 어떤 상태로 떨어지게 했습니까?

답: 그 타락은 인류로 하여금 죄와 비참의 상태에 이르게 하였습니다.

제24문 죄는 무엇입니까?

답: 죄는 하나님이 이성적 피조물에게 법칙으로 주신 율법에 순종함에 부족한 것이거나 그 율법을 하나라도 어기는 것입니다.

제25문 인간이 타락한 상태의 죄성(罪性)이 구성하고 있는 것은 무엇입니까?

답: 인간이 타락한 상태의 죄성은 아담의 첫 범죄의 죄책(罪責)과 그가 창조함 받았을 때 가지고 있었던 의(義)를 상실한 것과 그의 본성의 부패로 구성됩니다. 그로 인하여 인간은 영적으로 선한 모든 것을 철저하게 싫어하게 되고 그것을 행할 능력이 없으며 도리어 그것에 대적하게 되었습니다. 그리고 전적으로, 지속적으로 온갖 악으로 기울어졌습니다. 보통 원죄(原罪)라 일컫는 이것으로부터 실질적인 모든 허물들이 나옵니다.

제26문 원죄가 우리의 첫 부모로부터 후손들에게 어떻게 이어집니까?

답: 원죄는 우리 첫 부모로부터 그 후손들에게 자연적 출생에 의하여 전해집니다. 자연적 출생을 통하여 그들로부터 나온 모든 사람들은 죄 가운데 잉태되어 죄 가운데 출생됩니다.

제27문 그 타락이 인류에게 가져온 비참함은 무엇입니까?

답: 그 타락은 인류에게 하나님과의 교제의 상실과 하나님의 노여움과 저주를 가져 왔습니다. 그리하여 우리는 본질상 진노의 자녀가 되었고 사탄에게 매인 종들이 되었으며, 따라서 이 세상과 내세의 모든 형벌을 받아 마땅하게 되었습니다.

제28문 이 세상에서 죄의 형벌은 무엇입니까?

답: 이 세상에서 받는 죄의 형벌은 내적으로는 마음의 굳어짐과 타락한 지각과 강한 미혹과 마음의 고집 및 양심의 공포와 더러운 감정이며, 외적으로는 우리 때문에 만물이 하나님의 저주를 받게 된 것과 우리들의 몸과 이름과 지위와 관계 및 직업 등에 부과된 온갖 다른 악들이며 여기에 사망 그 자체도 포함된 것입니다.

제29문 내세에서 받게 될 죄의 형벌은 무엇입니까?

답: 내세에서 받게 될 죄의 형벌은 하나님의 위로하시는 임재로부터 영원히 분리되는 것이며, 지옥 불에 들어가 영원토록 숨 돌릴 겨를도 없이 영과 몸에 가장 극심한 고통을 받는 것입니다.

제30문 하나님께서 모든 인류를 죄와 비참한 지위에서 멸망당하게 버려두셨습니까?

답: 하나님은 흔히 행위 언약(行爲 言約)이라고 하는 첫 언약을 어김으로써 타락하게 된 죄와 비참함의 상태 안에서 인류가 다 멸망하도록 내버려 두지 않으십니다. 하나님은 그의 순전한 사랑과 자비를 가지고 택하신 자들을 그 처지로부터 건지셔서 일반적으로 은혜 언약(恩惠 言約)이라 부르는 둘째 언약에 의하여 구원의 상태에 이르게 하십니다.

제31문 은혜 언약은 누구와 맺은 것입니까?

답: 은혜 언약은 둘째 아담이신 그리스도와 맺으시고, 또 그 안에서 그의 후손인 모든 택하신 자들과 맺으셨습니다.

제32문 둘째 언약 안에 하나님의 은혜가 어떻게 나타납니까?

답: 둘째 언약에 나타난 하나님의 은혜는 그 안에서 죄인들에게 중보자와 그에 의한 생명과 구원을 값없이 예비하시고 제공하십니다. 하나님은 죄인들이 중보자와 관계를 맺는 조건으로서 믿음을 요구하시고, 그의 모든 택함을 받은 자들에게 성령을 약속하시고 부어 주십니다. 이 성령

은 다른 모든 구원하시는 은혜와 더불어 죄인들 안에서 믿음을 일으키시고 그들의 믿음과 하나님께 드리는 감사가 참된 것이라는 증거로서, 그리고 구원에 이르도록 정하신 방편으로써 그들로 하여금 모든 거룩한 순종에 나아가게 하십니다.

제33문 은혜 언약은 언제나 같은 방식으로 실행됩니까?

답: 은혜 언약은 언제나 같은 방식으로 실행된 것이 아닙니다. 구약시대에서 은혜 언약의 실행은 신약시대에서의 실행과는 달랐습니다.

제34문 구약에서는 은혜 언약이 어떻게 실행되었습니까?

답: 구약에서 은혜 언약은 약속, 예언, 제사, 할례, 유월절과 기타 예표(豫表)들과 규례(規例)들로 실행되었습니다. 이 모든 실행수단들은 모두 장차 오실 그리스도를 예시하였고, 그 당시에는 택함을 받은 자들로 하여금 약속된 메시야를 믿는 믿음을 가지게 하기에 충분했습니다. 그들도 이 메시야로 말미암아 완전한 죄 사함을 받고 영원한 구원도 받게 되었습니다.

제35문 신약에서 은혜 언약은 어떻게 실행되고 있습니까?

답: 실체이신 그리스도가 나타나신 신약에서는 동일한 이 은혜 언약이 말씀 선포행위와 세례와 성찬의 성례들을 통하여 실행되었고 지금도 실행되고 있습니다. 이 방편들 안에서 은혜와 구원이 보다 더 충만하고, 명료하고, 효력 있게 만방에 드러나게 됩니다.

제36문 은혜 언약의 중보자는 누구입니까?

답: 은혜 언약의 유일한 중보자는 주 예수 그리스도입니다. 그는 하나님의 영원하신 아들로서 성부 하나님과 동일한 실체이시며 동등한 분입니다. 그는 때가 차매 사람이 되셨으나 전에도 그러했고 지금도 전적으로 구분된 속성들 안에서 그러나 영원히 한 위격이신 분으로 하나님이요 동시에 사람이십니다.

제37문 하나님의 아들이신 그리스도께서 어떻게 사람이 되셨습니까?

답: 하나님의 아들이신 그리스도는 참된 몸과 지각 있는 영혼을 자신의 것으로 취하심으로써 사람이 되셨습니다. 그는 성령의 권능으로 동정녀 마리아의 자궁에 잉태되어, 그 여자의 실체를 입으시고 그 여자에게서 나셨으나 죄는 없으신 분입니다.

제38문 그 중보가가 왜 하나님이셔야만 했습니까?

답: 그 중보자가 하나님이셔야만 하는 이유는 그의 인성이 하나님의 무한한 진노와 사망의 권세로부터 침몰되지 않고 유지하시고 지키시게 하기 위함이며, 그의 고난과 순종과 중보하심에 가치와 효력을 주시기 위함입니다. 그리고 하나님의 공의를 만족시키시고 하나님의 은총을 획득하시게 하기 위함입니다. 한 특별한 백성을 사시고 그들에게 자기의 영을 주시며, 그들의 모든 적들을 정복하시고, 그들을 영원한 구원에 이르게 하시기 위함입니다.

제39문 그 중보자가 왜 사람이 되셔야만 했습니까?

답: 그 중보자가 사람이 되셔야만 하는 이유는 우리의 속성을 향상시키시고, 율법에 순종하시고, 우리의 속성으로 우리를 위하여 고난을 받으시고, 중보하시며 우리의 연약함을 친히 체휼하시기 위함입니다. 그리하여 우리가 하나님의 양자로 입양이 되고 위로를 받고 담대히 은혜의 보좌로 나아가게 하시기 위함입니다.

제40문 그 중보자가 왜 한 위격 안에서 하나님과 동시에 사람이 되셔야만 했습니까?

답: 하나님과 사람을 화목케 하신 그 중보자는 그 자신이 한 인격 안에서 하나님이신 동시에 사람이셔야 했습니다. 이로써 각 본성의 적합한 사역이 우리를 위하여 하나님께 받아지게 하기 위함이며 그의 전인(全人)사역으로서 우리도 의지하게 하기 위함입니다.

제41문 우리의 중보자를 예수라 하신 이유는 무엇입니까?

답: 우리의 중보자를 예수라 하신 이유는 그가 자기 백성을 저희 죄에서 구원하시기 때문입니다.

제42문 우리의 중보자를 그리스도라 하신 이유는 무엇입니까?

답: 우리의 중보자를 그리스도라고 하신 이유는 그가 한량없이 성령으로 기름 부으심을 받았기 때문입니다. 그래서 성별되시고 모든 권세와 능력을 충만히 받으시어, 자신의 낮아지심과 높아지심의 상태에서 그의 교회의 선지자, 제사장, 왕의 직분을 행하게 하시기 위함입니다.

제43문 그리스도께서 선지자 직임을 어떻게 수행하십니까?

답: 그리스도께서는 모든 시대의 그의 교회에게 그의 영과 말씀으로 계시하심으로 수행하십니다. 건덕과 구원에 관련된 모든 일에 있어서 하나님의 온전하신 뜻을 다양한 실행방식으로 선지자 직임을 수행하십니다.

제44문 그리스도께서 제사장 직임을 어떻게 수행하십니까?

답: 그리스도께서는 단번에 흠 없는 제물로 자기를 하나님께 드려 자기 백성의 죄를 위한 화목제물이 되게 하시고 저희를 위하여 계속하여 중보하심으로써 제사장의 직분을 수행하십니다.

제45문 그리스도께서 왕의 직임을 어떻게 수행하십니까?

답: 그리스도께서 한 백성을 세상으로부터 자기에게 불러내시고, 그들에게 직임자들과 율법들과 권징을 주심과 그것들을 가지고 그들을 가시적으로 다스리십니다. 그는 그의 택하신 자들에게 구원 얻는 은혜를 주시고, 그들의 순종에 상을 주시며, 그들의 죄악을 바르게 교정하며, 그들의 모든 시험과 고난 중에서 그들을 보존하시고 붙들어 주십니다. 그는 그들의 모든 원수들을 제어하고 정복하시며, 자기 자신의 영광과 자기 백성의 유익을 위하여 모든 것들을 강력하게 배치하십니다. 그는 하나님을 모르고 복음에 순종하지 않는 나머지 백성들에게는 원수를 갚으심으로

왕의 직임을 수행하십니다.

제46문 그리스도의 낮아지심의 상태는 무엇이었습니까?

답: 그리스도의 낮아지심의 상태는 그가 아주 낮은 자리에 처하신 것을 뜻
합니다. 이 낮아지심의 자리는 그가 우리를 위하여 자기의 영광을 비우
시고, 종의 형체를 취하신 것인데 성령으로 잉태되고, 동정녀 마리아에
게 나시고, 사시며 십자가에 못 박혀 죽으시고, 부활하실 때까지 처하신
상태를 의미합니다.

제47문 그리스도께서 잉태되고 나셨을 때 어떻게 자신을 낮추셨습니까?

답: 그리스도께서 잉태되고 나셨을 때 자기를 낮추셨는데 영원부터 아버지
품속에 있는 하나님의 아들이심으로부터 나오시고, 때가 되었을 때 인
간의 아들이 되시기를 기뻐하셨으며 비천한 신분의 여자에게 잉태되어
태어나셨으며 통상적인 낮아지심보다 더한 여러 상황에 함께 하심으로
낮추셨습니다.

제48문 그리스도께서 그의 공생애 가운데 어떻게 자신을 낮추셨습니까?

답: 그리스도께서 자신의 공생애에서 자기를 낮추셨는데 자신을 율법에 복
종하시고 완전히 성취하심으로 낮추셨습니다. 또 그는 인간 본성이 일
반적으로 경험하는 것들과 특별히 그의 낮아지심으로 말미암아 수반되
는 모든 세상의 모욕과 사단의 시험과 육신의 연약함을 감당하심으로
낮추셨습니다.

제49문 그리스도께서 그의 죽음에서 어떻게 자신을 낮추셨습니까?

답: 그리스도께서 가룟 유다에게 배반을 당하셨고 그의 제자들에게 버림받
으심으로 자신을 낮추셨습니다. 세상의 조롱과 배척을 받으셨고, 빌라
도에게 정죄를 받으셨으며, 핍박자들에게 고문을 당하셨으며, 죽음의
공포와 흑암의 권세와 싸우셨으며, 하나님의 진노의 무게를 느끼셨고
견디심으로 자신을 낮추셨습니다. 자기 생명을 속죄 제물로 내어주셨고

고통스럽고 수치스럽고 십자가의 저주받은 죽음을 당하심으로 자신을 낮추셨습니다.

제50문 그의 죽으심 후에 그리스도의 낮아지심은 무엇으로 구성되었습니까?

답: 그의 죽으심 후에 그리스도의 낮아지심은 그가 장사지냄을 받으시고 계속적으로 죽음의 상태에 머물렀으며 삼일 째 되는 날까지 사망의 권세 아래에 놓인 것입니다. 이를 달리 표현한다면 그가 지옥으로 내려가신 것입니다.

제51문 그리스도의 높아지심의 상태는 무엇이었습니까?

답: 그리스도의 높아지심의 상태는 그의 부활과 승천, 아버지의 우편에 좌정하심과 세상을 심판하시기 위하여 다시 오심입니다.

제52문 그리스도께서는 그의 부활하심에서 어떻게 높아지셨습니까?

답: 그리스도께서 죽음 안에서 썩음을 보지 않으셨고(그가 사망에 매여 있는 것은 있을 수 없는 일이다), 고난당하셨던 바로 그 몸과 그 몸의 본질적 속성들(소멸됨이나 현세의 삶에 속한 다른 공통된 연약한 속성들을 전혀 가짐이 없이)을 가지시고 그의 영과 실질적으로 연합하셨습니다. 그는 자기 자신의 권능으로 사흘 만에 죽은 자 가운데서 다시 살아나셨습니다. 그의 다시 사심으로 말미암아 자신을 하나님의 아들이심을 선언하시고 하나님의 공의를 만족시키신 것과 죽음과 죽음의 권세를 가진 자를 정복하셨고, 산 자와 죽은 자의 주가 되신 것을 선포하셨습니다. 그는 자기 교회의 머리이신 공인으로서 자기 백성들의 의롭다 함을 위하여 그 모든 것들을 다 행하셨으며, 은혜로 살리시고, 원수들에 대항하여 지원하시며, 마지막 날에 죽은 자 가운데서 다시 살리실 것을 그들에게 확신시키심으로 높아지셨습니다.

제53문 그리스도께서 그의 승천에서는 어떻게 높아지셨습니까?

답: 그리스도께서 그의 승천에서 높아지셨음은 그가 부활하신 후 그의 사도

들에게 자주 나타나 담화하셨으며, 부활 후 사십 일 동안 그들에게 하나님의 나라에 속한 것들을 말씀하셨고 만민에게 복음 전하는 사명을 주셨습니다. 그는 우리의 본성을 가지고 우리의 머리로서 원수를 이기셨으며, 눈에 보이는 가운데 가장 높은 하늘로 올리어 가셨습니다. 거기서 사람들을 위하여 선물들을 받으셨으며 우리로 그곳을 사모하게 하시고, 우리를 위해 있을 곳을 예비하셨습니다. 그곳은 그리스도께서 지금 계시는 곳이요, 세상 끝 날에 재림하실 때까지 계실 곳입니다.

제54문 그리스도께서 하나님 우편에 좌정하심으로 어떻게 높아지셨습니까?

답: 그리스도께서 하나님 우편에 좌정하심으로 그는 신인(神人)으로서 성부 하나님의 가장 높으신 은총에까지 높임을 받으셨으며, 충만한 기쁨과 영광과 천지 만물을 다스리는 권세를 부여 받으셨습니다. 그리스도는 그의 교회를 모으시고 옹호하시며, 교회의 원수들을 정복하시며, 자신의 사역자들과 백성에게 은사들과 은혜들을 주시며, 그들을 위하여 중보하심으로 높아지셨습니다.

제55문 그리스도께서 어떻게 중보하십니까?

답: 그리스도께서 우리를 위하여 중보 하시는 방법은 우리의 본성을 입으시고, 지상에서 순종하시고 희생하신 공적을 가지고 하늘에 계신 성부 앞에 나타나십니다. 그리스도는 하나님 앞에서 모든 신자들에게 자기의 공로를 적용시키려는 자기의 뜻을 선언하십니다. 그리스도는 하나님 앞에서 신자들에 대한 모든 고발에 답변하시며, 신자들이 날마다 실수함에도 불구하고 그들에게 양심의 평안을 주시며, 은혜의 보좌에 담대히 나갈 수 있게 하시며, 그들 자신과 그들의 봉사가 하나님께 받아들여질 수 있게 하십니다.

제56문 세상을 심판하시기 위해 다시 오실 그리스도는 어떻게 높임을 받으십니까?

답: 악한 자들에 의해서 부당하게 심판을 받으시고 정죄 당하셨던 그리스도는 세상을 심판하시려고 다시 오심으로 높임을 받으십니다. 큰 능력 가

운데 마지막 날에 그의 다시 오심은 그 자신과 성부의 영광을 온전히 드러내실 것이며, 그의 모든 거룩한 천사들과 함께 큰 외침과 천사장의 음성과 하나님의 나팔소리와 함께 의로움 가운데 세상을 심판하심으로 높임을 받으십니다.

제57문 그리스도의 중보로 말미암아 얻게 된 복락들은 무엇입니까?

답: 그리스도의 중보로 말미암아 은혜 언약의 다른 모든 복들과 함께 구속의 복락을 획득하였습니다.

제58문 그리스도께서 획득하신 복락들을 우리가 어떻게 참여할 수 있습니까?

답: 그리스도께서 획득하신 복락들이 성령 하나님의 특별하신 사역으로서 우리 안에 효력 있는 것이 되게 하실 때 참여하게 됩니다.

제59문 그리스도를 통한 구속에는 누가 참여하게 됩니까?

답: 구속은 그리스도께서 값 주고 사신 자들 모두에게 필연적으로 효력적으로 수여됩니다. 이들은 때가 되면 성령으로 말미암아 복음 안에 계시된 그리스도를 믿을 수 있게 됩니다.

제60문 한 번도 복음을 들어보지 못하여 예수 그리스도를 알지도 못하고 믿지도 못하는 자들은 자신들의 본성의 빛을 따라 살아감으로 말미암아 구원을 받을 수 있습니까?

답: 복음을 한 번도 들어본 적이 없고 예수 그리스도를 알지도 못하며 믿지 않는 자들은 자신들의 본성의 빛을 따라 그들의 도덕적인 삶이 얼마나 고상하든지 또는 몇몇 다른 종교들의 규율들을 순종하려고 얼마나 애를 쓰든지 상관없이 구원을 받을 수 없습니다. 구원은 그의 몸인 교회의 유일하신 구세주이신 그리스도를 통해서만 주어집니다.

제61문 복음을 듣고 교회에 나가는 사람은 누구든지 다 구원을 받습니까?

답: 복음을 듣고 유형교회를 다니는 사람들이 다 구원을 받는 것이 아니니

다. 구원받은자는 무형 교회의 참된 회원들입니다.

제62문 유형교회란 무엇입니까?

답: 유형교회란 전 세계의 모든 시대와 장소에서 참 종교를 고백하는 모든 사람과 그들의 자녀들로 구성된 공동체입니다.

제63문 유형교회의 특별한 특권들은 무엇입니까?

답: 하나님의 특별한 돌봄과 다스림을 받는 존재로 가지는 특권인데 교회의 원수들의 모든 적대행위에도 불구하고 전 시대를 통털어 보호와 보전함을 받는 것입니다. 유형 교회는 성도들의 교제와 일반적인 구원의 수단들을 제공합니다. 복음 사역 안에 있는 모든 회원들에게 그리스도를 통한 하나님의 은혜가 주어지며, 그리스도를 믿는 자들은 누구든지 구원을 받으며, 그리스도에게 나오기를 원하는 자는 누구도 제외되지 않는다고 증언합니다.

제64문 무형교회란 무엇입니까?

답: 무형교회는 머리이신 그리스도 안으로 다 모였고 모이게 되는 택함을 받은 모든 자들로 구성되는 모임을 말합니다.

제65문 그리스도로 말미암아 무형교회가 누리는 특별한 혜택들은 무엇입니까?

답: 그리스도로 말미암아 누리게 되는 무형교회의 회원들은 은혜와 영광 가운데 그리스도와 함께 하는 연합과 교통입니다.

제66문 택함 받은 자가 그리스도와 함께 하는 연합이란 무엇입니까?

답: 택함 받은 자가 그리스도와 함께 하는 연합이란 하나님의 은혜의 역사입니다. 그로 인하여 그들은 자신들의 머리요 남편이신 그리스도와 영적으로 신비적으로 그러나 실제적으로 분리될 수 없도록 결합되는 것을 말합니다. 이것은 효과적인 소명에서 달성됩니다.

제67문 효과적인 부르심이란 무엇입니까?

답: 효과적인 부르심이란 전능하신 하나님의 능력과 은혜의 역사로서 (그의 택함을 받은 자들에게 베푸시는 하나님의 특별한 사랑으로부터, 그러나 이것은 그들 자신들에게 하나님의 사랑이 부어질만한 매력 있는 것은 전혀 없는 것입니다) 그리스도를 영접하는 시간에 그리스도께서 그의 말씀과 성령으로 그들을 초청하여 자신에게로 이끄시는 것을 말합니다. 하나님은 그들의 마음에 구원의 빛을 비추어 주시며, 그들의 의지를 새롭게 하시고 강력하게 결단하게 하십니다. 그리하여 그들은 (비록 그들 자신은 죄 가운데 죽은 자이지만) 하나님의 부르심에 자원하는 마음과 자유로운 마음으로 응답할 수 있게 되고 그 부르심 안에 제공되고 전달되는 은혜를 받아들일 수 있게 하는 것입니다.

제68문 오로지 택함을 받은 자들만이 효과적인 부르심을 받습니까?

답: 모든 택함을 받은 그들만이 효과적인 부르심을 받습니다. 물론 다른 자들도 부름을 받게 되고 실제로 종종 외적으로 말씀의 사역으로 말미암아 부름을 받고 성령의 통상적인 역사하심도 가지게 되지만 그들에게 제공되는 은혜를 고의로 등한히 하고 경멸하므로 불신앙가운데 처함을 받아 결코 진심으로 그리스도에게로 나아오지 않게 됩니다.

제69문 무형교회 회원들이 은혜 안에서 그리스도와 함께 가지는 교통함은 무엇입니까?

답: 무형교회 회원들이 은혜 안에서 그리스도와 함께 가지는 교통함은 그들의 칭의, 양자, 성화 등 이 세상에서 그들이 가지는 것이 무엇이든지 그리스도와의 연합에서 명백하게 드러나는 그리스도의 중보의 덕목에 참예하는 것입니다.

제70문 칭의란 무엇입니까?

답: 칭의란 하나님께서 죄인들에게 값없이 베푸시는 은혜로서 그들의 모든 죄악들을 용서하시고 받으시어 하나님 앞에서 그들을 의로운 자들로 간

주하는 것입니다. 이것은 죄인들 안에 의롭다 함을 받을만한 무엇이 있다거나 그들이 행한 일들로 인하여 말미암는 것이 아니라 그리스도의 완전한 순종과 충만한 성화로 말미암아 하나님께서 그들에게 의롭다 함을 전가시키는 것이요 오직 믿음으로만 받는 것입니다.

제71문 칭의가 어떻게 하나님의 값없이 베푸시는 은혜의 행위입니까?

답: 그리스도가 친히 순종하시고 죽으심으로써 의롭다 하심을 받은 자들을 위하여 하나님의 공의(公義)를 적절하게, 실제로, 충만하게 만족시키셨을지라도 사실은 하나님께서는 그들에게 요구하신 하나의 보증으로부터 이 만족시키심을 받아들이셨습니다. 그리고 하나님은 이 보증이신 자기 자신의 독생자를 준비하셨으며 그의 의를 그들에게 전가하신 것입니다. 그리하여 하나님은 그들의 칭의를 위하여 믿음 외에는 아무것도 요구하지 않으십니다. 그 믿음은 하나님이 주신 선물이며, 이들의 칭의는 값없는 은혜로서 그들에게 주어지는 것입니다.

제72문 의롭다 함을 받는 믿음은 무엇입니까?

답: 의롭다 함을 받는 믿음은 하나님의 영과 말씀으로 말미암아 죄인의 마음속에 작용하는 구원하는 은혜입니다. 이에 의하여 죄인은 믿음을 통하여 자신의 죄와 비참함을 확신케 되며, 버려진 자신의 상태로부터 자신을 회복시키는 능력이 자기 자신이나 어떤 다른 모든 피조물 안에 없다는 사실을 확신케 하는 것입니다. 그는 복음의 약속이 진리임을 승인할 뿐 아니라, 그리스도와 그의 의를 받아들이며, 구원을 위하여 그것을 의지함으로써 죄 사함을 받고, 하나님 앞에서 받아들여지고 의로운 자로 인정되는 것입니다.

제73문 어떻게 믿음이 죄인을 하나님 앞에서 의롭다 함을 받게 됩니까?

답: 믿음이 죄인을 하나님 앞에서 의롭다 함을 받게 됨은 언제나 믿음에 수반되는 다른 은총들 때문이라거나 그 열매인 선행 때문도 아니요, 믿음의 은총 또는 그 열매로 인하여 칭의가 전가되는 것이 아닙니다. 믿음은

그리스도와 그의 의를 받아들이며 적용하는 도구로서 의롭다 함을 받게 하는 것입니다.

제74문 양자(養子)삼음이란 무엇입니까?

답: 양자삼음은 하나님의 독생자 예수 그리스도 안에서 그리고 그를 위하여 하나님께서 값없이 주시는 은혜의 행위입니다. 이로 인하여 의롭다 함을 받는 모든 사람들이 하나님의 자녀의 수효 안에 받아들여지며, 그의 이름을 옷 입게 하며, 그의 아들의 영을 받는 것입니다. 이 양자 된 자는 아버지의 보호와 다스림을 받으며, 하나님의 아들들이 누리는 온갖 자유와 특권을 받을 뿐만 아니라, 모든 약속들의 상속자가 되고 영광 중에 그리스도와 더불어 공동 상속자가 되는 것입니다.

제75문 성화란 무엇입니까?

답: 성화는 하나님의 은혜의 행위로서 창세전에 택하여 하나님의 거룩하게 하심을 입은 자들은 사는 동안 성령의 강력한 역사를 통하여 그리스도의 죽음과 부활의 적용을 받아 하나님의 형상을 좇아 온 사람이 새롭게 되고 생명에 이르는 회개의 씨와 다른 모든 구원 얻는 은혜들을 그들의 마음속에 심어지는 것입니다. 이 은혜들은 점점 더 죄에 대하여 죽고 생명의 새롭게 하심으로 나아가게 됨으로써 자극받으며 증폭되고 강화되는 것입니다.

제76문 생명에 이르는 회개란 무엇입니까?

답: 생명에 이르는 회개란 하나님의 성령과 말씀에 의해서 죄인의 마음속에 작동되는 구원받는 은혜입니다. 이로 인하여 시각적으로나 감각적으로 위험한 것만이 아니라 자신의 죄의 더러움과 추악함을 인정하는 것입니다. 통회(痛悔)하는 자에게 그리스도 안에서 베푸시는 하나님의 긍휼하심을 입어서 자기 자신의 죄를 인하여 탄식하고 미워하며, 모든 죄에서 떠나 하나님께 돌아오되 새로운 태도로 모든 일에 순종하면서 하나님과 함께 동행함을 목표로 삼고 부단히 노력하는 것입니다.

제77문 칭의와 성화는 어느 점에서 서로 다른 것입니까?

답: 칭의와 성화는 나누어질 수 없을 만큼 긴밀하게 결합되어 있지만 그 둘은 다릅니다. 의는 그리스도의 의가 전가(轉嫁)되는 것이며 성화는 그의 영이 은혜를 주입하여 그 의를 실행하게 하는 것입니다. 칭의에서는 죄가 용서되고, 성화에서는 죄가 억제됩니다. 칭의는 모든 신자들을 복수하시는 하나님의 진노로부터 동등하게 자유하게 하시고, 이 세상에서 온전케 하여 결코 정죄를 받지 않게 합니다. 그러나 성화는 모든 신자에게 동등한 정도로 나타나지 않으며, 현세 안에서 완전하지 않고 다만 완전을 향하여 자라가는 것입니다.

제78문 신자 안에서 성화의 불완전함이 어찌하여 발생합니까?

답: 신자 안에서 성화의 불완전함은 신자들의 모든 삶의 영역에 남아 있는 죄들로부터 발생합니다. 그리고 영을 거스리는 육신의 끊임 없는 정욕으로부터 나옵니다. 그로 인하여 종종 유혹에 빠져 여러 가지 죄를 범하게 됨으로 그들의 영적 섬김에 방해를 받게 됩니다. 그들의 최상의 일들도 온전하지 못하며 하나님 보시기에 더러운 것들입니다.

제79문 불완전한 것들로 인해 참 신자가 아닐지, 또는 그들이 겪는 많은 유혹들과 죄악들로 인하여 은혜의 상태에서 떨어지지는 일은 없습니까?

답: 참된 신자들은 하나님의 불변하는 사랑 때문에 그리고 그들을 지키시고 보호하신다는 하나님의 작정과 언약 때문에 그리스도와의 분리될 수 없는 그들의 연합, 그들을 위한 그리스도의 지속적인 중보, 그리고 그들 안에 거하는 하나님의 영과 씨로 인하여 전적으로나 최종적으로 은혜의 상태로부터 떨어질 수 없으며, 하나님의 능력에 의해서 믿음으로 말미암아 구원에 이르도록 보호함을 받습니다.

제80문 참 신자들은 은혜의 상태에 있다는 확신과 그 확신은 구원에 이르기까지 견인될 것임을 오류 없이 확신할 수 있습니까?

답: 그리스도를 참으로 믿고 그 앞에서 모든 선한 양심으로 행하고자 노력

하는 자들은 비상한 계시 없이도 하나님의 약속들의 진리에 근거한 믿음으로 말미암아, 그리고 성령에 의하여 자기 자신들 안에서 생명의 약속을 말하고 있는 은혜를 분별해 낼 수 있게 됩니다. 그들은 또한 그들의 영들과 함께 그들 자신들이 하나님의 자녀임을 증거하며, 자신들이 은혜의 상태에 있음과 또한 구원에 이르기까지 그 은혜 안에서 견인될 수 있음을 오류 없이 확신할 수 있습니다.

제81문 모든 참 신자들은 자신들이 은혜의 상태에 있으며 장차 구원받게 될 것을 언제나 확신합니까?

답: 은혜와 구원의 확신은 본래 믿음의 본질적인 요소가 아닙니다. 참 신자들은 그 확신을 얻기까지 오랜 시간이 걸릴 수 있습니다. 확신을 굳게 가지고 있다가도 여러 불안함, 죄악들과 유혹들 및 유기로 인하여 약해 질 수 있으며 중단될 수 있습니다. 그러나 이들에게는 하나님의 영이 함께 하시고 이들을 붙드시므로 이들은 결단코 완전한 절망에 빠질 수 없게 됩니다.

제82문 무형교회 회원들이 영광 가운데서 그리스도와 함께 하는 교통함은 무엇입니까?

답: 무형교회 회원들이 영광 가운데서 그리스도와 함께 하는 교통함은 이 세상에서 그리고 죽는 즉시 발생하며 부활과 심판의 날에 완전하게 되는 것입니다.

제83문 무형교회 회원들이 이 세상에서 영광 가운데 그리스도와 함께 하는 교통함은 무엇입니까?

답: 무형 교회 회원들은 머리이신 그리스도의 몸의 지체들로서 세상에서 그리스도와 함께 영광의 첫 열매들을 누리게 됩니다. 그로 인해 이들은 그리스도 안에서 그리스도가 충만하게 소유하고 있는 그 영광에 관심을 가집니다. 이들은 그 영광의 보증으로서 하나님의 사랑에 대한 인식, 양심의 평안, 성령 안에서의 즐거움, 영광의 소망을 누립니다. 반면에, 하

나님의 복수하시는 진노에 대한 인식, 양심의 공포, 심판에 대한 두려운 기대 등은 악인들에게 임하게 되는데 이것은 그들이 죽음 이후에 받을 고통의 시작입니다.

제84문 모든 사람이 다 죽습니까?

답: 죄의 삯으로서 위협적인 존재인 한번 죽는 죽음은 모든 사람에게 정한 이치입니다. 왜냐하면 모든 사람이 다 죄를 범하였기 때문입니다.

제85문 죄의 삯이 사망이라면 그리스도 안에서 모든 죄가 용서를 받은 의인들은 왜 사망으로부터 건짐을 받지 못합니까?

답: 의인은 마지막 날에 사망 그 자체로부터 건짐을 받게 됩니다. 심지어 죽음에서도 사망의 쏘는 것과 저주로부터 건짐을 받게 됩니다. 그리하여 비록 그들도 죽지만 하나님의 사랑으로부터 죄와 비참함으로부터 그들을 완전히 해방시키시고 그들이 들어갈 곳에서 영광 가운데 그리스도와 함께 하는 교통을 더 깊이 가질 수 있게 됩니다.

제86문 무형교회 회원들이 죽은 직후에 그리스도와 함께 하는 영광의 교통함은 무엇입니까?

답: 무형 교회 회원들이 죽은 직후에 그리스도와 함께 하는 영광의 교통함은 그들의 영혼이 그때 완전히 거룩하게 되어 가장 높은 하늘로 받아들여지는 것입니다. 그곳에서 빛과 영광중에 하나님의 얼굴을 바라보면서, 그들의 몸의 완전한 구속을 기다리게 됩니다. 이 완전한 구속은 죽은 때에도 그리스도와의 연합된 상태로 있어 마치 잠자리에서 잠자듯 무덤에서 쉬고있다가 마지막 날에 그들의 영혼과 다시 연합하게 됩니다. 악인의 영혼들은 죽을 때 지옥에 던져지고, 거기서 고통과 완전한 흑암 중에 머물러 있는 한편 그들의 몸은 마치 감옥에 갇히듯 무덤에 보존되어 있다가 부활과 심판의 큰 날을 맞이하게 됩니다.

제87문 부활에 대해서 우리가 믿어야 할 것은 무엇입니까?

답: 우리가 믿어야 할 것은 마지막 날에 일반적인 의인과 악인의 부활이 있게 될 것과, 그 당시에 살아 있는 자들은 순식간에 변화하게 될 것이며, 무덤에 묻혀있던 죽은 자들의 동일한 몸들은 그들의 영혼들과 영원히 결합되어 그리스도의 능력에 의하여 다시 살아나게 될 것입니다. 의인들의 몸은 그리스도의 영에 의하여, 그리고 그들의 머리이신 그리스도의 부활의 효능으로 그의 영광스러운 몸과 같이 튼튼하고 신령하고 썩어지지 아니하는 몸으로 부활할 것입니다. 악인들의 몸은 대적하는 심판자이신 그리스도에 의하여 수치스러움 가운데 다시 살아날 것을 믿습니다.

제88문 부활 직후에 수반되는 것은 무엇입니까?

답: 부활 직후에 일반적으로 천사들과 사람들의 최후의 심판이 수반될 것입니다. 그 날과 그 시는 아무도 모르지만 모든 사람들은 깨어있어 기도해야 하며 그리스도의 다시 오심을 맞이할 준비를 항상 하고 있어야 합니다.

제89문 심판 날에 악인들은 무슨 일을 당하게 됩니까?

답: 심판 날에 악인들은 그리스도의 왼편에 서게 될 것이며, 명백한 증거를 가지고 그리고 그들의 양심의 온전한 확증으로 그들은 무시무시한 공정한 정죄를 받게 될 것이며, 하나님의 은혜로우신 임재하심으로부터 쫓겨나게 될 것입니다. 그리고 그리스도와 그의 성도들 및 그의 모든 거룩한 천사들과 함께 하는 영광스러운 교제로부터 쫓겨나 지옥으로 떨어질 것이요 사단과 그의 졸개들과 함께 영과 육에 대한 말로 다할 수 없는 형벌을 받게 될 것입니다.

제90문 심판 날에 의인들은 무슨 일을 당하게 됩니까?

답: 심판 날에 의인들은 구름가운데 계신 그리스도에게로 끌어올림을 받아 그 우편에 좌정하게 되고 거기서 공적으로 인정받고 무죄 선고를 받게 될 것입니다. 이들은 그리스도와 함께 버림받은 천사들과 사람들을 심

판하는 일에 참여하고 하늘로 영접될 것입니다. 거기서 이들은 완전히 그리고 영원무궁토록 모든 죄와 비참에서 해방되게 될 것이며, 도저히 상상할 수 없는 기쁨으로 충만하게 될 것이며, 몸과 영혼이 완전히 거룩하고 행복하게 되어 아무도 능히 셀 수 없이 많은 성도들과 거룩한 천사들의 무리 안에 있게 될 것입니다. 이들은 특히 영원토록 아버지 하나님과 우리 주 예수 그리스도와 성령을 직접 눈으로 보고 즐거워할 것입니다. 이것이 무형 교회 회원들이 부활과 심판 날에 영광 중에 그리스도와 함께 누릴 완전하고 충만한 교통입니다.

성경이 하나님께 대하여 우리가 믿어야 할 것이 무엇인지
가르치는 것을 살펴보았으니
이제는 성경이 요구하는 사람의 의무가 무엇인지를 살펴볼 것입니다.

제91문 하나님께서 사람에게 요구하시는 의무는 무엇입니까?

답: 하나님께서 사람에게 요구하시는 의무는 계시하여 주신 뜻에 순종하는 것입니다.

제92문 하나님께서 사람에게 순종의 규범으로서 처음 계시하여주신 것이 무엇입니까?

답: 무죄한 상태에 있는 아담과 그리고 아담 안에 있는 모든 인류에게 계시하신 순종의 규범은 선악을 알게 하는 나무의 열매를 따 먹지 말라는 계명 외에 도덕법입니다.

제93문 도덕법이란 무엇입니까?

답: 도덕법은 인류에게 선포된 하나님의 뜻입니다. 사람들 하나하나가 개인적으로, 완전히, 영구히 이 법을 준수하고 순종하도록 지도하고 강제하신 것입니다. 이 법에의 순종은 전인 곧 영혼과 몸의 구조와 성향 안에서 이루어지는 것입니다. 도덕법을 지킨다는 것은 사람이 하나님과 사람에게 마땅히 수행해야 하는 거룩하고 의로운 모든 의무들을 행하는 것입

니다. 도덕법을 지키는 자에게는 생명이 약속되고 도덕법을 어기는 자에게는 사망의 위협이 따르게 됩니다.

제94문 타락 이후에도 도덕법의 활용도가 있습니까?

답: 타락한 후에는 도덕법에 의해서 의와 생명을 얻는 자는 한 사람도 없지만 도덕법은 활용도를 엄청 많이 가지고 있습니다. 일반적으로 모든 사람에게 필요합니다. 좀 더 구체적으로 말하면 중생한 자와 중생하지 못한 자 모두에게 도덕법은 필요합니다.

제95문 모든 사람에게 도덕법의 활용도는 무엇입니까?

답: 도덕법은 모든 사람에게 유용한 것입니다. 도덕법은 하나님의 거룩한 성품과 뜻을 사람들에게 알려 주며, 이 법에 따라서 행하여야 할 의무들을 알게 하여 줍니다. 도덕법은 모든 사람들에게 그 법을 지킬 능력이 없다는 점과 이들의 본성, 마음, 생활이 죄로 오염되어 있음을 확신시켜 줍니다. 도덕법은 모든 사람들의 죄와 비참을 깨닫게 하여 이들을 겸비하게 합니다. 이처럼 도덕법은 모든 사람들이 그리스도와 그의 완전한 순종을 한층 더 필요로 하고 있음을 보다 분명하게 볼 수 있도록 도와줍니다.

제96문 중생하지 못한 자들에게 도덕법의 특별한 활용도는 무엇입니까?

답: 중생하지 못한 자들에게도 도덕법이 여전히 필요합니다. 도덕법은 그들의 양심을 일깨워 장차 임할 진노를 피하게 하며 그들을 그리스도께로 인도합니다. 도덕법은 이들이 죄의 상태와 길에 계속 머물러 있는 경우에는 그들로 하여금 핑계할 수 없게 하고 죄의 저주 아래 있게 하는 것입니다.

제97문 도덕법은 중생한 자들에게는 어떤 활용도가 있습니까?

답: 중생하여 그리스도를 믿는 자들은 행위 언약으로서의 도덕법에서는 해방되었으므로, 도덕법으로써 의롭다 하심을 받거나 정죄를 받는 일은 없습니다. 그러나 도덕법이 모든 사람에게 공통된 일반적인 활용도 외

에 중생한 자들에게만 특별히 유용한 점은 이 법을 친히 성취하시고, 그들을 대신하여 그리고 그들의 유익을 위하여 도덕법의 저주를 참으신 그리스도와 그들이 얼마나 밀접한 관계가 있는가를 보여주어 그들로 하여금 더욱 감사하게 하고 이 감사를 표현하려고 도덕법을 순종의 규범으로서 더욱 조심하여 따르게 하는 특별한 활용도가 있습니다.

제98문 도덕법이 어디에 요약되어 포함되어 있습니까?

답: 도덕법은 십계명(十誡命)에 요약되어 있습니다. 이 십계명은 시내산 위에서 하나님의 음성으로 전달되고, 하나님이 두 돌 판에 친히 써 주신 것으로서, 출애굽기 20장에 기록되어 있습니다. 첫 네 계명은 하나님께 대한 우리의 의무와 나머지 여섯 계명은 사람에 대한 우리의 의무가 포함되어 있습니다.

제99문 십계명에 대한 올바른 이해를 위하여 준수해야할 규범들은 무엇입니까?

답: 십계명을 바르게 이해하기 위해서는 다음의 규범들을 준수해야 합니다.

1. 율법은 완전하며, 모든 사람이 전인(全人)으로서 율법의 의에 완전히 부응하고 영원히 온전히 순종해야 할 의무를 지닙니다. 모든 사람은 모든 의무를 철두철미하게 끝까지 완수하여야 하며, 무슨 죄를 막론하고 극히 작은 죄라도 금해야 합니다.

2. 율법은 영적인 것이며, 따라서 이해와 의지와 감정과 기타 영혼의 모든 능력들뿐만 아니라 말과 행실과 몸짓에까지 적용됩니다.

3. 여러 가지 면에서 같은 계명이 다양한 계명들 안에서 금해지기도 하고 지키라고 요구합니다.

4. 해야 할 의무를 명한 곳에서는 의무에 반하는 죄를 금지하며 죄가 금지되고 있는 곳에서는 죄에 대항하는 의무를 명령하고 있습니다. 같은 원리에 따라서 약속이 부가된 곳에서는 그와 반대되는 위협이 포함되어 있고, 위협이 부가된 곳에서는 대항하는 약속이 포함되어 있습니다.

5. 하나님께서 금하신 것은 어느 때에도 해서는 안 되며, 그가 명하신 것

은 언제나 우리의 의무이지만 모든 특수한 의무가 항상 실천되어야 하는 것은 아닙니다.

6. 한 가지 죄 또는 의무 밑에서 동일한 종류는 전부 금했거나 명령되었습니다. 이 금령 안에는 죄 또는 의무의 원인, 수단, 기회, 모양과 이에 이르는 자극들이 모두 포함되어 있습니다.

7. 우리는 우리가 처해 있는 장소에서 우리들 자신에게 금했거나 명령된 일들을 피하거나 실행하도록 힘써야하며, 이러한 모범으로 다른 사람들도 그들이 처해 있는 장소에 부과된 의무에 따라서 그 일들을 피하거나 실천할 의무가 있습니다.

8. 우리는 다른 사람들이 자신들에게 명령된 일들을 수행할 때 우리가 처한 곳과 소명에 따라서 그들을 도와야 할 의무가 있으며, 다른 사람들이 자신들에게 금지된 일을 피할 때도 그들과 함께 그 피하는 행동에 동참해야 합니다.

제100문 십계명에서 우리가 특별히 고려해야 할 것이 무엇입니까?

답: 우리는 십계명에서 서문과 그 계명들의 내용들과, 계명들을 더욱더 강화하기 위하여 그중 어떤 것들에 부가된 몇 가지 이유들을 특별히 유의해야합니다.

제101문 십계명의 서문은 무엇입니까?

답: 십계명의 서문은 다음의 말씀에 포함된 것입니다: "나는 너를 애굽 땅 종되었던 집에서 인도하여 낸 너희 하나님 여호와니라!" 여기에서 하나님은 자신을 영원하고, 불변하시고, 전능하신 여호와로서 자신의 주권을 나타내셨습니다. 하나님은 자신의 존재를 자신 안에 스스로 소유하고 계시며, 자신의 모든 말씀과 하시는 일에 존재를 부여하십니다. 하나님은 옛 이스라엘과 맺은 언약 안에 그리고 그의 모든 백성과 맺은 언약 안에 계십니다. 자기 백성 이스라엘을 애굽의 속박으로부터 구해내신 것과 같이 하나님은 우리를 영적 노예의 신분에서 구해내십니다. 그러므로 우리는 여호와 하나님만을 우리의 하나님으로 삼고, 그의 모든 계

명을 지켜야만 합니다.

제102문 하나님에 대한 우리의 의무를 담고 있는 첫 네 계명의 대 강령은 무엇입니까?

답: 하나님에 대한 우리의 의무를 담고 있는 첫 네 계명의 대 강령은 우리 마음을 다하고 목숨을 다하고 힘을 다하고 뜻을 다하여 주 우리 하나님을 사랑하는 것입니다.

제103문 제 일 계명은 무엇입니까?

답: 제 일 계명은 "나 외에는 다른 신들을 네게 있게 말지니라" 입니다.

제104문 제 일 계명이 요구하는 의무는 무엇입니까?

답: 제 일 계명에서 요구되는 의무는 하나님이 유일하신 참 하나님이시며, 우리의 하나님이심을 알고 인정하며, 그에 합당한 예배와 영광을 돌리는 것입니다. 그것은 곧 하나님을 생각하고, 묵상하고, 기억하고, 높이고, 존경하고, 경배하고, 선택하고, 사랑하고, 갈망하고, 경외함으로써 이뤄집니다. 또한 그를 믿고 그를 의지하고, 바라고, 기뻐하고, 즐거워하며 그를 위하여 열심을 내고 그를 부르고 모든 찬송과 감사를 드리고, 전인(全人)으로 그에게 순종하고 복종하며, 그를 기쁘시게 하기 위하여 범사에 조심하고, 무슨 일에든지 그를 노엽게 하면 슬퍼하며, 그리고 그와 겸손히 동행하는 것입니다.

제105문 제 일 계명이 금한 죄들은 무엇입니까?

답: 제 일 계명이 금한 죄들은 하나님을 부인하거나 모시지 않는 무신론, 유일하신 하나님 외에 다른 신들이나, 참 하나님과 함께, 또는 참 하나님 대신에 다른 신을 모시거나 예배하는 우상숭배. 하나님을 하나님으로, 또한 우리의 하나님으로 모시지 않고 인정하지 않는 것과 이 계명이 요구하는 하나님께 당연히 드릴 어떤 것을 생략하거나 태만히 하는 것입니다. 또 하나님에 대하여 무지하고, 하나님을 잊어버리고, 오해하고, 하

나님에 대하여 그릇된 의견을 가지며, 하나님을 무가치하고, 악하게 그를 생각하는 것. 하나님의 비밀을 감히 호기심으로 파고들려 하는 것과 모든 신성모독과 하나님을 미워하는 것, 자기를 사랑하고, 이기주의로 살고, 우리의 지, 정, 의를 아주 무절제하고 과도한 것들에 집중하면서도 전적으로 또는 부분적으로 하나님께로부터 떠나가는 것입니다. 또 헛된 맹신, 불신앙, 이단, 그릇된 신앙, 불신, 절망, 고집, 심판 아래에서의 무감각, 돌같이 굳은 마음, 교만, 뻔뻔스러움, 육적인 안전감, 하나님을 시험하는 것. 불법적인 수단을 쓰는 것. 법적인 수단을 신뢰하는 것. 육적인 기쁨과 즐거움을 추구하는 것, 부패하고 맹목적이며 무분별한 열심입니다. 또 하나님의 것들 대하여 미지근하고 무감각한 것, 하나님에게서 멀어지는 것과 배교, 성도들이나 천사들 혹은 다른 어떤 피조물에게 기도하든지 종교적 예배 행위를 하는 것, 마귀와의 약속하고 의논하는 모든 일 그리고 그의 제안들에 귀를 기울이는 것입니다. 사람들을 우리의 신앙과 양심의 주(主)들로 삼는 것과 하나님과 그의 명령을 경시하고 경멸하는 것, 하나님의 영에 대적하고 하나님의 영을 슬프게 하는 것, 하나님의 경륜들에 대해 불만을 느끼고 참지 못하며, 하나님이 우리를 고통스럽게 하는 악한 것들을 허락하심에 하나님을 어리석다고 비난하는 것, 우리들이 선하며 우리가 가진 것을 칭송하거나 또는 할 수 있는 것을 행운으로, 우상으로, 우리들 자신들이나 어떤 다른 피조물에게 돌리는 것을 금하고 있습니다.

제106문 제 일 계명의 "나 외에는"(혹은 "내 앞에는") 이라는 말씀에서 우리가 특별히 교훈받는 것은 무엇입니까?

답: 제 일 계명의 '내 앞에서' 혹은 '내 면전에서' 라는 말씀이 우리에게 교훈하고 있는 것은 모든 것을 감찰하시는 하나님께서는 우리가 다른 신을 섬기는 것을 특별히 주목하시며 무척 불쾌하게 여기신다는 것이니 이 말씀은 그런 죄를 단념케 하고 그 행위가 매우 파렴치한 도발행위로 반발을 불러일으키는 것임을 교훈합니다. 그리고 우리가 주님을 섬기는 일이 무엇이든지 하나님 앞에서 하는 것이 되도록 설득하는 교훈입니다.

제107문 제 이 계명은 무엇입니까?

답: 제 이 계명은 "너를 위하여 새긴 우상을 만들지 말고 또 위로 하늘에 있는 것이나 아래로 땅에 있는 것이나 땅 아래 물속에 있는 것의 아무 형상이든지 만들지 말며 그것들에게 절하지 말며 그것들을 섬기지 말라 나여호와 너의 하나님은 질투하는 하나님인즉 나를 미워하는 자의 죄를 갚되 아비로부터 아들에게로 삼사 대까지 이르게 하거니와 나를 사랑하고 내 계명을 지키는 자에게는 수천 대까지 은혜를 베푸느라" 하신 것입니다.

제108문 제 이 계명이 요구하는 의무들은 무엇입니까?

답: 제 이 계명이 요구하는 의무들은 하나님께서 자신의 말씀가운데 제정하신 모든 종교적 예배와 규례를 받아 준수하고 순전하게 그리고 전적으로 지키는 것입니다. 특히 그리스도의 이름으로 드리는 기도와 감사, 말씀을 읽고 전하고 듣는 것, 성례들을 시행하고 받는 것입니다. 또 교회정치와 권징. 목회와 그것의 유지. 종교적 금식. 하나님의 이름으로 맹세하는 것과 그에게 서원하는 것. 모든 거짓된 예배를 부인하고 미워하며 반대하는 것, 각자의 직임과 소명에 따라 거짓된 예배와 모든 우상숭배의 기념물들을 제거하는 것입니다.

제109문 제 이 계명이 금지하고 있는 죄들은 무엇입니까?

답: 제 이 계명에서 금지하고 있는 죄들은 하나님께서 친히 제정하지 않으신어떤 종교적 예배를 고안하거나, 의논하고, 명령하고, 사용하고, 어떤 모양으로 승인하는 것들입니다. 하나님을 표현하는 어떤 것, 혹은 하나님의 삼위의 전부나 그중 어느 한 위라도 내적으로는 우리 마음속에서 그리고 외적으로는 어떤 피조물의 어떤 종류의 형상이나 모양으로 표현하는 것을 금합니다. 그리고 그러한 표현 혹은 그 표현 안에나 그 표현을 통해 드러낸 신(神)을 경배하는 모든 행위들과 거짓 신들의 표현 형태들을 만들고 그들을 예배하거나 그 표현 형태들에 속한 것을 섬기는 것을 금합니다. 우리 자신들이 발명해 놓고 받아 들였거나 고대의 명칭, 관습, 헌

305

신, 선한 의도, 혹은 어떤 다른 구실을 빌미로 하여 다른 사람들로부터 온 전통을 통하여 받아 들였거나 간에, 하나님에 대한 경배에 무언가를 첨가하거나 하나님이 제정하여 주신 것을 제거하여 하나님에 대한 경배를 부패시키는 모든 미신적인 고안물들, 성직매매, 신성모독, 하나님이 정하신 예배와 규례들을 무시하고 경멸하며 방해하고 대적하는 것입니다.

제110문 제 이 계명을 더 강조하기 위하여 어떠한 이유들을 첨가하고 있습니까?

답: 제 이 계명을 더 강조하고자 첨가된 이유들은 다음의 말씀 안에 담겨 있습니다: "나 여호와 너의 하나님은 질투하는 하나님인즉 나를 미워하는 자의 죄를 갚되 아비로부터 아들에게로 삼사 대까지 이르게 하거니와 나를 사랑하고 내 계명을 지키는 자에게는 수천 대까지 은혜를 베푸느니라!" 이 말씀은 우리를 주관하시는 하나님의 주권과 우리 안에 있는 예절, 또 자기 자신의 예배를 위한 하나님의 열렬한 열심 말고 모든 거짓된 예배를 영적 음행으로 여기고 보복하는 분노 때문입니다. 이 계명을 범하는 자들을 자기를 미워하는 자들로 간주하셔서 여러 대에 이르기까지 형벌하기로 위협하시며, 이 계명을 준수하는 자들에 대해서는 자기를 사랑하며 자기의 계명들을 지키는 자로 간주하셔서 수많은 세대에 이르기까지 긍휼을 베푸시기로 약속하신 것입니다.

제111문 제 삼 계명은 무엇입니까?

답: 제 삼 계명은 "너는 네 하나님 여호와의 이름을 망령되게 부르지 말라 여호와는 그의 이름을 망령되게 부르는 자를 죄 없다 하지 아니하리라" 하신 것입니다.

제112문 제 삼 계명이 요구하는 것은 무엇입니까?

답: 제 삼 계명이 요구하는 것은 하나님의 이름과 칭호들, 속성들, 규례들과 말씀과 성례와 기도, 맹세, 서약, 제비뽑기, 그의 일들, 그 외에 자신을 나타내는 것은 무엇이든지 거룩하게 하고 사고와 묵상과 말씀과 저술에서 경외하는 마음으로 사용되어야 하는 것입니다. 거룩한 고백과 책임

있는 담화로 말미암아 하나님의 영광과 우리 자신들과 다른 사람들의 유익을 위하여 하는 것입니다.

제113문 제 삼 계명이 금지하고 있는 죄들은 무엇입니까?

답: 제 삼 계명에서 금하고 있는 죄들은 하나님의 이름을 요구한대로 사용하지 않는 것과 무지한 가운데 남용하는 것, 헛되게 사용하고 불경스럽고 신성모독적인 사용함과 미신적으로 혹은 사악하게 언급하는 일입니다. 또는 모독적으로나 위증함으로 말미암아 하나님의 칭호들과 속성들과 예전들 및 사역들을 남용하는 것입니다. 모든 죄악된 저주와 서원, 맹세, 제비뽑기에 하나님의 이름을 사용하는 것입니다. 합법적인 맹세와 서원을 깨뜨리는 것과 불법적인 맹세와 서원을 이행하는 것입니다. 하나님의 작정과 섭리를 잘못 적용하는 것과 하나님의 말씀이나 그 말씀의 어느 부분을 잘못 해석하거나, 잘못 응용하거나 어떤 방식으로 곡해하여 신성모독적인 농담, 이상하고 무익한 질문, 헛된 말다툼하는 것과 혹은 거짓된 교리를 지지하거나 오용하는 것과 부적이나 죄악된 욕구와 관행을 위하여 말씀, 피조물, 혹은 하나님의 이름 아래 포함되어 있는 어떤 것을 남용하는 것입니다. 죄악된 정욕들과 실천에 사용하는 것과 하나님의 진리와 은혜 및 방법들을 훼방하고, 경멸하고, 욕하고, 어떤 방식으로든 반항하는 것. 외식 혹은 냉소적인 목적으로 신앙을 고백하는 것. 적합하지 못하고, 현명하지 못하며, 결실이 없이 하나님의 이름을 수치스럽게 사용하거나 부끄럽게 하는 것, 무례하게 행하거나 배반하는 길을 가는 것입니다.

제114문 제 삼 계명에 첨가된 이유들은 무엇입니까?

답: "여호와 너의 하나님"과 "나 여호와는 나의 이름을 망령되이 일컫는 자를 죄 없다 하지 아니하리라" 하신 이 말씀에 첨가된 이유들은 하나님은 주와 우리 하나님이기 때문에 그의 이름이 모독되어서는 아니되며 어떤 방식으로나 우리에 의해서 오용되어서는 아니 됩니다. 이 계명을 어긴 자들이 사람들의 책벌과 형벌은 피할 수 있어도 하나님은 이 계명을 어

긴 자들을 사면해 주시거나 구하여 주시지 않으십니다. 결코 그의 의로 우신 심판을 피해가도록 허용하시지 않으시기 때문입니다.

제115문 제 사 계명은 무엇입니까?

답: 제 사 계명은 "안식일을 기억하여 거룩하게 지키라, 엿새 동안은 힘써 네 모든 일을 행할 것이나, 일곱째 날은 네 하나님 여호와의 안식일인즉 너나 네 아들이나 네 딸이나 네 남종이나 네 여종이나 네 가축이나 네 문 안에 머무는 객이라도 아무 일도 하지 말라 이는 엿새 동안에 나 여호와 가 하늘과 땅과 바다와 그 가운데 모든 것을 만들고 일곱째 날에 쉬었음 이라 그러므로 나 여호와가 안식일을 복되게 하여 그 날을 거룩하게 하 였느니라" 입니다.

제116문 제 사 계명이 요구하는 것은 무엇입니까?

답: 제 사 계명이 요구하는 것은 모든 사람이 하나님이 자기의 말씀에 지정 하신 정한 시기들을 성결케 하거나 거룩히 지키기를 원하시는 것입니 다. 특히, 칠일 중에 하루를 온종일 성별하거나 거룩하게 지킬 것을 요구 합니다. 이 날은 창세로부터 그리스도의 부활까지는 일곱째 날이었고, 그 후부터는 매주 첫 날입니다. 이 날은 세상 끝 날까지 계속될 것이며 기독교의 안식일이요 신약 성경에서는 주의 날(주일, 主日)이라고 일컫 습니다.

제117문 안식일 또는 주일을 어떻게 거룩하게 합니까?

답: 이 날을 온 종일 안식함으로 거룩케 합니다. 늘 죄악 된 일들로부터 만 이 아니라 다른 날에 합법적으로 하는 세상의 일들이나 오락까지도 멈 춰야 하며 부득이한 일과 선한 사업에 쓰는 것을 제외하고는 그 시간을 전적으로 공적으로나 사적으로 하나님을 예배하는 일을 기쁨으로 여겨 서 시간 전제를 하나님께 드려야 합니다. 이 목적을 위하여 우리는 마음 을 준비하고 미리 절제 있게 세속적인 일들을 배열하고 처리하여 주일 의 의무들에 보다 자유롭게 적절하게 수행할 수 있게 되는 것입니다.

제118문 왜 안식일을 가장들이나 집안의 어른들에게 특별히 거룩하게 지키라고 명령합니까?

답: 안식일을 가장들이나 집안의 어른들에게 특별히 거룩하게 지키게 하는 것은 그들 자신들도 안식일을 지킬 의무가 있을 뿐 아니라 그들의 지도 하에 있는 사람들도 안식일을 반드시 지키게 해야 할 의무가 있기 때문입니다. 그들이 자신들의 일로 인해 식구들이 안식일을 지키지 못하게 방해하는 일들이 일어나기 때문입니다.

제119문 제 사 계명이 금하고 있는 죄들은 무엇입니까?

답: 제 사 계명이 금하고 있는 것은 안식일에 행하도록 요구된 의무들 중에 어느 하나라도 빠뜨리는 것이나 부주의하는 일, 태만히 여기거나 마지못해 하는 것과 별 유익하지 않은 일을 하는 것과 이 의무들을 이행하는 것을 피곤해 하는 것 및 게으름으로 그날을 전부 다 더럽히는 것과 하는 일 그 자체가 죄악된 것을 행하는 것, 불필요한 일들과 말과 생각에 의해서 더럽혀지는 것, 세속적인 일들과 오락을 일삼는 것을 금하고 있습니다.

제120문 제 사 계명을 더욱 강조하기 위하여 이 계명에 첨가된 이유들은 무엇입니까?

답: 제 사 계명을 더욱 강조하기 위하여 첨가된 이유들은 이 계명의 평등성으로부터 나오는 것들로서 하나님은 이레 중 엿새 동안은 우리에게 우리 자신의 일을 돌보게 하시고, 하루는 하나님 자신을 위해서 남겨 두신 것입니다. 이 사실은 "엿새 동안은 힘써 네 모든 일을 행할 것이나" 하신 말씀에 나타나 있습니다. 하나님은 그 날에 특별히 적합한 일을 하도록 촉구하셨는데 이것은 "일곱째 날은 네 하나님 여호와의 안식일인즉" 이라 하신 말씀에 나타나 있습니다. 이것은 하나님의 모범으로부터 나온 것으로 "엿새 동안에 나 여호와가 하늘과 땅과 바다와 그 가운데 모든 것을 만들고 일곱째 날에 쉬었음이라" 하신 말씀에 근거한 것입니다. 하나님은 이 날을 복을 주셔서 자신을 섬기는 날로 성별하신 것만이 아니라 우리가 그 날을 성별함으로써 그 날이 우리에게 복의 방편이 되도록 정

하신 사실로부터 나온 것입니다: "그러므로 나 여호와가 안식일을 복되게 하여 그 날을 거룩하게 하였느니라!"

제121문 제 사 계명의 서두에 왜 기억하라는 단어를 기록하였습니까?

답: 제 사 계명 서두에 기억하라는 단어를 기록한 것은 한편으로는 안식일을 기억함이 주는 유익이 크기 때문입니다. 안식일을 기억함으로써 우리가 이날을 지키려고 준비하는 일에 도움을 받게 되며, 이 계명을 지킴으로 남은 모든 계명을 더 잘 지킬 수 있게 되고, 기독교의 간략한 핵심을 담고 있는 창조와 구속의 두 가지 큰 유익을 기억하며 감사하는 마음을 지속적으로 갖게 하는 것입니다. 다른 한편으로 기억하라고 말씀하신 것은 안식일을 기억나게 하는 자연의 빛이 적어서 우리가 이 날을 흔히 잊어버리기 쉽기 때문입니다. 다른 날들에 하는 것은 합법적인 것들을 하지 않도록 우리의 본성적인 자유를 제한시키게 만듭니다. 더구나 안식일은 칠 일 중에 단 하루뿐이기에 그 사이에 많은 세속적인 업무들이 진행되어 우리로 하여금 이 날을 생각하고 준비하는 일이나 성결케 하는 일을 잘 하지 못하게 우리의 마음을 자주 빼앗기 때문입니다. 사단은 다양한 수단들을 동원하여 안식일이 지닌 영광과 심지어는 안식일에 대한 기억 자체를 지워 버리고 온갖 비종교적이고 불경한 요소를 끌어 들이려 하기 때문에 이 날을 기억하라고 하신 것입니다.

제122문 사람에 대한 우리 의무를 담고 있는 나머지 여섯 가지 계명의 대강령(大綱領)은 무엇입니까?

답: 사람에 대한 우리의 의무를 담고 있는 나머지 여섯 가지 계명의 대강령은 우리 이웃을 우리 자신같이 사랑하며 남에게 대접을 받고자 하는 대로 우리도 남을 대접하는 것입니다.

제123문 제 오 계명은 무엇입니까?

답: 제 오 계명은 "네 부모를 공경하라 그리하면 네 하나님 여호와가 네게 준 땅에서 네 생명이 길리라" 하신 것입니다.

제124문 제 오 계명에 있는 부모는 누구를 말합니까?

답: 제 오 계명에 있는 부모라는 말은 육신적인 아비와 어미를 말하는 것만
이 아니라 나이가 많으신 어른들과 재주가 월등한 사람들도 포함하는
말입니다. 특히 하나님의 규례에 의하여 가정과 교회와 국가에서 권위
있는 자리에서 우리를 다스리는 분들을 뜻합니다.

제125문 왜 윗사람들을 부모라 칭합니까?

답: 윗사람들을 부모라고 칭하는 이유는 이들이 가지고 있는 다양한 관계에
따라서 육신의 부모가 하는 것처럼 아랫사람들이 행해야 하는 모든 의
무를 가르치며 다른 사람들에게 사랑으로 부드럽게 대하도록 가르치기
때문이며 또한 아랫사람들에게는 마치 부모에게 섬기듯이 윗사람들을
섬길 때에 그들의 의무를 수행함에 있어서 더 자원하는 마음과 기쁜 마
음으로 하도록 함입니다.

제126문 제 오 계명의 일반적인 범위는 무엇입니까?

답: 제 오 계명의 일반적 범위는 몇몇 상호 관계에 있어서 우리가 아랫사람,
윗사람, 혹은 동료들에 대하여 서로 지고 있는 의무들을 행하는 것입니다.

제127문 아랫사람이 윗사람들에게 어떻게 존경을 표합니까?

답: 아랫사람들이 윗사람들에게 표시해야 할 존경은 마음과 말과 행동을 통
하여 모든 합당한 예의를 표하는 것이며 그들을 위하여 기도하고 감사
하는 것입니다. 그들의 덕행과 친절을 본받고자 하며 그들의 합법적인
명령과 권고에 즐겁게 순종하며 그들의 징계에 마땅히 굴복하는 것입니
다. 그들이 가진 여러 신분이나 지위의 특성에 따라 그들의 인격과 권위
에 충성하고, 그들을 옹호하며, 지지해 주는 것입니다. 또한 그들의 연약
성을 참고, 사랑으로 덮어 줌으로써 아랫사람은 윗사람에게 그리고 통
치자에게 존경을 표하게 되는 것입니다.

제128문 아랫사람이 윗사람들에게 범하는 죄들은 무엇입니까?

답: 아랫사람이 윗사람들에게 범하는 죄들은 윗사람들이 아랫사람들에게 요구하는 의무를 소홀히 하는 것과 윗사람들이 합법적으로 권고하고 명령을 내리고 징계할 때 그들의 인격과 지위에 대하여 시기하고, 경멸하고, 거역하는 것입니다. 또한 윗사람들을 저주하고 조롱하고 완고하고 비열하게 대함으로써 이들과 이들의 다스림에 치욕과 불명예를 안겨 주는 것입니다.

제129문 윗사람들은 아랫사람들에게 어떻게 대해야합니까?

답: 윗사람들에게 요구되는 것은 하나님으로부터 받은 권세와 자신들이 서 있는 관계에 따라서 아랫사람들을 사랑하고, 위하여 기도하고, 축복하는 것입니다. 아랫사람들을 가르치고, 권고하고, 훈계하며 잘하는 자들은 격려하고, 칭찬하고, 포상하는 것과 잘못하는 자들을 부끄럽게 하고 책망하며 징벌하는 것입니다. 그들의 영혼과 몸에 필요한 모든 것을 공급해 주고 정중하고, 지혜롭고, 거룩하고, 모범적인 태도로 하나님께 영광 돌리도록 격려하는 것입니다. 그리하여 자신들에게 하나님께서 부여해 주신 권위를 잘 보존하는 것입니다.

제130문 윗사람들의 죄들은 무엇입니까?

답: 윗사람들의 죄들은 자신들에게 요구되는 의무를 소홀히 하는 일 외에, 무절제하게 자기 이익과 자기 영광, 안락함, 유익, 혹은 쾌락을 추구하는 것입니다. 불법적인 일을 하도록 명령하거나 아랫사람들의 권한 밖의 일을 하라 명령하는 것입니다. 악한 일을 하도록 조언하고 격려하거나 좋아하게 하는 것과 선한 일을 못하게 말리며 낙심시키거나 반대하는 것과 아랫사람들을 부당하게 징계하고 부주의한 태도로 아랫사람들을 잘못된 일과 시험 및 위험에 노출시키는 것입니다. 또 아랫사람들을 분노하도록 자극하는 것과 어떤 방법으로든 부당하고 무분별하고 가혹하고 태만한 행동으로 자신들의 명예와 권위를 실추시키는 일입니다.

제131문 동료들의 의무들은 무엇입니까?

답: 동료들의 의무들은 서로의 존엄과 가치를 존중하고, 다른 사람 앞에서 경의를 표하며 서로가 받은 은사와 성공을 자기 자신의 일처럼 기뻐하는 것입니다.

제132문 동료들의 죄들은 무엇입니까?

답: 동료들의 죄들은 명령 받은 의무를 소홀히 하는 일 외에 서로의 가치를 과소평가하고, 서로의 은사를 질투하고, 서로의 높아짐과 번영을 슬퍼하고, 부당한 방법으로 동료를 짓누르고 올라서는 것입니다.

제133문 제 오 계명을 더 강조하기 위해 부가된 이유들은 무엇입니까?

답: 제 오 계명을 더 강조하기 위해 부가된 이유들은 "네 하나님 여호와가 네게 준 땅에서 네 생명이 길리라"는 말씀에 있습니다. 이 말씀은 이 계명을 지키는 모든 사람들에게 하나님의 영광과 그들 자신의 유익을 위하여 섬기는 것이 될 때 장수와 번영의 약속을 표현한 것입니다.

제134문 제 육 계명이 무엇입니까?

답: 제 육 계명은 "살인하지 말지니라" 입니다.

제135문 제 육계명이 요구하는 의무들은 무엇입니까?

답: 제 육 계명이 요구하는 의무들은 우리 자신들과 다른 사람들의 생명을 보존하기 위하여 주의 깊은 연구와 합법적인 노력을 기울이는 것입니다. 부당하게 어떤 사람의 생명을 빼앗고자 하는 온갖 생각과 의도를 제어하고, 그렇게 하고자 하는 모든 격정을 굴복시키며, 모든 기회, 유혹, 관행을 피하는 것과 폭력에 대항하여 인간의 생명을 정당하게 보호하고, 하나님의 손길을 참아 견디고, 마음의 평정을 유지하고, 유쾌한 정신을 가지고, 고기, 음료, 의약품, 수면, 노동 및 오락을 사려 깊은 태도로 사용하는 것입니다. 자비로운 생각, 사랑, 긍휼, 온유, 우아함과 친절함을 유지하는 것과 화평하고 부드럽고 예의바른 언행과 관용, 기꺼이 화

해함, 손해를 참아 주고 용서해 주는 것과 악을 선으로 갚는 것. 곤궁에 빠진 자들을 위로하고 구제하며, 무죄한 자를 보호하고 옹호하는 것입니다.

제136문 제 육 계명에서 금지하고 있는 죄들은 무엇입니까?

답: 제 육 계명에서 금지하고 있는 죄들은 공적 재판, 합법적인 전쟁 혹은 필요한 정당방위의 경우를 제외하고 우리 자신들이나 다른 사람들의 생명을 박탈하는 모든 행위들입니다. 합법적이고 필요한 생명 보존의 수단을 소홀히 하거나 철회하는 것과 죄악 된 분노와 증오심, 질투, 복수하려는 욕망입니다. 그리고 모든 과도한 격분과 주의를 분산시키는 염려와 육류, 음료, 노동 및 오락을 무절제하게 사용하는 것입니다. 또한 격동시키는 말과 압박, 다툼, 구타, 상해 및 사람의 생명을 파괴할 수 있는 그 밖의 모든 것들입니다.

제137문 제 칠 계명은 무엇입니까?

답: 제 칠 계명은 "간음하지 말지니라" 입니다.

제138문 제 칠 계명이 요구하는 의무사항은 무엇입니까?

답: 제 칠 계명은 요구하는 의무사항은 몸, 마음, 감정, 말, 행위에서 정절을 유지하는 것인데 이를 우리들 자신과 다른 사람들 안에서 보존하는 것을 말합니다. 눈으로 보는 것과 모든 감각들을 주의 깊이 하는 것과 절제, 정절 있는 친구와의 사귐, 단정한 옷차림, 성욕의 제제 은사를 받지 않은 자들의 결혼, 부부 사이에 사랑을 유지하며 함께 사는 것과 우리의 소명 안에서 근실하게 노력하는 것과 모든 경우의 부정을 피하고 부정에로의 유혹에 저항하는 것입니다.

제139문 제 칠 계명이 금하고 있는 죄들은 무엇입니까?

답: 제 칠 계명이 금하고 있는 죄들은 요구된 의무들을 소홀히 하는 것 외에, 간통, 음행, 강간, 근친상간, 남색, 그리고 모든 부자연스러운 정욕들과

모든 부정한 상상과 생각과 목적 및 애정입니다. 그리고 부패하거나 더러운 모든 대화와 그 대화에 귀를 기울이는 것, 음탕한 표정, 뻔뻔스럽거나 경솔한 행동과 단정하지 않은 옷차림, 합법적인 결혼을 금지하고, 불법한 결혼을 하는 것, 남색을 허락하거나 그에 대한 관용과 보존, 남창에게 가는 것, 잘못된 독신생활의 서약, 온당치 못한 결혼 연기입니다. 동시에 한 아내나 한 남편 이상을 두고 사는 것, 부당하게 이혼하거나 배우자를 유기하는 것과 게으름, 폭식, 술 취함, 음란한 친구 사귐, 음탕한 노래와 서적, 그림, 춤, 연극, 우리들 자신이나 다른 사람들에게 음란을 자극시키는 것이나 불결한 행위를 하는 것입니다.

제140문 제 팔 계명은 무엇입니까?

답: 제 팔 계명은 "도적질 하지 말지니라" 입니다.

제141문 제 팔 계명이 요구하는 의무는 무엇입니까?

답: 제 팔 계명이 요구하는 의무는 사람과 사람 사이의 계약들과 거래를 진실하고, 신실하고, 정의롭게 하는 것입니다. 각 사람에게 당연히 줄 것을 주고, 바른 소유주에게서 불법으로 점유된 물건들에 대하여 배상하는 것이며, 우리들의 역량과 다른 사람들의 필요에 따라 아낌없이 주고 빌리는 것입니다. 이 세상 물건에 대한 우리의 판단과 의지와 집착을 절제하는 것과 우리의 본성의 유지에 필요하고 편리하며 우리의 상태에 맞는 것들을 신중하게 살펴서 얻고, 얻은 것을 보존하며, 사용하고, 처리하는 것입니다. 합법적인 직업을 선택하고 근면하게 그 직업에 충실하며 검약함과 불필요한 소송과 보증서는 일이나 기타 유사한 일들을 피하는 것입니다. 모든 공정하고 합법한 수단을 통하여 우리들 자신과 다른 사람들의 부와 외형적 재산을 구하고, 보존하고, 증진시키는 것입니다.

제142문 제 팔 계명이 금지하고 있는 죄들은 무엇입니까?

답: 제 팔 계명이 금지하고 있는 죄들은 요구된 의무들을 소홀히 하는 일 외에, 절도, 강도 행위, 사람 납치, 장물취득, 사기 거래, 속이는 저울질과

치수재기, 땅 경계표를 마음대로 옮기는 것, 사람들 사이에 맺어진 계약이나 위임된 일들을 불공정하고, 불성실하게 처리하는 것과 억압, 착취, 고리대금, 뇌물 수수, 성가신 소송, 불법적으로 울타리를 치는 것과 강탈하는 것, 값을 올리기 위해서 일용품들을 독점하는 행위와 불법적인 소명을 말합니다. 그리고 우리의 이웃에게 속하는 것을 부당하고 죄악된 방법으로 취하거나 잡아 두는 것과 우리 자신을 부유케 하는 것입니다. 탐욕과 세상 재물을 과도하게 소중히 여기고 좋아하는 것, 세상 재물을 얻어 보존하고 사용하기 위하여 의심하고 마음을 산란케 만들고 염려하고 애쓰는 것과 다른 사람들이 잘되는 것을 질투하는 것입니다. 그리고 게으름과 방탕과 낭비하는 노름과 우리들의 외형적 재산에 대하여 부당한 편견을 가지게 하고 우리 자신을 속여 하나님께서 우리에게 주신 재물을 바르게 사용하며 안락한 삶을 즐기지 못하게 하는 온갖 방법들입니다.

제143문 제 구 계명은 무엇입니까?

답: 제 구 계명은 "네 이웃에 대하여 거짓 증거하지 말지니라" 입니다.

제144문 제 구 계명이 요구하는 의무는 무엇입니까?

답: 제 구 계명이 요구하는 의무는 사람과 사람 사이의 진실과 우리 자신의 이름과 마찬가지로 우리 이웃의 좋은 평판을 보존하고 장려하는 것입니다. 진실을 위하여 출두하여 변호하는 것과 재판과 정의의 문제들과 그 밖의 다른 모든 문제들에 있어서 마음으로부터 신실하고, 자유롭고, 명백하고, 충분하게 진실만을 말하고 오직 진실만을 위하는 것입니다. 우리의 이웃을 관대히 평가하는 것과 이웃의 좋은 평판을 사랑하며, 소원하며, 기뻐하는 것입니다. 이웃의 허물을 슬퍼하며, 덮어 주는 것과 이웃의 재능과 미덕을 너그럽게 인정하고, 그들의 결백을 변호해 주는 것입니다. 그들에 관한 좋은 소문을 흔쾌히 받아들이고, 나쁜 소문을 시인하기를 즐겨하지 않는 것입니다. 고자질하는 자, 아첨하는 자, 중상하는 자들을 낙망시키는 것과 우리들 자신의 좋은 평판을 사랑하고 보호하며 필요시에

는 변호해 주는 것입니다. 합법적인 약속을 지키는 것과 무엇이든지 참되고, 정직하고, 사랑스럽고 좋은 평판이 있는 것을 연구하고 실천하는 것입니다.

제145문 제 구 계명이 금지하는 죄들은 무엇입니까?

답: 제 구 계명이 금지하는 죄들은 특히 공적 재판 사건에서 우리 자신과 이웃의 진실과 좋은 평판을 해치게 하는 것과 거짓 증거를 제공하며 위증을 시키고, 고의적으로 악한 소송을 변호하고, 진실을 외면하고 억압하는 것입니다. 불의한 판결을 내리고 악을 선하다고 하며, 선을 악하다고 하는 것입니다. 악인을 의인의 행위에 준거하여 보상하거나 의인을 악인의 행위에 준거하여 보상하는 것입니다. 문서 위조와 진실을 은폐하는 것과 정의의 대의를 말해야 할 때 침묵하고, 죄를 범하여 견책을 받아야 할 때 아무 일 없었다는 듯이 평화로움을 유지하려고 하거나 다른 사람들을 고소하는 일에 잠잠함입니다. 진실을 불합리하게 말하거나 그릇된 목적을 위해 악의로 말하고 혹은 그릇된 의미로 혹은 의심스럽고 애매한 표현으로 진리 혹은 공의에 불리하도록 진리를 왜곡하는 것입니다. 비 진리를 말하고, 거짓말하고, 중상하고, 험담하고, 훼방하고, 고자질하고, 수근 수근하며, 냉소하고, 욕하고, 조급하고, 가혹하고, 편파적으로 비난하는 것입니다. 의도와 말과 행동을 곡해하는 것과 아첨, 허영심에 가득한 자만, 우리들 자신이나 다른 사람들을 과대평가 혹은 과소평가하는 것입니다. 하나님의 은사와 은혜를 부인하는 것과 작은 과실들을 더욱 악화시키는 것과 자유롭게 죄를 고백하도록 요청받을 때 죄를 숨기거나 변명하거나 약화시키는 것입니다. 불필요하게 약점들을 찾아내고 거짓 소문을 퍼뜨리며 나쁜 보도들을 받아들이고, 찬성하고, 공정한 변호에 대하여 귀를 막고, 악한 의심을 품는 것입니다. 누구의 것이든 받을 만해서 받는 신망에 대해 시기하거나 기분 나빠 하는 것과 그들의 신망을 해치려고 애쓴다든지 갈망하는 것입니다. 그들이 불 명예롭게 되거나 오명을 기뻐하는 것과 조소적인 멸시와 어리석은 칭찬하는 일입니다. 그리고 합법적인 약속을 깨뜨리며 좋은 소문이 있는 일들을

무시하고 다른 사람에게서 우리가 할 수 있는 것을 훼방하지 않고, 악한 평판을 피하거나 막지 않는 것들입니다.

제146문 제 십 계명은 무엇입니까?

답: 제 십 계명은 "네 이웃의 집을 탐내지 말지니라 네 이웃의 아내나 그의 남종이나 그의 여종이나 그의 소나 그의 나귀나 무릇 네 이웃의 소유를 탐내지 말지니라" 입니다.

제147문 제 십 계명이 요구하는 의무는 무엇입니까?

답: 제 십 계명이 요구하는 의무는 우리들이 처한 여건에 온전히 만족하고 우리의 이웃을 온 정신을 다해 긍휼히 여기며 우리의 모든 내부적 움직임들과 애정을 기울여서 이웃의 유익을 증진시켜 주는 것입니다.

제148문 제 십 계명이 금지하고 있는 죄들은 무엇입니까?

답: 제 십 계명이 금지하고 있는 죄들은 우리들 자신이 소유한 재산에 불만족하는 것과 이웃의 가진 것을 시기하고 기분나빠하며 이웃의 소유에 대하여 난폭한 행동이나 애착심을 가지는 것입니다.

제149문 사람이 하나님의 계명을 완전히 지킬 수 있습니까?

답: 아무도 자기 스스로나 이 세상에서 받는 어떠한 은혜로나 하나님의 계명들을 완전히 지킬 수 없고 오직 생각과 말과 행동에서 매일 그 계명들을 범할 뿐입니다.

제150문 하나님의 율법을 범하는 모든 행동은 모두 그 자체에서와 하나님 보시기에 동등하게 흉악한 것인가?

답: 하나님의 율법을 범하는 모든 행위들이 다 동등하게 흉악한 것은 아닙니다. 어떤 죄들은 그 자체로서 그리고 더욱 악한 특징들을 지니고 있기 때문에 하나님 보시기에 다른 죄들보다 더 흉악합니다.

제151문 다른 죄들보다 더 흉악하게 악화시키는 죄들은 무엇입니까?

답: 죄들이 더욱 악화되는 경우는 다음과 같습니다.

1) 범죄하는 사람들 때문에

연륜이 높고 경험이 많으며 품위가 있고 전문분야에 명성이 있고 재능과 지위와 직책이 높고 다른 사람들을 이끄는 자들, 그리고 그들의 모범을 따르고자 하는 이들이 많은 사람들의 범죄들이 더욱 악화됩니다.

2) 피해본 자들 때문에

하나님과 그의 속성들과 예배를 즉각적으로 대적하고 그리스도와 그의 은총을 대적하며 성령과 그의 증거와 역사하심을 대적하고, 윗사람들과 재주가 남다른 사람들을 대적하는 것들로 인하여 그러합니다. 또한 우리가 특별히 관계를 가지고 있고 함께 일하는 사람들로 인하여 그러합니다. 특히 성도들을 대항하되 연약한 자를 대항하며 그리고 모든 사람들 혹은 많은 사람들의 공공선을 대항하여 범죄를 할 경우 더욱 악화됩니다.

3) 범죄의 성격과 특질 때문에

명시적인 율법의 조항들을 범하며 많은 계명들을 어기고 그 안에 내포된 많은 것들을 범하는 죄악을 저지른다면, 또 마음에 품은 것만이 아니라 그것을 말로 내뱉고 행동으로 저질러서 다른 이들을 분개하게 만들고 배상을 전혀 하지 않는다면, 방편들과 긍휼을 베푸는 일, 심판들, 본성의 빛, 양심의 확신, 공적 혹은 사적인 훈계, 교회의 권징과 세속적 징벌에 대항한다면, 하나님 혹 사람들을 향한 우리들의 기도, 목적, 약속, 맹세, 언약과 하나님께 또는 사람에게 해야 할 용무를 어겼다면, 회개한 후에 고의로, 일부러, 뻔뻔스럽게, 으스대면서, 자랑하면서, 악의적으로, 자주, 완강히, 기쁨으로, 계속적으로, 죄를 저지르는 경우 더욱 악화됩니다.

4) 때와 장소의 상황 때문에

주일이나 다른 예배 시에. 또는 예배 직전이나 직후에 잘못을 미리 예방하거나 치유할 도움이 있음에도 공석이나, 또는 다른 사람들이 있는 자리에서 그들의 행동에 자극을 받거나 더럽혀지는 경우 더욱 악화됩니다.

제152문 모든 죄가 하나님의 손으로부터 마땅히 받아야 할 것은 무엇입니까?

답: 모든 죄는 심지어 지극히 작은 것이라도 하나님의 주권과 선하심과 거
룩하심에 대항하는 것이며 그의 의로운 율법을 대적하는 것임으로 현세
와 내세에서 하나님의 진노와 저주를 받음이 마땅하며, 오직 그리스도
의 피가 아니고서는 속죄(贖罪)될 수 없습니다.

제153문 율법을 어긴 것으로 말미암아 우리가 마땅히 받아야 할 하나님의 진노
와 저주를 피하도록 하나님께서 우리에게 요구하시는 것은 무엇입니까?

답: 율법을 어긴 것으로 말미암아 우리가 마땅히 받아야 할 하나님의 진노
와 저주를 피하도록 하나님께서 우리에게 요구하시는 것은 하나님께 회
개하는 것과 우리 주 예수 그리스도를 향한 믿음과 그리스도께서 그의
중재의 혜택들을 우리에게 전달하시는 외적인 방편들을 근실하게 사용
하는 것입니다.

제154문 그리스도께서 자신의 중보의 혜택들을 그의 몸된 교회에 전달하시는
외적인 방편들은 무엇입니까?

답: 그리스도께서 자신의 중보의 혜택들을 그의 몸된 교회에 전달하시는 외
적인 또는 통상적인 방편들은 그의 법령들안에 있는데 특별히 말씀과
성례와 기도입니다. 그 모든 것들은 택함을 입은 자들의 구원에 유효한
것입니다.

제155문 말씀이 어떻게 구원에 유효합니까?

답: 하나님의 영이 말씀을 읽는 것, 특별히 말씀 선포하는 것을 효력 있는 수
단으로 삼아 죄인들을 깨우치시고 확신시키시며 겸손케 합니다. 하나님
의 영은 그들을 이끌어서 그리스도께로 나아가게 하십니다. 하나님의
영은 그들을 그리스도의 형상을 닮게 하며, 그리스도의 뜻에 복종하게
합니다. 하나님의 영은 시험과 부패에 빠지지 않도록 그들을 강건케 하

십니다. 하나님의 영은 그들을 은혜 안에 세우시며, 구원에 이르는 믿음을 통하여 거룩함과 위로로 그들의 심령을 굳게 세우십니다.

제156문 하나님의 말씀이 모든 사람에 의해서 읽혀져야 합니까?

답: 모든 사람이 다 공식석상에서 회중에게 하나님의 말씀을 봉독하도록 허락되지는 않아도 모든 사람들은 스스로, 그리고 가족들과 함께 하나님의 말씀을 읽어야 할 의무가 있습니다. 그 목적을 위해 성경은 원어에서 자국어로 번역되어져야 합니다.

제157문 하나님의 말씀이 어떻게 읽혀져야 합니까?

답: 성경은 높이 경외하는 태도로 읽혀져야 합니다. 성경은 하나님의 말씀이며, 하나님만이 성경을 깨닫게 하실 수 있다는 굳은 확신으로 읽혀져야 합니다. 성경 안에 계시되어 있는 하나님의 뜻을 알고 믿고 순종하고 싶어 하는 열망으로 성경을 읽어야 합니다. 근면하게 성경의 내용 및 범위에 주의하면서 성경을 읽어야 합니다. 그리고 성경을 묵상하고 적용하며 자기를 부인하고 기도함으로 성경을 읽어야 합니다.

제158문 하나님의 말씀은 누가 강론할 수 있습니까?

답: 하나님의 말씀은 충분히 말씀 선포의 은사를 가진 자에 의해서, 그리고 공적으로 인준되어 이 직임에 부름을 받은 자만이 강론할 수 있습니다.

제159문 강론하도록 부름을 받은 자는 이 말씀을 어떻게 강론해야 합니까?

답: 말씀 사역을 위하여 수고하도록 부름을 받은 자들은 부지런히 때를 얻든지 못 얻든지 바른 교리를 강론해야 합니다. 사람의 지혜의 권하는 말이 아닌 평이하게 오로지 성령의 나타나심과 능력으로 해야 합니다. 충성스럽게 하나님의 전 경륜을 알게 해야 합니다. 지혜롭게 자신들을 청중들의 필요와 역량에 말씀을 적용해야 합니다. 하나님과 그의 백성들의 영혼들을 뜨겁게 사랑하는 열정으로 강론해야 합니다. 하나님의 영광과 청중들의 회심과 건덕 및 구원을 목표로 삼고 성실하게 강론해야 합니다.

제160문 선포되는 말씀을 듣는 청중들에게 요구되는 것은 무엇입니까?

답: 선포된 말씀을 듣는 청중들에게 요구되는 것은 부지런히 기도로 들을 준비를 하고 선포되는 말씀에 귀를 기울여야 합니다. 그들이 들은 것을 성경에 의하여 점검해야 합니다. 선포된 진리를 하나님의 말씀으로써 믿음과 사랑과 온유함으로 그리고 즉각 수용할 준비된 마음으로 받아들여야 합니다. 그리고 선포된 말씀을 묵상하고 그에 대하여 나누어야 합니다. 선포된 말씀을 마음속에 간직하고 그들의 생활 속에서 말씀의 열매를 맺게 해야 합니다.

제161문 성례가 어떻게 구원의 유효한 방편이 됩니까?

답: 성례가 구원의 유효한 방편이 되는 것은 그것들 자체 안에 있는 어떤 능력이나 그것들을 집례하는 자들의 경건이나 의도에서 나오는 어떤 공덕으로 말미암는 것이 아니고, 오직 성령의 역사하심과 성례들을 제정하신 그리스도의 복 주심으로 말미암는 것입니다.

제162문 성례란 무엇입니까?

답: 성례는 그리스도께서 그의 교회에게 제정해 주신 거룩한 규례이니 은혜언약 안에 있는 자들에게 인침을 뜻하는 것이며 그의 중보의 혜택들을 드러내는 것입니다. 그들의 믿음과 모든 다른 은총들을 강화시키고 증폭시키며, 순종하게 하며 그들의 사랑과 서로 간의 교제를 증거하고 소중하게 하며 그들을 은혜언약 밖에 있는 자들과 구별하는 것입니다.

제163문 성례는 무엇으로 구성되어 있습니까?

답: 성례는 두 부분으로 구성되어 있는데 하나는 그리스도 자신의 명령에 따라 사용되는 외적으로 느낄 수 있는 표이요 다른 하나는 이로써 표시되는 내적, 영적인 은혜입니다.

제164문 신약에서 그리스도께서는 몇 가지 성례를 제정하여 주셨습니까?

답: 신약에서 그리스도께서 그의 교회 안에 제정해 주신 성례는 두 가지이

니 곧 세례와 성찬입니다.

제165문 세례란 무엇입니까?

답: 세례란 신약의 성례로서 그리스도께서 성부와 성자와 성령의 이름으로 제정하신 물로 씻는 예식입니다. 그리스도 자신에게 접붙임을 받게 되는 것이며 그의 피로 죄 사함을 받고, 그의 영으로 거듭났으며, 양자가 되어 영생에 이르게 되는 부활이 있음을 보이는 표시와 인침입니다. 이로써 세례를 받는 자들은 유형교회에 엄숙하게 가입하게 되며 전적으로 오직 주께만 속한다는 약속을 공개적으로 고백하는 것입니다.

제166문 누구에게 세례를 베풉니까?

답: 그리스도를 믿는 믿음과 그에 대한 순종을 고백하기까지는, 유형 교회 밖에 있어 약속의 언약에 외인인 자들에게는 세례를 베풀 수 없습니다. 그러나 그리스도를 믿는 믿음과 그에 대한 순종을 고백하는 양친에게서 혹은 그 중 한 사람만 믿는 부모에게서 태어난 유아들은 그 점에서 언약 안에 있으므로 세례를 받게 됩니다.

제167문 우리가 세례의 가치를 어떻게 잘 향상시킬 수 있습니까?

답: 세례의 가치를 향상시킬 의무가 있음에도 등한히 여겨온 세례는 일생동안 향상시켜야 하는데 특히 시험을 당할 때와 다른 사람들이 세례를 받을 때 참석하는 것입니다. 세례의 특성과 그리스도께서 그것을 제정하신 목적과 세례를 통하여 우리에게 주어지고 보증된 특권 및 유익들, 세례 시에 행한 엄숙한 서약(誓約) 등을 진지하게 또는 감사한 마음으로 고찰함으로써 향상시키는 것입니다. 우리의 죄악 된 더러움과 세례의 은혜 및 우리의 다짐들에 미치지 못하거나 대적하는 삶을 산 것을 생각하고 겸손케 됨으로 향상됩니다. 그 성례 안에서 우리에게 보증된 죄 사함과 다른 모든 축복을 확신하기까지 자라감으로써. 우리가 세례를 받고 들어간 그리스도의 죽음과 부활로부터 힘을 얻어 죄를 억제하고 은총을 소생시킴으로써 향상시키는 것입니다. 그리스도에게 자기들의 이

름들을 바친 자들처럼 믿음으로 살며 거룩하고 의로운 생활을 하기를 힘씀으로, 같은 성령으로 세례 받아 한 몸을 이룬 자들로서 형제의 사랑으로 행하기를 노력함으로써 세례의 가치를 향상시켜가는 것입니다.

제168문 성찬이란 무엇입니까?

답: 성찬은 예수 그리스도의 정하신 바를 따라 떡과 포도주를 주고받음으로써 그의 죽으심을 보여주는 신약의 성례입니다. 성찬에 합당히 참여하는 자는 주의 살과 피를 먹고 마심으로써 영적인 자양분을 공급받고 은혜 안에서 자라갑니다. 주님과의 연합과 교통이 확고하여지고 하나님께 대한 감사와 다짐 그리고 그 동일한 신비한 몸의 지체로서 서로 사랑하고 교제하는 것을 증거하고 새롭게 하는 것입니다.

제169문 그리스도께서는 성찬에서 떡과 포도주를 어떻게 주고 받으라고 명령하셨습니까?

답: 그리스도께서 주의 만찬의 성례를 거행함에 있어서 말씀의 사역자들에게 제정하신 말씀과 감사와 기도를 통하여 떡과 포도주를 일반적인 사용으로부터 구별할 것을 명령하셨습니다. 목사는 떡을 취하여 떼고 떡과 포도주를 성찬에 참여하는 자들에게 나누어 주도록 명령하셨습니다. 성찬 참여자들은 동일한 명령에 의하여 떡을 받아먹고 포도주를 마시면서 감사하는 마음으로 자신들을 위하여 그리스도께서 몸을 찢으셔서 나누어 주시고 피를 흘리신 것을 기억하고 떡을 먹고 포도주를 마시도록 명령하셨습니다.

제170문 성찬에 합당하게 참여하는 자들은 그리스도의 몸과 피를 어떻게 먹고 마십니까?

답: 그리스도의 몸과 피가 성찬의 떡과 포도주 안에, 함께, 혹은 아래 신체적으로 또는 물질적으로 임재하지는 않습니다. 다만 수찬자의 믿음에 영적으로 임재 합니다. 물론 수찬자가 떡과 포도주를 외적 감각으로 느껴지는 것 못지않게 진실하고 실제적인 임재하심을 말합니다. 그러므로

주님의 성찬에 합당히 참여하는 자들은 육체적이고 육적인 것이 아닌 영적인 방식으로 그리스도의 몸과 피를 먹고 마시는 것입니다. 그러나 그들이 믿음으로 십자가에 달려 죽으신 그리스도와 그의 죽음에서 오는 모든 유익을 받아 자신들에게 적용함으로 참되고도 실제적으로 일어나는 것입니다.

제171문 주의 만찬의 성례를 받고자 하는 자들은 성찬에 참여하기 전에 어떠한 준비를 해야합니까?

답: 주의 만찬의 성례를 받는 자들은 성찬에 참여하기 전에 준비를 해야 하는데 자신들이 그리스도 안에 있는가 하는 것과 자신들의 죄와 부족함을 살펴야 합니다. 그리고 자신들의 지식, 믿음, 회개, 하나님과 형제들에게 대한 사랑, 모든 사람에게 대한 긍휼, 자신들에게 해를 끼친 자들에 대한 용서 여부를 살펴야 합니다. 그리스도를 추구하는 욕망이 있는지, 자신들의 새로운 순종을 점검해야 합니다. 이 은혜들의 실행을 새롭게 하고, 진지하게 묵상하고 열렬히 기도함으로 성찬에 참여함을 준비합니다.

제172문 자신이 그리스도 안에 있는지 혹은 성찬 참여에 잘 준비가 되었는지에 대해서 의심이 드는 자들도 성찬에 나올 수 있습니까?

답: 자신이 그리스도 안에 있는지 혹은 성찬 참여에 잘 준비가 되었는지에 대해서 의심이 드는 자들도 비록 아직 확신에는 이르지 못했을지라도 그리스도에 대해 진정한 관심을 가지고 있을 수는 있습니다. 그리스도에 대한 관심이 결핍되어 있음을 우려하고 있고 더 나아가서 그리스도 안에서 발견될 뿐만 아니라 죄악을 떠나고 싶어 하는 거짓 없는 소원이 있으면 하나님께서는 믿음이 있는 것으로 여기십니다. 그런 경우에도 (약하고 의심하는 신자들을 위하여 약속들이 주어져 있고 이 성례가 제정된 것이기 때문에) 그런 자는 자신의 불신앙을 애통하고 자신의 의심을 해결하려고 노력해야 합니다. 그리함으로써 신앙이 더욱 강화되기 위해서라도 성찬에 참여할 수 있고 또 반드시 참여해야만 합니다.

제173문 신앙을 고백하고 성찬을 받고 싶어 하는 자를 참여하지 못하게 할 수 있습니까?

답: 무지하다거나 수치스러운 일이 있을 경우 신앙을 고백하고 성찬을 받고 싶어 한다고 할지라도 그들이 교육을 받아서 개혁이 되었음을 명백히 드러내기까지는 그리스도께서 교회에 맡기신 권세를 가지고 이 성례에 참여하지 못하게 할 수 있고 또 반드시 참여 못하게 해야 합니다.

제174문 주의 만찬이 집전될 때 성찬의 성례를 받는 자에게 요구되는 것은 무엇입니까?

답: 주의 만찬이 집전될 때 성찬의 성례를 받는 자에게 요구되는 것은 성찬의 성례가 집전 되는 동안에 성례에 나타나시는 하나님을 지극히 거룩한 경외심을 가지고 앙망하며, 성례의 요소 및 행동들을 부지런히 관찰하고, 주님의 몸을 주의 깊게 분별하고 그의 죽음과 고난을 애정을 다해 묵상하는 것입니다. 그렇게 함으로써 자신들을 분발시켜서 성례가 주는 은총들을 힘을 다해 실천하는 것입니다. 자신을 판단하고 죄를 슬퍼해야 한다. 이들은 그리스도를 열심으로 사모하고 주리고 목말라해 하며 믿음으로 그를 먹고 그의 충만을 받게 되고 그의 공로를 의지하고, 그의 사랑을 기뻐하며, 그의 은혜에 대하여 감사하게 됩니다. 이로 인해 하나님과의 언약과 모든 성도들에 대한 사랑을 새롭게 하는 것입니다.

제175문 주의 만찬의 성례를 받은 후에는 신자들이 해야 하는 의무는 무엇입니까?

답: 주의 만찬의 성례를 받은 후에 신자의 의무는 성찬식에서 어떻게 행동했으며 어떠한 결과가 있었는지를 진지하게 숙고하는 것입니다. 만일 소생함과 위로를 받았다면 그를 인하여 하나님을 찬송하며 그 은혜가 계속되기를 간구하며 뒷걸음질 하지 않도록 주의하며 다짐한 것을 실행하며 이 규례에 자주 참여할 것을 추구하는 것입니다. 그러나 만일 어떤 유익도 받지 못하였다면 자신들이 한 성례를 위한 준비와 성찬에 참여할 때 가졌던 자세를 더 면밀하게 검토해야 합니다. 만일 그들이 두 가지

에서 다 하나님 앞과 자신의 양심에 비추어 스스로 용납할 만 하면, 때가 이를 때 열매가 나타날 것을 믿고 기다려야 합니다. 그러나 만일 이들이 이들 두 가지 중 하나라도 실패했음을 깨닫는다면 스스로를 겸비하게 낮추고 후에 더 많은 주의와 부지런함으로 성찬식에 임해야 합니다.

제176문 세례와 성찬의 성례는 어떤 점에서 일치합니까?

답: 성례와 성찬의 성례가 서로 일치하는 것은 둘 다 창시자가 하나님이라는 것과 그 둘의 영적 부분은 그리스도와 그의 혜택이라는 점입니다. 또한 그 두 성례가 동일한 언약의 보증이며 그 둘은 반드시 복음의 사역자에 의해서만 분배되어져야 하는 것입니다. 그리고 이 둘은 그리스도께서 다시 오실 때까지 교회에서 항상 집례 되어야 하는 것이 일치합니다.

제177문 세례와 성찬의 성례는 어떤 점에서 사로 다릅니까?

답: 세례와 성찬의 성례가 다른 점은 세례는 단 한 번 물로 시행되어야 하는 예식으로서 우리의 거듭남과 그리스도 안에 접붙임 됨의 표와 인 치심으로서 심지어 유아들에게까지 시행될 수 있다는 것입니다. 반면에 성찬은 떡과 포도주로써 자주 시행되며, 영혼의 신령한 양식이 되시는 그리스도를 표시하고 나타내며, 우리가 그 안에 계속하여 거하고 자라남을 확인하며, 자신을 점검할 수 있는 연령과 자질을 갖춘 사람들에게만 시행되는 것입니다.

제178문 기도란 무엇입니까?

답: 기도는 우리 죄를 자백하고 그의 긍휼을 감사히 인정하면서 그리스도의 이름으로, 성령의 도우심을 받아, 우리의 소원을 하나님께 아뢰는 것입니다.

제179문 우리는 오직 하나님께만 기도해야합니까?

답: 하나님만이 우리의 마음을 감찰하시고 우리의 요청을 들으시며, 죄를 용서하시고, 모든 사람의 소원을 들어 주실 수 있으십니다. 하나님만이

믿음의 대상이 되시고 예배의 대상이십니다. 기도는 그 예배의 특별한 한 부분이기에 모든 사람은 하나님께만 기도해야 하고 그 밖의 어느 누구에게도 해서는 아니 됩니다.

제180문 그리스도의 이름으로 기도한다는 것은 무엇입니까?

답: 그리스도의 이름으로 기도한다는 것은 그의 명령에 순종함과 그의 약속들을 신뢰하는 가운데 그리스도를 의지하여 자비를 구하는 것입니다. 기도는 단순히 그리스도의 이름을 언급하는 것이 다가 아니라 그리스도와 그의 중보(中保)로부터 기도할 용기와 담력과 힘을 가지고 나아가며 기도가 받아들여지리라는 소망으로 기도하는 것입니다.

제181문 우리는 왜 그리스도의 이름으로 기도해야합니까?

답: 인간의 죄악성으로 인해 하나님으로부터의 거리가 굉장히 멀기에 우리는 중보자 없이 하나님 목전에 다가갈 수 없으며, 오직 그리스도 한분 이외에는 그 누구도 천국이나 이 땅에서의 영광스러운 사역에 적합한 자가 없기 때문에 그리스도의 이름으로 기도할 수 밖에 없는 것입니다.

제182문 성령께서 어떻게 우리의 기도를 도우십니까?

답: 우리가 마땅히 무엇을 위해 기도해야 할지 모르기 때문에 성령께서 우리로 하여금 누구를 위해, 무엇을 위해 그리고 어떻게 기도를 해야 하는 것을 이해시킴으로 우리의 연약함을 도우십니다. 성령의 역사하심을 통해 우리 마음이 깨닫게 하시는데 그 의무를 올바르게 실행하기 위해 적합한 이해와 애정 그리고 은혜를 통해서 하십니다(비록 모든 사람들에게 동시에 같은 범위로 하는 것은 아닙니다).

제183문 우리는 누구를 위하여 기도해야 합니까?

답: 우리는 지상에 있는 하나님의 모든 교회를 위해 기도해야 합니다. 위정자들과 목회자들을 위해, 우리 자신을 위해, 우리 형제를 위해 또한 우리의 원수들을 위해서도, 그리고 살아있는 모든 인간들을 위해 그리고 앞

으로 살게 될 인간들을 위해 기도해야합니다. 하지만 죽은 자를 위해서나 죽음에 이르는 죄를 범한 것으로 알려져 있는 자를 위해서는 기도하지 않습니다.

제184문 우리는 무엇을 위하여 기도해야 합니까?

답: 우리는 하나님의 영광을 위한 모든 것들을 위해서 기도해야 합니다. 교회의 안녕과 우리들과 다른 사람들의 유익을 위해서 기도해야합니다. 하지만 불법적인 것을 위해서는 기도해서는 안됩니다.

제185문 우리는 어떻게 기도해야 합니까?

답: 우리는 하나님의 위엄에 대한 엄숙한 이해와 우리 자신의 무가치함 및 필요한 것들과 죄들이 무엇인지를 깊이 인식하고 죄 등에 대한 깊은 인식을 가지고, 통회(痛悔)하며, 감사하며, 마음을 넓게 여는 자세로 기도해야 합니다. 믿음과 성실함과 열정과 사랑과 인내에 대한 바른 이해를 가지고 하나님을 기다리면서 섬김으로 하나님의 뜻에 겸손히 복종해야 합니다.

제186문 하나님께서 기도의 의무를 지도하시기 위하여 어떤 규범을 주셨습니까?

답: 하나님의 말씀 전체가 우리가 기도의 의무를 지도하는 데 유익한 규범이지만 특별한 법칙으로 주신 것은 우리 구주 그리스도께서 그의 제자들에게 가르쳐 주신 기도의 형식 곧, 통상적으로 주기도라고 불리는 기도의 형식이 있습니다.

제187문 주기도문을 어떻게 사용해야 합니까?

답: 주기도문은 우리가 본을 따라 다른 기도를 만들어야 할 하나의 양식으로서 주어진 기도의 지침서만이 아니라 주기도문 자체를 하나의 기도로 사용하도록 주어진 것입니다. 따라서 기도의 의무를 바르게 이행하는 데 필요한 지식과 믿음과 경외함 및 다른 은혜들과 함께 주기도를 사용해야 합니다.

제188문 주기도문은 몇 부분으로 구성되어 있습니까?

답: 주기도문은 세 부분으로 구성되어 있는데 서언과 간구들과 결론입니다.

제189문 주기도문의 서언은 무엇을 가르칩니까?

답: "하늘에 계신 우리 아버지여"라는 말씀에 담긴 주기도문의 서언(序言)은 우리가 기도할 때에 하나님 아버지의 선하심에 대한 확신과 그 선하심에 대한 관심을 가지고 하나님께 나아가야 함을 가르칩니다. 우리는 기도할 때 경외심, 어린 아이와 같은 다른 성향들, 거룩한 애정, 그리고 하나님의 주권적 능력과 위엄과 은혜로운 비하에 대한 바른 인식을 가지고 나아가야 하며, 다른 사람들과 함께 그리고 다른 사람들을 위하여 기도해야 함을 가르칩니다.

제190문 첫 번째 간구에서 우리는 무엇을 위해서 기도합니까?

답: 첫 번째 간구는 "이름이 거룩히 여김을 받으시오며"입니다. 이 간구를 통해 우리는 우리 자신들과 모든 사람들 안에 하나님을 바르게 공경할 수 있는 능력이 전혀 없고 그런 자질도 없다는 사실을 인정하면서 우리는 하나님께서 그의 은혜를 통하여 하나님, 그의 성호, 속성, 규례, 말씀, 사역, 기타 그가 자기를 알리시기 위하여 사용한 모든 수단들을 인정하고 높이 존중할 수 있는 능력과 성향을 주시기를 기도합니다. 우리는 생각과 말과 행실에서 하나님을 영화롭게 할 수 있도록 기도합니다. 우리는 하나님이 무신론, 무지함, 우상숭배, 신성모독, 그리고 무엇이든지 하나님에게 불경스러운 모든 것들을 막아 주시고 제거해 주시기를 기도합니다. 우리는 또한 하나님이 압도하시는 섭리로 그 자신의 영광을 위하여 모든 일들을 지도하시고 처리해 주실 것을 기도합니다.

제191문 두 번째 간구에서 우리는 무엇을 위해서 기도합니까?

답: 두 번째 간구인 "나라이 임하옵시며"는 우리 자신들과 모든 인류가 본질상 죄와 사단의 권세 아래 놓여있음을 인정하는 것입니다. 죄와 사단의 나라가 파멸되고, 복음이 전 세계에 전파 되고, 유대인들이 부르심

을 받고, 이방 사람들의 충만한 수가 들어오기를 기도하는 것입니다. 우리는 교회가 모든 복음적인 직임자들과 규례들로 갖춰지고, 부패로부터 정화되고, 국가의 위정자들에 의하여 인정과 지지를 받기를 기도합니다. 그리스도의 규례들이 순수하게 시행되고, 아직 죄 중에 있는 자들을 회심시키고 이미 회심된 자들을 확신시키고, 위로해 주고, 양육하는 일에 효력을 발휘하게 되기를 기도합니다. 그리스도께서 이 세상에서 우리의 마음을 주관하시고, 그의 재림의 때를 앞당겨 주시며, 우리가 그로 더불어 영원히 왕 노릇하게 됨을 기도할 때 그가 그의 권세의 통치를 그 목적에 부합하도록 온 세계에 행사되어짐을 기뻐하시게 되기를 기도합니다.

제192문 세 번째 간구에서 우리는 무엇을 위해 기도합니까?

답: 세 번째 간구는 "뜻이 하늘에서 이룬 것같이 땅에서도 이루어지이다" 입니다. 이 기도에서 우리와 다른 모든 사람들이 본질상 하나님의 뜻을 알고 행하기에 전적으로 무능하고 행하기를 원하지 않을 뿐만 아니라 오히려 그의 말씀에 대항하여 반역하기를 잘하고 그의 섭리에 대항하여 원망하고 불평하며, 우리 자신의 이기적인 욕망들과 마귀의 이끌음을 따라가기를 전적으로 즐기는 경향이 있음을 인정하는 것입니다. 우리는 하나님이 그의 성령으로 우리 자신들과 다른 사람들에게서 모든 우매함, 연약, 불쾌와 사악한 마음을 제거해 주시고 그의 은혜가 우리로 하여금 하늘에서 천사들이 하는 것과 같은 겸손, 유쾌, 근면, 열심, 신실, 한결같음으로 범사에 하나님의 뜻을 알고, 행하고, 복종할 수 있게 하여 주시기를 기도합니다.

제193문 네 번째 간구에서 우리는 무엇을 위하여 기도합니까?

답: 네 번째 간구는 "오늘날 우리에게 일용할 양식을 주옵시고" 입니다. 이 기도에서 아담 안에서 그리고 우리 자신들의 죄에 의하여 우리는 이 세상에서의 모든 물질적인 복을 받을 권리를 상실했고, 하나님에 의해서 그 모든 것들이 다 박탈당함과 우리가 그것들을 사용함은 저주 받는 것

331

이 마땅한 것임을 인정하는 것입니다. 우리는 물질적인 복들 자체가 우리를 지탱해 줄 수도 없으며 그것들을 받을 자격도 없고, 우리들 자신들의 노력에 의해서 획득할 수 있는 것이 아님을 인정하는 것입니다. 다만 욕망을 따라 그것들을 취득하고자 하며 불법적으로 사용하려는 자들임을 인정합니다. 그리고 우리는 우리 자신들과 다른 사람들이 이 세상의 물질적인 복들을 주시고자 하시는 하나님의 섭리하심을 날마다 기다리면서, 하나님의 부성적인 지혜로의 판단에 따르는 것이 최선의 것임을 따라서 우리에게 충분히 값없이 주신 선물들을 합법적으로 즐거워할 수 있기를 기도하는 것입니다. 또한 우리는 하나님께서 우리에게 필요한 세상적인 것들을 충분히 복 내려주시기를 위해서 기도해야 하며, 그것들이 우리들의 필요를 유지하게 하고, 우리에 의해서 성결케 되어 우리는 그것들로 인하여 만족할 수 있게 되기를 위해서 기도하는 것입니다. 그리고 우리는 이 세상에서 현실적인 삶을 지탱하는데 필요한 것들을 공급하여 주시는 것들을 하찮게 여기는 죄에 빠지지 않도록 보호해 주심을 위해서 기도하는 것입니다.

제194문 다섯 번째 간구에서 우리는 무엇을 위하여 기도합니까?

답: 다섯 번째 간구는 "우리가 우리에게 죄 지은 자를 사하여 준 것같이 우리 죄를 사하여 주옵시고" 입니다. 여기에서 우리는 우리와 다른 모든 사람들이 원죄(原罪)와 자범죄(自犯罪)의 죄책을 지니고 있으며, 이 때문에 하나님의 공의에 빚진 자가 되었고 이에 대해서 우리나 다른 아무 피조물이라도 그 빚을 조금이라도 갚을 수 없다는 것을 인정하는 것입니다. 우리는 우리 자신들과 다른 사람들을 위하여 하나님께서 값없이 주시는 은혜로 말미암아, 우리가 믿음으로 붙들게 되고 적용하게 된 그리스도의 순종과 만족을 통하여, 우리를 죄의 죄책과 형벌에서 방면(放免)하시고 그의 사랑하시는 자 안에서 우리를 받아 주시기를 위하여 기도하는 것입니다. 우리는 하나님이 자신의 은총과 은혜를 우리에게 계속해서 주시며, 우리들이 매일 범하는 실수를 용서하시고, 우리를 화평과 기쁨으로 채워 주시며, 죄사함의 확신을 날마다 더욱 더 우리에게 주시

기를 기도한다. 우리는 우리가 다른 사람의 죄를 진정으로 용서한다는 증거가 우리에게 있을 때 담대히 구하게 되고, 죄사함 받기를 기대할 용기가 생기게 기도하는 것입니다.

제195문 여섯 번째 기도에서 우리는 무엇을 위하여 기도합니까?

답: 여섯 번째 기도는 "우리를 시험에 들지 말게 하옵시고 다만 악에서 구하옵소서"입니다. 여기에서 우리는 가장 지혜로우시고, 의로우시며, 은혜로우신 하나님이 여러 가지 거룩하고, 의로운 목적을 위하여, 우리가 유혹의 대상이 되어 실패함으로 잠시 동안 포로가 되어 살게 되었음을 인정하는 것입니다. 우리는 사단과 세상과 우리 자신의 죄성이 우리를 의로운 길에서 돌이켜 곁길로 가게하며 함정에 빠뜨리려는 강력한 잠재력을 가지고 있고, 심지어 죄 사함을 받은 후에도 우리의 부패성과 연약과 부주의로 인하여 시험을 받아 쉽게 굴복하고, 우리 자신을 시험에 노출시키고 있지만 그로부터 스스로 저항한다거나 벗어나갈 역량이 조금도 없을뿐더러 도리어 그것들을 사용하여 우리들의 영적 성장을 위한 기회들로 삼을 능력도 없어서 결과적으로 우리는 그러한 것들의 권세에 떨어질 수밖에 없는 존재인 것을 인정하는 것입니다.

그래서 우리는 하나님이 세상과 세상 안에 있는 모든 것들을 다스려주시고 우리의 죄성을 억제시켜주시고 사단을 감금시키시어주시기를 기도합니다. 그리하여 만물을 정돈하시고, 모든 은혜의 방편들을 수여해 주시고 복을 주시고 우리가 그것들을 사용함에 있어서 우리의 깨어 있음이 예리하게 하시어 우리와 하나님의 모든 백성들이 죄의 유혹에 빠지지 않도록 섭리하여 주시기를 기도하는 것입니다. 또 만일 우리가 유혹에 빠질 때에 우리가 유혹을 받을 때에 하나님의 영으로 우리가 물리칠 수 있도록 강력히 지원하여 주시기를 위해서 기도하는 것입니다. 또한 만일 우리가 넘어지게 되면 다시 일으킴을 받아 시험으로부터 회복시켜 주시고, 시험당한 그 경험을 거룩하게 하고 우리의 영적 성장을 위하여 잘 활용할 수 있게 해달라고 기도하는 것입니다. 그리하여 우리의 성화와 구원이 완성케 되기를 위해서 기도하며 사단을 우리 발로 짓밟

고, 죄와 시험과 모든 악에서 완전히 그리고 영원히 건짐을 받게 되기를 위해서 기도하는 것입니다.

제196문 주기도문의 결론이 우리에게 가르치는 것은 무엇입니까?

답: 주기도문의 결론은 "나라와 권세와 영광이 아버지께 영원히 있사옵나이다 아멘" 입니다. 이 결론이 우리에게 가르치는 것은 우리들의 간구에 반드시 있어야 할 핵심은 우리 자신이나 다른 어떤 피조물 안에 있는 본능적인 어떤 가치에 근거한 것이 아니라 오직 하나님에게 기초하고 있는 것이어야 함을 가르칩니다. 그리고 우리의 기도에는 반드시 찬양이 덧붙여져야 하는데 그것은 오직 하나님만이 영원한 주권자이시며 전능자시요 최고로 영광스러운 존재임을 인정하는 찬양입니다. 그러한 측면에서 하나님이 우리를 능히 도우실 수 있으시며 도우시고자 하는 한 우리의 믿음은 우리로 하여금 그가 우리를 도와주시도록 그에게 담대하게 간청할 수 있게 하며, 하나님께서 우리의 기도에 응답해 주시기를 고요히 그를 의지하는 것임을 가르쳐줍니다. 그뿐 아니라 우리의 기도가 상달되고 응답되어질 것임을 확신하는 것을 나타내기 위하여 우리는 "아멘" 이라고 말하는 것임을 가르치고 있습니다.

(본 내용은 미국 정통장로교회의 대요리문답을 서창원 교수가 번역한 것입니다.)

웨스트민스터 소요리문답

김준범 목사 번역

제1문 사람의 제일 되는 목적은 무엇입니까?

답: 사람의 제일 되는 목적은 하나님을 영화롭게 하는 것과, 그를 영원토록 즐거워하는 것입니다.

제2문 어떻게 하나님을 영화롭게 하고 그를 즐거워할 것인지를 지시하기 위하여 하나님께서 우리에게 주신 규칙은 무엇입니까?

답: 신구약 성경에 기록된 하나님의 말씀은 우리가 어떻게 하나님을 영화롭게 하고 그를 즐거워할 것인지를 지시하는 유일한 규칙입니다.

제3문 성경이 가장 중요하게 가르치는 것은 무엇입니까?

답: 성경이 가장 중요하게 가르치는 것은 사람이 하나님에 대하여 믿을 것은 무엇이며, 하나님께서 사람에게 요구하시는 본분은 무엇인가 하는 것입니다.

제4문 하나님은 어떤 분이십니까?

답: 하나님은 영이시요, 그의 존재하심과 지혜와 권능과 거룩하심과 공의와 선하심과 진실하심이 무한하시고 영원하시며 불변하십니다.

제5문 하나님 한 분 외에 다른 신이 있습니까?

답: 사시고 참되신 하나님은 오직 한 분만 계십니다.

제6문 하나님의 신격에는 몇 위가 계십니까?

답: 하나님의 신격에는 성부, 성자, 성령, 삼 위가 계시는데, 이 삼 위는 한 하나님이시요, 본체가 하나이시며, 권능과 영광이 동등하십니다.

제7문 하나님의 작정이란 무엇입니까?

답: 하나님의 작정은 그의 뜻을 따라 세우신 그의 영원한 목적인데, 이로 말미암아 그의 영광을 위하여 이루어지는 모든 일을 미리 정하셨습니다.

제8문 하나님께서는 그의 작정을 어떻게 이루십니까?

답: 하나님께서는 창조와 섭리의 사역(事役)으로 그의 작정을 이루십니다.

제9문 창조 사역이란 무엇입니까?

답: 창조 사역은 하나님께서 엿새 동안에 아무 것도 없는 중에서 그의 권능의 말씀으로 만물을 지으신 일인데, 다 매우 좋았습니다.

제10문 하나님께서 사람을 어떻게 지으셨습니까?

답: 하나님께서 사람을 남녀로 지으시되, 자기 형상대로 지식과 의와 거룩함이 있게 하셨고, 모든 생물을 다스리는 권세를 주셨습니다.

제11문 하나님의 섭리 사역이란 무엇입니까?

답: 하나님의 섭리 사역은 모든 피조물과 그 모든 행동을 가장 거룩하고 지혜롭고 능력있게 보존하시며 통치하시는 일입니다.

제12문 사람이 창조받은 지위에 있을 때에 하나님께서 그를 향하여 섭리하시는 중 어떤 특별한 행동을 하셨습니까?

답: 하나님께서 사람을 창조하신 후, 완전한 순종을 조건으로 그와 생명의 언약을 맺으시고, 선악을 알게 하는 나무의 실과를 먹는 것을 사망의 벌로써 금하셨습니다.

제13문 우리 시조는 창조받은 지위에 그대로 있었습니까?

답: 우리 시조는 자신의 의지의 자유를 따라 하나님께 범죄함으로 창조받은 지위에서 타락하였습니다.

제14문 죄가 무엇입니까?

답: 죄는 하나님의 법을 순종함에 부족한 것이나 혹은 그 법을 어기는 것입니다.

제15문 우리 시조가 창조받은 지위에서 타락하게 된 죄는 무엇입니까?

답: 우리 시조가 창조받은 지위에서 타락하게 된 죄는 금하신 실과를 먹은 것입니다.

제16문 아담의 첫 범죄로 모든 사람이 타락하였습니까?

답: 아담과 언약을 세우신 것은 그만 위한 것이 아니고 그 후손까지 위하여 하신 것이므로, 그로부터 보통 생육법으로 출생하는 모든 사람은 아담의 첫 범죄 시에 아담 안에서 죄를 지었으며, 그와 함께 타락하였습니다.

제17문 타락으로 말미암아 인류는 어떠한 지위에 떨어지게 되었습니까?

답: 타락으로 말미암아 인류는 죄와 비참한 처지에 떨어지게 되었습니다.

제18문 사람이 타락한 지위에서 가지는 죄성(罪性)이란 무엇을 말합니까?

답: 사람이 타락한 지위에서 가지는 죄성은 아담의 첫 범죄의 죄책(罪責)과, 원의(原義)가 없는 것과, 온 성품이 부패한 것인데, 이것을 보통 원죄(原罪)라 칭하며, 아울러 이 원죄로 말미암아 나오는 모든 자범죄(自犯罪)를 말합니다.

제19문 사람이 타락한 지위에서 비참한 것이 무엇입니까?

답: 모든 인류가 타락으로 말미암아 하나님과의 교제가 끊어지게 된 것과, 그의 진노와 저주 아래 있게 된 것과, 그로 인해 금생의 모든 비참함과 사망과 영원한 지옥 형벌을 받게 된 것입니다.

제20문 하나님께서 모든 사람을 죄와 비참한 지위에서 멸망하게 버려두셨습니까?

답: 하나님께서 다만 그의 선하신 뜻대로 어떤 자들로 하여금 영원한 생명을 얻게 하시려고 영원부터 택하시고, 은혜의 언약을 세우사 구속자로 말미암아 저희를 죄와 비참한 지위에서 건져내시고, 구원의 자리에 이르게 하셨습니다.

제21문 하나님께서 선택하신 자들의 구속자는 누구입니까?

답: 하나님께서 선택하신 자들의 유일한 구속자는 주 예수 그리스도이신데, 그는 영원하신 하나님의 아들로서 사람이 되셨고, 한 위(位)에 양성(兩性)을 가지신 하나님이시요 사람이셨으며, 영원토록 그러하십니다.

제22문 하나님의 아들이신 그리스도께서는 어떻게 사람이 되셨습니까?

답: 하나님의 아들이신 그리스도께서는 참 몸과 지각있는 영혼을 취하사 성령의 권능으로 동정녀 마리아에게 잉태되어 탄생하심으로 사람이 되셨으나 죄는 없으십니다.

제23문 그리스도께서 우리의 구속자로서 행하시는 직분은 무엇입니까?

답: 그리스도께서는 우리의 구속자로서 선지자와 제사장과 왕의 직분을 행하시되, 낮아지시고 높아지신 두 지위에서 하십니다.

제24문 그리스도께서는 어떻게 선지자의 직분을 행하십니까?

답: 그리스도께서는 우리를 구원하시려는 하나님의 뜻을 그의 말씀과 성령으로 우리에게 나타내심으로 선지자의 직분을 행하십니다.

제25문 그리스도께서는 어떻게 제사장의 직분을 행하십니까?

답: 그리스도께서는 단번에 자신을 제물로 드려 하나님의 공의를 만족시키시고, 우리를 하나님과 화목하게 하시며, 우리를 위하여 항상 간구하심으로 제사장의 직분을 행하십니다.

제26문 그리스도께서는 어떻게 왕의 직분을 행하십니까?

답: 그리스도께서는 우리를 자기에게 복종하게 하시고, 우리를 다스리시고 보호하시며, 자기와 우리의 모든 원수를 제압하고 이기심으로 왕의 직분을 행하십니다.

제27문 그리스도의 낮아지심이란 무엇을 말합니까?

답: 그리스도의 낮아지심은 그가 강생(降生)하시되 비천한 지위에 나신 것과, 율법 아래 나신 것과, 금생의 여러 가지 비참함과 하나님의 진노와 십자가의 저주의 죽음을 받으신 것과, 장사 지낸바 되신 것과, 얼마 동안 죽음의 권세 아래 거하신 것을 말합니다.

제28문 그리스도의 높아지심이란 무엇을 말합니까?

답: 그리스도의 높아지심은 그가 사흘 만에 죽은 자 가운데서 다시 살아나신 것과, 하늘로 올라가신 것과, 하나님 우편에 앉으신 것과, 마지막 날에 세상을 심판하러 오시는 것을 말합니다.

제29문 우리는 어떻게 그리스도의 값 주고 사신 구속에 참여하는 자가 됩니까?

답: 성령께서 그 구속을 우리에게 효과적으로 적용하심으로 우리가 그리스도의 값 주고 사신 구속에 참여하는 자가 됩니다.

제30문 성령께서는 어떻게 그리스도의 값 주고 사신 구속을 우리에게 적용하십니까?

답: 성령께서 효과적인 부르심으로 우리 안에 믿음을 일으키시어 우리를 그리스도와 연합하게 하셔서 그리스도의 값 주고 사신 구속을 우리에게 적용하십니다.

제31문 효과적인 부르심이란 무엇입니까?

답: 효과적인 부르심이란 하나님의 영의 하시는 일로서, 우리의 죄와 비참함을 깨닫게 하시고 우리 마음을 밝게 하여 그리스도를 알게 하시며 우

리의 의지를 새롭게 하심으로써, 우리를 설득하여 복음 안에서 우리에게 값없이 주어진 예수 그리스도를 영접할 수 있게 하시는 일입니다.

제32문 효과적인 부르심을 받은 자들이 금생에서 얻는 유익은 무엇입니까?

답: 효과적인 부르심을 받은 자들은 금생에서 의롭다 하심과 양자로 삼으심과 거룩하게 하심을 얻고, 또 금생에서 이에 따라오거나 거기서 나오는 여러 가지 혜택들을 받습니다.

제33문 의롭다 하심이란 무엇입니까?

답: 의롭다 하심은 하나님께서 값없이 베푸시는 은혜의 행위로서, 그가 우리의 모든 죄를 용서하시고 우리를 자기 앞에서 의롭다고 여겨 받아주시는 것인데, 이 의는 오직 예수 그리스도에게서 우리에게 전가된 것이며, 오직 믿음으로만 받는 것입니다.

제34문 양자로 삼으심이란 무엇입니까?

답: 양자로 삼으심은 하나님께서 값없이 베푸시는 은혜의 행위인데, 이로써 우리가 하나님의 자녀의 수효 중에 들게 되고, 자녀로서의 모든 특권을 누릴 권세를 갖는 것입니다.

제35문 거룩하게 하심이란 무엇입니까?

답: 거룩하게 하심은 하나님께서 값없이 베푸시는 은혜의 행위인데, 이로써 우리가 하나님의 형상을 따라 전인적(全人的)으로 새로워지게 되고, 점점 더 죄에 대하여는 죽고 의에 대하여는 살 수 있게 되는 것입니다.

제36문 금생에서 의롭다 하심과 양자로 삼으심과 거룩하게 하심에 따라 오거나 거기서 나오는 혜택은 무엇입니까?

답: 금생에서 의롭다 하심과 양자로 삼으심과 거룩하게 하심에 따라 오거나 거기서 나오는 혜택은 하나님의 사랑을 확신함과, 양심의 평안과, 성령 안에서 얻는 기쁨과, 은혜의 증진과, 끝까지 견디는 것입니다.

제37문 신자가 죽을 때 그리스도에게서 받는 유익은 무엇입니까?

답: 신자는 죽을 때, 그의 영혼은 완전히 거룩하게 되어 즉시 영광에 들어가고, 그의 몸은 여전히 그리스도께 연합된 채로 부활할 때까지 무덤에서 쉬게 됩니다.

제38문 신자가 부활할 때 그리스도에게서 받는 유익은 무엇입니까?

답: 신자는 부활할 때, 영광 중에 일으킴을 받고 심판날에 공개적인 인정과 죄 없다 함을 얻으며, 완전히 복되게 되어 영원토록 하나님을 온전히 즐거워할 것입니다.

제39문 하나님께서 사람에게 요구하시는 본분은 무엇입니까?

답: 하나님께서 사람에게 요구하시는 본분은 그의 나타내 보이신 뜻에 순복하는 것입니다.

제40문 사람이 마땅히 복종할 규칙으로 하나님께서 처음 나타내 보이신 것은 무엇입니까?

답: 사람이 마땅히 복종할 규칙으로 하나님께서 처음 나타내 보이신 것은 도덕의 법칙이었습니다.

제41문 그 도덕의 법칙이 요약되어 나타난 곳은 어디입니까?

답: 그 도덕의 법칙은 십계명에 요약되어 나타나 있습니다.

제42문 십계명의 강령은 무엇입니까?

답: 십계명의 강령은 우리의 마음을 다하고 목숨을 다하고 힘을 다하고 뜻을 다하여 주 우리 하나님을 사랑하고 또 이웃을 내 몸과 같이 사랑하라는 것입니다.

제43문 십계명의 머리말은 무엇입니까?

답: 십계명의 머리말은 "나는 너를 애굽 땅 종 되었던 집에서 인도하여 낸

너의 하나님 여호와로라" 하신 것입니다.

제44문 십계명의 머리말이 우리에게 가르치는 것은 무엇입니까?

답: 십계명의 머리말이 우리에게 가르치는 것은 하나님께서 주(The Lord)가 되시고 우리의 하나님이시며 구속자이시므로, 우리는 마땅히 그의 모든 계명들을 지켜야 한다는 것입니다.

제45문 제1계명은 무엇입니까?

답: 제1계명은 "너는 나 외에는 다른 신을 네게 있게 말지니라" 하신 것입니다.

제46문 제1계명에서 명하는 것은 무엇입니까?

답: 제1계명이 우리에게 명하는 것은 하나님께서 유일하신 참 하나님 되심과 우리의 하나님 되심을 알고 인정하며, 그에 합당하게 하나님을 예배하고 영화롭게 하라는 것입니다.

제47문 제1계명에서 금하는 것은 무엇입니까?

답: 제1계명이 금하는 것은 참 하나님을 하나님으로 또 우리 하나님으로 인정하지 않거나 예배하지 않거나 영화롭게 하지 않는 것이며, 오직 그에게만 드려야 할 예배와 영광을 다른 자에게 드리는 것입니다.

제48문 제1계명의 "나 외에는"이라는 말이 우리에게 특별히 가르치는 것은 무엇입니까?

답: 제1계명의 "나 외에는"이라는 말이 우리에게 특별히 가르치는 것은, 모든 것을 보시는 하나님께서는 우리가 다른 신을 가지는 죄에 주목하시며, 그것을 아주 싫어하신다는 것입니다.

제49문 제2계명은 무엇입니까?

답: 제2계명은 "너를 위하여 새긴 우상을 만들지 말고 또 위로 하늘에 있는 것이나 아래로 땅에 있는 것이나 땅 아래 물 속에 있는 것의 아무 형상이

든지 만들지 말며 그것들에게 절하지 말며 그것들을 섬기지 말라 나 여호와 너의 하나님은 질투하는 하나님인즉 나를 미워하는 자의 죄를 갚되 아비로부터 아들에게로 삼사 대까지 이르게 하거니와 나를 사랑하고 내 계명을 지키는 자에게는 천대까지 은혜를 베푸느니라" 하신 것입니다.

제50문 제2계명에서 명하는 것은 무엇입니까?
답: 제2계명이 명하는 것은, 하나님께서 그의 말씀으로 정하신 모든 종교적 예배와 규례들을 순전하고 온전하게 받고 지키며 유지하라는 것입니다.

제51문 제2계명에서 금하는 것은 무엇입니까?
답: 제2계명이 금하는 것은 하나님을 예배함에 있어서 형상을 사용하거나, 하나님의 말씀으로 정하지 아니한 다른 어떤 방법을 사용하는 것입니다.

제52문 제2계명을 지켜야 할 이유는 무엇입니까?
답: 제2계명을 지켜야 할 이유는 우리에 대한 하나님의 주권과, 우리에 대한 하나님의 소유권과, 자신만 예배하기를 바라시는 하나님의 열망에 있습니다.

제53문 제3계명은 무엇입니까?
답: 제3계명은 "너는 너의 하나님 여호와의 이름을 망령되이 일컫지 말라 나 여호와는 나의 이름을 망령되이 일컫는 자를 죄 없다 하지 아니하리라" 하신 것입니다.

제54문 제3계명에서 명하는 것은 무엇입니까?
답: 제3계명이 명하는 것은 하나님의 이름과 칭호와 속성과 규례와 말씀과 행사를 거룩히 여겨 존경하는 마음으로 사용하라는 것입니다.

제55문 제3계명에서 금하는 것은 무엇입니까?
답: 제3계명이 금하는 것은, 하나님께서 그 자신을 나타내는 데 쓰시는 것을

모독하거나 악용하는 것입니다.

제56문 제3계명을 지켜야 할 이유는 무엇입니까?

답: 제3계명을 지켜야 할 이유는, 이 계명을 범하는 자가 비록 사람의 형벌은 피할 수 있을지라도, 주 우리 하나님은 범법자로 하여금 그의 공의로 우신 심판을 피하도록 버려두시지 않을 것이기 때문입니다.

제57문 제4계명은 무엇입니까?

답: 제4계명은 "안식일을 기억하여 거룩히 지키라 엿새 동안은 힘써 네 모든 일을 행할 것이나 제 칠일은 너의 하나님 여호와의 안식일인즉 너나 네 아들이나 네 딸이나 네 남종이나 네 여종이나 네 육축이나 네 문안에 유하는 객이라도 아무 일도 하지 말라 이는 엿새 동안에 나 여호와가 하늘과 땅과 바다와 그 가운데 모든 것을 만들고 제 칠일에 쉬었음이라 그러므로 나 여호와가 안식일을 복되게 하여 그 날을 거룩하게 하였느니라" 하신 것입니다.

제58문 제4계명에서 명하는 것은 무엇입니까?

답: 제4계명이 명하는 것은 하나님께서 그의 말씀으로 정하신 때를 하나님께 거룩히 지키는 것, 곧 이레 중 하루를 종일토록 하나님께 거룩한 안식일로 지키라는 것입니다.

제59문 하나님께서 이레 중 어느 날을 매주의 안식일로 정하셨습니까?

답: 하나님께서 세상의 시작으로부터 그리스도의 부활까지는 매주 일곱째 날을 안식일로 정하셨고, 그 후로부터 세상 끝날까지는 매주 첫째 날을 안식일로 정하셨는데, 이 날이 그리스도인의 안식일입니다.

제60문 어떻게 안식일을 거룩하게 할 수 있습니까?

답: 안식일을 거룩하게 하는 것은 그 날 종일을 거룩하게 쉼으로 할 것이며, 다른 날에 정당한 세상일과 오락까지도 쉴 것이요, 그 모든 시간을 하나

님께 드리는 공적·사적 예배에 사용하되, 다만 부득이한 일과 자비를 베푸는 일에 사용할 수 있습니다.

제61문 제4계명에서 금하는 것은 무엇입니까?

답: 제4계명이 금하는 것은 그 명한 바 의무를 이행하지 않거나 조심없이 행하는 것이며, 게으르거나, 죄 되는 일을 하거나, 세상일과 오락에 관한 쓸데없는 생각과 말과 일로 그 날을 더럽히는 것입니다.

제62문 제4계명을 지켜야 할 이유는 무엇입니까?

답: 제4계명을 지켜야 할 이유는 하나님께서 우리 자신의 사업을 위하여 매주 엿새를 허락하셨고, 제 칠일을 자신의 특별한 날로 주장하셨고, 친히 모범을 보이셨고, 또한 안식일을 복 주셨기 때문입니다.

제63문 제5계명은 무엇입니까?

답: 제5계명은 "네 부모를 공경하라 그리하면 너의 하나님 나 여호와가 네게 준 땅에서 네 생명이 길리라" 하신 것입니다.

제64문 제5계명에서 명하는 것은 무엇입니까?

답: 제5계명이 명하는 것은 각자가 가지는 여러 지위와 관계에서 윗사람, 아랫사람 또는 동등한 사람으로서 타인의 명예를 지켜줄 것과 자신의 도리를 다하라는 것입니다.

제65문 제5계명에서 금하는 것은 무엇입니까?

답: 제5계명이 금하는 것은 여러 가지 지위와 관계에 있는 각 사람에게 존경과 의무를 소홀히 하거나 거스르는 것입니다.

제66문 제5계명을 지켜야 할 이유는 무엇입니까?

답: 제5계명을 지켜야 할 이유는 (하나님에게 영광이 되고 그들 자신에게 선이 되는 한) 이 계명을 지키는 모든 사람에게 장수와 번영을 약속하시기

때문입니다.

제67문 제6계명은 무엇입니까?
답: 제6계명은 "살인하지 말지니라" 하신 것입니다.

제68문 제6계명에서 명하는 것은 무엇입니까?
답: 제6계명이 명하는 것은 모든 합법적 노력을 기울여 우리 자신의 생명과 타인의 생명을 보존하라는 것입니다.

제69문 제6계명에서 금하는 것은 무엇입니까?
답: 제6계명이 금하는 것은 우리 자신의 생명이나 이웃의 생명을 불의하게 빼앗거나 해하는 것입니다.

제70문 제7계명은 무엇입니까?
답: 제7계명은 "간음하지 말지니라" 하신 것입니다.

제71문 제7계명에서 명하는 것은 무엇입니까?
답: 제7계명이 명하는 것은 마음과 말과 행동에서 우리 자신과 이웃의 성적 (性的) 순결을 보존하라는 것입니다.

제72문 제7계명에서 금하는 것은 무엇입니까?
답: 제7계명이 금하는 것은 모든 부정(不貞)한 생각과 말과 행동입니다.

제73문 제8계명은 무엇입니까?
답: 제8계명은 "도적질하지 말지니라" 하신 것입니다.

제74문 제8계명에서 명하는 것은 무엇입니까?
답: 제8계명이 명하는 것은 우리와 이웃의 부와 재산을 합법하게 얻고 증진 시키라는 것입니다.

제75문 제8계명에서 금하는 것은 무엇입니까?

답: 제8계명이 금하는 것은 우리와 이웃의 부와 재산의 증진을 부당하게 방해하거나 방해될 만한 일을 하지 말라는 것입니다.

제76문 제9계명은 무엇입니까?

답: 제9계명은 "네 이웃에 대하여 거짓 증거하지 말지니라" 하신 것입니다.

제77문 제9계명에서 명하는 것은 무엇입니까?

답: 제9계명이 명하는 것은 사람과 사람 사이의 진실함과 우리 자신과 이웃의 명예를 유지하고 증진시키라는 것이요, 특별히 증언하는 일에 있어서 그렇게 하라는 것입니다.

제78문 제9계명에서 금하는 것은 무엇입니까?

답: 제9계명이 금하는 것은, 무엇이든지 진실을 훼손하는 것과, 우리 자신과 이웃의 명예를 손상시키는 것입니다.

제79문 제10계명은 무엇입니까?

답: 제10계명은 "네 이웃의 집을 탐내지 말지니라 네 이웃의 아내나 그의 남종이나 그의 여종이나 그의 소나 그의 나귀나 무릇 네 이웃의 소유를 탐내지 말지니라" 하신 것입니다.

제80문 제10계명에서 명하는 것은 무엇입니까?

답: 제10계명이 명하는 것은 우리 자신의 처지에 완전히 만족할 것과, 우리 이웃과 그의 모든 소유에 대하여는 바르고 자애로운 마음씨를 가지라는 것입니다.

제81문 제10계명에서 금하는 것은 무엇입니까?

답: 제10계명이 금하는 것은 우리 자신의 처지에 대한 온갖 불만과, 이웃의 잘됨을 시기하거나 원통히 여기는 것과, 이웃의 것에 대한 부당한 행동

과 감정입니다.

제82문 하나님의 계명을 완전히 지킬 수 있는 사람이 있습니까?

답: 타락한 이후 현세에서 하나님의 계명을 완전히 지킬 수 있는 사람은 아무도 없으며, 날마다 생각과 말과 행동으로 계명을 어깁니다.

제83문 법을 어기는 죄는 모두 똑같이 악합니까?

답: 어떤 죄는 그 자체로서나 여러 가지 악화시키는 이유로 하나님 앞에서 다른 죄보다 더 악합니다.

제84문 모든 죄의 마땅히 받을 보응은 무엇입니까?

답: 모든 죄의 마땅히 받을 보응은 금생과 내세에서 하나님의 진노와 저주를 받는 것입니다.

제85문 우리의 죄로 인하여 받게 된 하나님의 진노와 저주를 피할 수 있게 하시려고 하나님께서 우리에게 요구하신 것은 무엇입니까?

답: 우리의 죄로 인하여 받게 된 하나님의 진노와 저주를 피할 수 있게 하시려고 하나님께서 우리에게 요구하시는 것은, 예수 그리스도를 믿는 것과, 생명에 이르는 회개와, 그리스도께서 우리에게 구속의 은혜를 전달하시는 데 쓰는 모든 외적 방도(方途)를 부지런히 사용하는 것입니다.

제86문 예수 그리스도를 믿는 믿음이란 무엇입니까?

답: 예수 그리스도를 믿는 믿음이란 구원의 은혜인데, 이로써 우리는 구원을 위하여 복음이 우리에게 전해주는 대로 예수 그리스도를 영접하고 그분만을 의지하는 것입니다.

제87문 생명에 이르는 회개란 무엇입니까?

답: 생명에 이르는 회개란 구원의 은혜인데, 이로써 죄인이 자기 죄를 바로 알고 그리스도 안에 있는 하나님의 자비를 깨달아, 자기 죄에 대하여 슬

퍼하고 미워하며, 새롭게 순종하고자 하는 굳은 결심과 노력으로 죄에서 떠나 하나님께로 돌이키는 것입니다.

제88문 그리스도께서 우리에게 구속의 혜택을 전달하는 데 사용하시는 외적 방도는 무엇입니까?

답: 그리스도께서 우리에게 구속의 혜택을 전달하는 데 사용하시는 외형적이고 통상적인 방도는 그의 정하신 것으로, 특히 말씀과 성례와 기도이니, 이 모든 것이 택함받은 자들의 구원을 위하여 효력있게 됩니다.

제89문 말씀이 어떻게 구원을 위하여 효력있게 됩니까?

답: 하나님의 영이 말씀의 낭독, 특별히 설교를 효력있는 방도로 사용하시어 죄인을 설복하고 회개시키며, 거룩함과 위로로 그들을 세워, 믿음으로 구원에 이르게 합니다.

제90문 하나님의 말씀을 어떻게 읽고 들어야 그것이 구원을 위하여 효력있게 됩니까?

답: 하나님의 말씀이 구원을 위하여 효력있게 되려면 우리는 부지런함과 준비와 기도로써 나아가야 하며, 믿음과 사랑으로 그 말씀을 받아들여 우리 마음에 새기며, 우리의 생활에서 이를 실천해야 합니다.

제91문 어떻게 하여야 성례가 효력있는 구원의 방도가 됩니까?

답: 성례가 효력있는 구원의 방도가 되는 것은 성례 자체에나 성례를 행하는 자에게 어떤 덕이 있어서가 아니요, 다만 그리스도의 복 주심과, 성례를 믿음으로 받는 자들 속에서 그리스도의 영이 일하심으로 되는 것입니다.

제92문 성례란 무엇입니까?

답: 성례란 그리스도께서 세우신 거룩한 예식인데, 이 예식에서 그리스도와 새 언약의 혜택이 감각적인 표상으로 믿는 자에게 표시되고 인쳐지며 적용되는 것입니다.

제93문 신약의 성례는 무엇입니까?

답: 신약의 성례는 세례와 성찬입니다.

제94문 세례가 무엇입니까?

답: 세례는 물을 가지고 성부와 성자와 성령의 이름으로 씻는 성례인데, 우리가 그리스도에게 접붙임 받음과 은혜 언약의 모든 혜택에 참여함과 주님의 것이 되기로 서약함을 표시하고 확증하는 것입니다.

제95문 어떤 사람에게 세례를 베풀어야 합니까?

답: 보이는 교회 밖에 있는 자는 그 누구라도 그리스도에 대한 믿음과 순종을 고백하기 전에는 세례를 받을 수 없으나, 보이는 교회의 회원의 유아들에게는 세례를 베풀 수 있습니다.

제96문 성찬이 무엇입니까?

답: 성찬은 그리스도께서 정하신 대로 떡과 포도주를 주고 받음으로 그의 죽음을 나타내 보이는 성례인데, 이를 합당하게 받는 자들은 육신적이거나 육욕적인 태도로 참여하지 않고, 오직 믿음으로 그리스도의 몸과 피에 참여하여 그의 모든 혜택을 받아 신령한 양식을 먹고 은혜 가운데서 자라가게 됩니다.

제97문 성찬을 합당하게 받으려면 어떻게 하여야 합니까?

답: 성찬에 참여하려는 자는 자신에게 주님의 몸을 분변하는 지식이 있는지, 주님을 양식으로 삼는 믿음이 있는지, 회개와 사랑과 새로운 순종이 있는지 스스로를 살펴야 합니다. 그렇지 않으면 합당치 않게 나아와 자신에게 임할 심판을 먹고 마시는 것이 됩니다.

제98문 기도가 무엇입니까?

답: 기도는 우리의 소원을 하나님께 아뢰는 것이요, 그의 뜻에 합한 것들을 그리스도의 이름으로 구하는 것이며, 우리의 죄를 고백하고, 그의 자비

하심을 깨달아 감사하는 것입니다.

제99문 하나님께서 기도의 지침으로 우리에게 주신 규칙은 무엇입니까?

답: 하나님의 모든 말씀이 우리의 기도의 지침으로 유용하지만 그 중에서도 특별한 지침은 그리스도께서 제자들에게 가르쳐주신 기도, 곧 일반적으로 '주기도' 라고 부르는 기도입니다.

제100문 주기도의 머리말이 우리에게 가르치는 것은 무엇입니까?

답: "하늘에 계신 우리 아버지" 라는 주기도의 머리말은, 언제라도 도와줄 능력이 있고 도와주고자 하는 아버지에게 자녀들이 나아가듯이, 우리도 모든 거룩한 공경심과 담대함을 가지고 하나님께 가까이 나아갈 것과, 우리가 다른 사람과 더불어 기도하고 다른 사람을 위하여 기도할 것을 가르칩니다.

제101문 첫 번째 간구에서 우리가 구하는 것은 무엇입니까?

답: "이름이 거룩히 여김을 받으시오며" 라는 첫 번째 간구에서 우리는, 하나님께서 우리와 다른 사람으로 하여금 자신을 알리시는 모든 일을 통해서 능히 하나님을 영화롭게 할 수 있게 해 주실 것과, 모든 것을 하나님 자신의 영광을 위하여 처리해 주시기를 구하는 것입니다.

제102문 두 번째 간구에서 우리가 구하는 것은 무엇입니까?

답: "나라이 임하옵시며" 라는 두 번째 간구로 우리는, 사탄의 나라가 멸망하고, 은혜의 왕국이 흥왕하며, 우리와 다른 사람들이 거기 들어가 지키심을 받고, 영광의 왕국이 속히 오게 하여 주시기를 구하는 것입니다.

제103문 세 번째 간구에서 우리가 구하는 것은 무엇입니까?

답: "뜻이 하늘에서 이룬 것 같이 땅에서도 이루어지이다" 라는 세 번째 간구로 우리는, 하나님께서 은혜를 베푸사, 하늘에서 천사들이 하듯이, 우리도 능히 기꺼운 마음으로 모든 일에 있어서 그의 뜻을 알아 순종하고

복종하게 하여 주시기를 구하는 것입니다.

제104문 네 번째 간구에서 우리가 구하는 것은 무엇입니까?

답: "오늘날 우리에게 일용할 양식을 주옵시고"라는 네 번째 간구로 우리는, 하나님께서 값없이 주시는 선물로서 이생의 좋은 것들 중에서 적당한 몫을 받아 그것들과 더불어 하나님의 복 주심을 즐거워할 수 있게 해주시기를 구하는 것입니다.

제105문 다섯 번째 간구에서 우리가 구하는 것은 무엇입니까?

답: "우리가 우리에게 죄 지은 자를 사하여 준 것 같이 우리 죄를 사하여 주옵시고"라는 다섯 번째 간구로 우리는, 하나님께서 그리스도를 보시고 우리의 모든 죄를 너그럽게 용서하여 주시기를 비는 것입니다. 우리가 그의 은혜로 말미암아 다른 사람들을 진심으로 용서할 수 있게 되었기 때문에 이렇게 기도하도록 격려를 받습니다.

제106문 여섯 번째 간구에서 우리가 구하는 것은 무엇입니까?

답: "우리를 시험에 들게 하지 마옵시고 다만 악에서 구하옵소서"라는 여섯 번째 간구로 우리는, 죄에 이르는 시험을 당하지 않게 지켜주실 것과, 시험을 당할 때는 우리를 붙드시고 구해 주시기를 구하는 것입니다.

제107문 주기도의 맺는말이 우리에게 가르치는 것은 무엇입니까?

답: "대개 나라와 권세와 영광이 아버지께 영원히 있사옵나이다 아멘"이라는 주기도의 맺는말은 기도할 담력을 오직 하나님에게서 얻어야 할 것과, 기도할 때에 나라와 권세와 영광을 하나님께 돌림으로 그를 찬송할 것을 우리에게 가르칩니다. 또한 우리 소원의 표시와 응답에 대한 확신으로 우리가 "아멘" 하는 것입니다.

웨스트민스터 예배모범

김효남 목사 번역

웨스트민스터에 회집한 성역자 총회에서 스코틀랜드 교회에서 파견한
대표들의 협조로 스코틀랜드, 영국, 아일랜드 세 왕국에 있는
그리스도의 교회간에 약속한 신앙 일치의 일환으로 가결됨.

1645년 총회와 의회의 법령으로 상술한 예배 모범을 채택 인준 함

서 문

복된 종교개혁이 막 시작되었을 때, 우리의 지혜롭고 경건한 조상들은
하나님의 말씀을 통하여 당시에 이루어지던 하나님을 향한 공중예배 가운
데 잘못되고 미신적이며 우상숭배적인 많은 것들이 있다는 사실을 발견하
였기에, 이것들을 시정하고자 심혈을 기울여 예배모범을 발표했다. 이를 계
기로 경건하고 학식있는 많은 사람들이 당시에 공동기도서가 발간되는 것
을 매우 기뻐하였는데, 이는 미사를 비롯하여 라틴어로 이루어지던 예배가
사라지고 이제는 우리말로 예배를 드리게 되었기 때문이었다. 이전에는 성
경이 많은 대중들에게 봉인된 책에 불과했었다. 하지만 이제는 그들도 자신
들의 모국어로 낭독되는 성경을 듣고 유익을 누리게 되었다.

그럼에도 불구하고 잉글랜드 국교회는 오랫동안 이 기도서 안에 있는 예
전(the Liturgy)를 사용했는데, 이를 통해 분명히 드러난 안타까운 사실이 있

다. 이는 곧 이를 작성한 사람들의 모든 수고와 신앙적인 의도는 높이 사지만 결국 본국에 있는 많은 경건한 성도들뿐만 아니라 해외 개혁교회들의 신앙에 비추어 보아도 이 기도서는 믿음에 방해물이 되었다는 사실이다. 모든 기도문을 다 읽으라고 촉구하여 성도들의 부담을 매우 가중시켰던 것은 말할 필요도 없고, 이 예전에 포함되어 있는 무익하고 짐스러운 수많은 의식들로 말미암아 그 예전을 따를 수 없었던 많은 경건한 목사들과 사람들은 이 의식들을 따르지 않고서는 누릴 수 없는 규례들을 빼앗겼을 뿐만 아니라 그들의 양심은 불안하게 되었기에 그들은 이 예식서로 말미암아 많은 어려움을 겪어야만 했다. 여러 선한 그리스도인들은 이로 말미암아 성찬에 참여할 수 없게 되었고, 능력 있고 신실한 많은 목사들도 그들의 목회사역을 감당할 수 없게 되었다. 그 결과 신실한 목사가 이토록 희귀했던 시대에 수없이 많은 영혼들이 위험에 처하게 되었다. 결국 그들은 생계가 막막하게 되어 그들과 그들의 가족들까지도 풍비박산이 나기에 이르렀다. 고위 성직자들과 그들의 일당들은 마치 우리에게 이 전례를 제외하고는 하나님을 예배하는 다른 방식이 없는 것처럼 이 책을 높이려고 노력해온 결과 하나님의 말씀이 선포되는데 심각한 장애가 되고 있으며, 특히 최근에 어떤 곳에서는 하나님의 말씀이 필요 없는 것으로 제쳐버리거나 기껏해야 공동기도문을 읽는 것과 비슷한 것으로 평가절하하고 있다. 그러나 무지하고 미신적인 많은 사람들은 이것을 우상과 다를 바 없이 만들었다. 그들은 예배 중에 자기들이 하고 싶은 대로 하고 또 입으로만 예배에 참여하며, 구원의 지식과 참된 경건에 대해 알지 못하고 주의를 기울이지 못한 결과 그 마음이 강퍅하게 되었다.

이런 가운데 교황주의자들은 이 예전의 내용이 자신들이 드리는 예배에서 많은 부분을 가져왔다고 자랑하고, 그들의 미신과 우상숭배가 옳은 것이라고 적잖이 확신하면서 스스로 개혁하기 보다는 오히려 우리가 자신들에게 돌아갈 것을 기대한다. 이러한 기대 속에서 그들은 이전 예식들을 강요하는 것이 정당하다는 거짓말을 구실로 새로운 예식들을 교회에 매일 강요하는 일을 최근 들어서 대단히 담대하게 하고 있다.

뿐만 아니라 예상하지 못했던 일도 일어났다. 예전은 한편으로는 성직자들을 게으르게 하고 덕스럽지 못한 사역을 하도록 만들고 또 그것을 가속화시켰는데, 이는 곧 다른 사람이 써 준 형식에 만족하여, 우리 주 예수 그리스도께서 자신의 종들을 직분자로 부르시면서 그들에게 주셨던 기도의 은사를 사용하지 않는 것이다. 그 기도서는 지금까지 그래왔듯이, 만약 계속 존재한다면 앞으로도 교회 안에서 끊임없는 갈등과 다툼을 만들어 낼 것이고, 이로 인하여 핍박을 받고 침묵을 강요당했던 수많은 경건하고 신실한 목사들은 물론이고 소망이 있는 곳에 있는 목사들, 곧 그들 중 많은 이들이 목회 사역에 대한 모든 고민을 하기보다는 다른 연구에 관심을 가지는 그런 목사들에게도 역시 올무가 되어왔다. 특히 후반기에 이르러서 하나님께서는 자신의 백성들에게 오류와 미신을 발견하고 경건의 비밀에 속한 지식을 얻기 위한 더 많고 좋은 수단을 주셨으며, 설교와 기도를 위한 은사도 베푸셨다.

이와 같이 공동기도서 전체에 대한 전반적이고 심도 있는 많은 고민을 하는 이유는 참신한 것에 대한 사랑이나 잉글랜드의 초기 종교개혁자들을 폄하하려는 의도에서 비롯된 것이 아니라 그 안에 포함된 여러 다양한 세부사항들 때문이다. 이 종교개혁자들이 만약 지금 살아있다면 우리는 그들이 우리와 이 일을 함께 할 것으로 믿는다. 또한 우리는 그들이 하나님께서 자신의 집을 정화하고 세우는 작업을 시작하기 위해서 세우신 탁월한 수단이었음을 인정한다. 그리고 우리는 우리와 우리 후손들이 그들을 영원토록 기억하되, 감사하는 마음을 가지고 영예로운 이들로 기억하기를 소망한다. 그러므로 우리가 이 책을 다시 살피는 이유는 우리가 어느 정도 하나님의 은혜로운 섭리에 대하여 대답할 수 있기 위한 것인데, 하나님께서는 이 섭리 가운데 우리에게 교회의 개혁을 더 진행하라고 요구하신다. 그리하여 우리의 양심은 만족을 얻고 다른 개혁교회들의 기대와 우리 가운데 있는 많은 경건한 이들의 열망에 부응하며, 동시에 우리가 "엄숙한 동맹과 언약"(Solemn League and Covenant)에서 약속한 하나님에 대한 예배에 있어서의 일치를 위한 우리의 노력에 대한 공적인 증거를 주기 위함이다. 이를 위하여 우리는 열심히 그리고 자주 모여 하나님의 이름을 부른 후에 많이 의논하되 혈육이 아니라 하나님의 거룩하신 말씀으로 이전의 예전을 버리기로 결정하였는데, 곧 전에 했던 예배에 사용된 많은 의식과 예식과 함께 중단하고 보통 때나 특별한 때나 공히 공예배의 모든 부분에 대한 아래의 모범을 사용하기로 결정하였다.

이 예배모범에서 우리가 관심을 가지고 있었던 것은 모든 예배규례에 있어서 하나님께서 제정하신 것들을 제시하는 것이다. 그 외 다른 것들은 하나님의 말씀의 일반적인 규칙에 어긋나지 않는 신자의 분별력의 법칙을 따라 진술하려고 노력하였다. 이 일에 있어서 우리는, 큰 항목들, 기도의 의미와 범위, 그리고 공중예배의 다른 부분들이 모든 사람들에게 알려질 때, 하나님에 대한 예배의 본질을 포함하는 이런 것들에 대해서 모든 교회들이 동의하기를 바랄 뿐이다. 그리고 이를 통해 목사들은 자신의 일을 감당함에 있어서 인도를 받아 교리와 기도를 동일하게 건전한 상태로 유지하게 되며, 필요하다면 어떤 도움과 보조를 받을 수도 있다. 하지만 이는 저희가 그들 안에 있는 그리스도의 은사를 불러일으키는 일에 나태하고 게으르게 되도록 하려는 것이 아니라, 각자가 묵상을 통하여, 그리고 자신과 하나님께서 자신에게 맡기신 양떼를 돌아보고, 하나님의 섭리의 방법을 관찰하여, 모든 경우에 요구되는 대로 자신의 마음과 입술에 더 많은 다른 기도의 재료를 공급하는데 신경 쓰도록 하기 위함이다.

회중의 회집과 공중 예배의 태도

회중이 공 예배를 위하여 모이는 경우 그들은 미리 마음을 준비하고 모두 다 나와서 함께 참여해야 한다. 게으름을 피우거나 다른 사사로운 모임을 구실로 공중 규례에 빠져서는 안 된다. 모든 회중은 경건하지 않은 마음으로 모임에 참여해서는 안 되고, 신중하고 품위 있는 태도로 예배당에 들어가고 난 다음에는 이곳저곳을 예를 표하거나 향하여 절하지 말고 바로 자리에 앉는다. 회중이 다 모이면, 목사는 회중들을 불러 위대하신 하나님의 이름을 예배하도록 엄숙하게 초청하고 난 후에 기도를 시작한다.

모든 경건과 겸손으로 주님의 측량할 수 없는 위대하심과 위엄이 그 분의 임재로 말미암아 특별한 방식으로 나타심과 저희의 악함과 주님께로 가까이 다가갈 자격이 없음과 위대한 일을 감당하기에는 전적으로 무능함을 인정하며, 이 모든 예배의 모든 순서 가운데 주님께서 용서하시고 도우셔서 이 예배가 열납 될 것과 예배 시간에 읽게 될 하나님의 말씀에 복을 주실 것을 겸손한 마음으로 간구할 것이다. 그리고 이 모든 것은 주 예수 그리스도의 이름과 중보에 의지하여 기도한다.

공중 예배가 시작되면, 회중은 전심을 다하여 예배에 집중할 것이로되 목사가 읽는 것 외에 다른 어떤 것도 읽지 말아야 하며, 주위 사람들과 사사롭게 속삭이거나 대화하거나 인사를 나누거나 거기에 참석해 있거나 들어오는 사람에게 예의를 차리는 모습은 더욱 삼가야 할 것이다. 뿐만 아니라 목사나 예배하는 다른 사람들, 아니면 자신이 예배할 때에도 방해가 될 수 있는 행동, 곧 다른 곳을 응시하거나, 졸거나 다른 무례한 행동들을 하지 말아야 한다.

만약 누군가가 부득이한 이유로 처음부터 예배에 참석하지 못하고 늦을 경우, 회중 가운데로 들어올 때 혼자 따로 가서 사사로이 예배를 해서는 안되고 겸손한 태도로 마음을 가라앉힌 후에 진행되고 있는 하나님의 규례에 모인 회중들과 함께 참여해야 한다.

공중 성경 낭독에 대하여

회중들이 모인 가운데 말씀을 봉독하는 것은 하나님께 대한 공 예배의 한 부분으로서 우리가 하나님께 의존하고 그 분의 통치 아래 있음을 인정하는 것이며, 자신의 백성들의 영혼을 고양시키기 위해서 하나님께서 친히 거룩하게 하신 방편이다. 이 말씀봉독은 목사와 교사가 감당해야 한다.

하지만 목사 후보생들도 노회의 허락을 얻으면 때때로 공예배 시에 말씀을 봉독하거나 자신이 가진 설교의 은사를 활용할 수 있을 것이다.

성경을 읽을 때에는 사람들이 보통 외경이라고 부르는 책은 다 제외하고, 신구약 성경에 속한 모든 정경만을 읽을 것인데, 이 때 성경을 읽는 이들은 가장 탁월하게 번역된 공인성경을 대중들이 사용하는 언어로 분명하게 읽어서 모든 청중들이 그 성경을 듣고 이해할 수 있도록 해야 한다.

한 번에 읽어야 할 분량은 목사의 재량에 맡겨야 한다. 하지만 매 예배에서 신구약에 속한 성경의 한 장 씩 읽는 것이 일반적으로 가장 편리하다. 때로 각 장이 짧을 경우나 아니면 내용이 연결되는 경우에는 더 읽을 수도 있다.

모든 정경을 순서에 맞게 빠뜨리지 않고 읽어서 사람들이 성경 전체에 보다 더 익숙해지도록 해야 한다. 보통 신구약 중 어느 하나가 어떤 주일에 끝나도록 하고, 그 다음 주일에 그 다음 성경을 읽기 시작한다.

시편과 같이, 성경을 읽는 자가 생각하기에 청중들의 건덕을 위해서 가장 좋다고 생각하는 성경은 더 자주 읽을 것을 권면한다.

성경을 읽는 목사가 현재 읽고 있는 부분 중에서 해설이 필요한 부분이 있다고 판단되는 경우에는 그 장 전체 혹은 그 시편을 다 읽고 난 후에 해설해야 한다. 그리고 성경을 읽는 시간도 충분히 고려하여서 설교나 다른 예배 순서를 줄이거나, 다른 순서들이 지루해지도록 만드는 일이 없도록 해야 한다. 이 규칙은 예배의 다른 모든 공적인 순서에서도 준수되어야 한다.

공적인 성경 봉독 외에 글을 읽을 수 있는 모든 사람들에게 개인적으로 성경을 읽을 것과 소유할 것을 권면해야 한다. 마찬가지로 글을 읽지 못하는 다른 모든 사람들에게도 나이가 많거나 그 외의 특별한 사유가 있지 않다면 글을 읽는 법을 배우도록 권면해야 한다.

설교 전 공중기도에 대하여

말씀을 읽고 시편을 부른 다음, 설교하는 목사는 자신뿐만 아니라 청중들도 마음 깊이 자신의 죄에 대하여 바로 깨달아 그 죄를 보다 충분히 고백하며 그것을 부끄럽고 수치스럽게 여기도록 하여 그들이 모두 주님 앞에서 죄에 대하여 슬퍼하고, 그리스도 예수 안에 있는 하나님의 은혜에 주리고 목마름을 느끼도록 노력해야 한다. 그리고 이러한 일이 일어나도록 하나님께 간구해야 한다.

　"우리의 엄청난 죄, 첫째로, 원죄, 곧 우리를 영원한 정죄로 인도하는 죄책을 제외하고 다른 모든 죄의 씨앗이 되며 영혼과 육체의 모든 기능과 능력들을 부패하고 오염시켰으며, 우리의 가장 선한 행위도 더럽히며, 은혜로 말미암아 제어되지 않거나 은혜로 우리의 마음이 새롭게 되지 않으면, 무수한 죄악은 물론이요, 인간들의 자손들이 가진 사악한 품성이 범한 주님을 향한 가장 거대한 반역을 뿜어내는 원죄로 말미암았으며, 다음으로 자범죄와 우리가 범한 죄와 위정자들과 목사들과 온 나라가 범한 죄, 곧 우리가 여러 측면에서 방조자의 역할을 했던 죄로 인한 우리의 죄악 됨이 얼마나 큰지를 인정합니다. 두렵게도 이와 같은 우리의 죄악은 많이 악화되었고, 우리는 거룩하고 정의로우며 선한 하나님의 모든 율법을 깨뜨렸으며, 금지된 것을 행하였고 반대로 명령하신 것은 행하지 않았습니다. 우리가 연약하고 무지했기 때문만이 아니라 우리는 우리의 마음에 있는 빛을 거스르고 우리의 양심의 제지와 성령님의 움직임에 역행하며 주제넘게 행동하여 우리의 죄를 가려줄 겉옷을 가지지 못했나이다. 오히려 하나님의 풍성하신 선하심과 관용과 오래 참으심을 멸시하고 복음 안에서 은혜로 우리를 초대하시고 제공하신 것을 완강히 거부하였나이다. 믿음으로 그리스도를 우리 마음에 영접해야 마땅함에도 그렇게 하지 않았으며 우리의 삶 속에서 그 분과 동행하기 위해서 힘쓰지 않았나이다.

　우리의 어두운 지성과 마음의 무감각과 우리의 불신앙과 완고함과 안일함과 미지근함과 열매 없는 삶을 애통하옵나이다. 죄를 죽이고 새로운 삶을 살기 위해 수고하지 않으며, 주시는 능력으로 경건을 연습하려 노력하지 않았던 것을 가슴 아프게 여깁니다. 우리 중에 가장 탁월한 자라도 한결같이 하나님과 동행하지는 않았으며, 우리의 옷을 때 묻지 않도록 깨끗이 하지 못했고, 하나님의 영광을 진실로 열망하지도 않았으며, 다른 이들의 선을 위해서 열정을 다하지도 못했나이다. 우리 하나님께서 우리에게 베푸신 그 많고 엄청난 자비와 그리스도의 사랑과 복음의 빛과 신앙의 개혁과 우리의 목적과 약속과 맹세와 엄숙한 언약과 다른 특별한 의무에도 불구하고 그와는 반대로 행하여 우리 회중에게 특별한 책임이 있는 다른 죄악들에 대해서 통회하나이다.

우리가 우리의 죄책을 확신하고, 그 죄책에 대한 깊은 인식 속에서 우리는 그 어떤 유익도 누릴 자격이 없으며, 반대로 하나님의 가장 맹렬한 진노와 율법의 모든 저주는 물론이요, 가장 패역한 죄인들에게 부과되는 가장 무거운 심판에도 합당한 존재임을 인정하나이다. 또한 하나님께서는 우리에게서 자신의 왕국과 복음을 빼앗아 가시고, 우리가 생을 사는 동안 모든 종류의 영적이고 일시적인 심판으로 우리를 괴롭게 하시며, 그 후에 불과 유황이 타오르는 호수에 있는 칠흙같은 어둠 속으로 우리를 던져 그곳에서 영원토록 울며 이를 갈도록 하시더라도, 이는 우리에 대한 가장 정당한 대우라는 것을 인정하나이다.

이 모든 것에도 불구하고, 유일한 희생의 풍요와 충족함, 곧 자신의 아버지이자 우리의 아버지도 되시는 분의 우편에서 감당하시는 예수 그리스도의 만족과 중보로 말미암아, 우리 기도에 대해 하나님께서 은혜롭게 응답해 주실 것이라는 소망을 품고 우리 스스로 격려하는 가운데 은혜의 보좌로 가까이 나아갈 수 있도록 하시나이다. 특별히 새 언약 안에 있는 엄청나게 자비롭고 은혜로운 위대하고 귀한 약속을 확신하면서, 그 언약의 동일하신 중보자를 통해 우리가 피할 수도, 감당할 수도 없는 하나님의 무거운 진노와 저주를 거부할 수 있도록 하셨사옵나이다. 그리고 우리의 모든 죄를 값없이 전적으로 용서해 주셨기에 우리는 겸손하고 진지하게 자비를 구하나이다.

　주님은 성령님을 통하여 우리의 마음에 자신의 사랑을 부으실 것이며, 동일한 양자의 영으로 말미암아 용서와 화해에 대한 온전한 확신을 우리에게 인쳐 주실 것이며, 시온에서 우는 모든 자들을 위로하시고, 상하고 고통 받는 영혼에 평안을 말씀하실 것이고, 깨진 마음을 가진 이들을 싸매 주실 것입니다. 자신의 상태에 대하여 안일한 상태로 으스대고 있는 영혼에 대해서 주님은 그들의 눈을 여시고, 그들의 양심을 깨우셔서 그들이 어둠에서 돌이켜 빛으로, 사탄의 능력에서 하나님께로 나아오도록 하셨는데, 이는 그들의 죄가 용서를 받고 그리스도 예수를 믿는 믿음으로 말미암아 거룩하게 된 사람들 가운데서 그들이 유산을 물려받도록 하기 위함이나이다.

　그리스도의 피로 말미암는 죄의 사함과 함께, 성령님을 통하여 성화되기를 기도하옵나이다. 이는 곧 우리 안에 거할 뿐만 아니라 자주 우리를 압제하는 죄를 죽이는 것이며, 그리스도 안에 있는 하나님의 생명으로 우리의 죽었던 영혼을 살리는 것이고, 삶에 있어서의 모든 의무와 하나님과 사람을 향한 부르심을 우리가 감당할 수 있도록 하는 은혜와 유혹에 대항하는 힘과 축복과 십자가를 거룩한 방식으로 사용하는 것과 믿음으로 인내하여 마지막까지 순종하는 것이나이다.

　복음과 그리스도의 나라가 온 세상에 전파되기를 기도하며, 또한 유대인들의 회심과 이방인의 충만한 수가 차고, 적그리스도가 몰락하며, 우리 주님의 재림이 속히 임할 것을 위하여 기도하옵나이다. 뿐만 아니라 고난 가운데 있는 해외의 교회가 반기독교 세력의 폭정과 터키인들의 잔인한 억압과 신성모독적 행위에서 벗어나게 하옵소서. 개혁된 교회들(reformed churches), 특별히 지금 "엄숙한 국가 동맹 언약(Solemn National League and Covenant)"을 통해 신앙적으로 더욱 엄격하게 연합된 스코틀랜드와 잉글랜드와 아일랜드 왕국과 그 교회 위에 하나님의 축복이 임하게 하옵소서. 그리고 이 세상의 멀리 떨어진 곳에 있는 우리의 식민지들을 위해서 기도하옵나이다. 특별히 우리가 그 회원으로 되어 있는 교회와 나라 안에 하나님께서 평화와 진리를 세우시고, 모든 하나님의 규례가 순결하게 지켜지며, 경건의 능력이 확립되게 하여 주소서. 이단과 분파주의와 하나님에 대한 불경과 미신과 안일함과 은혜의 수단 아래 있으면서도 열매를 맺지 못하는 모습이 사라지게 하옵소서. 우리 안에 있는 분열과 나눔을 고치시고 우리가 신성 언약(Solemn Covenant)을 범하지 않도록 하옵소서.

모든 권세자들, 특별히 국왕 폐하를 위하여 기도하옵나이다. 자신의 인격적인 부분 뿐 만 아니라 그가 주관하는 정부에서도 우리의 왕이 하나님의 풍성한 은혜를 누리게 하옵시고, 그의 왕좌를 경건과 의로움 위에 세우시고, 악한 계략에서 그를 구하시며, 그가 복음의 보전과 전파를 위한 도구가 되게 하시며, 선을 행하는 이들을 격려하고 보호하며, 악을 행하는 자들에게 두려움이 되고, 모든 교회와 그의 모든 왕국에 위대한 선을 위한 복되고 영광스러운 도구가 되게 하옵소서. 또한 여왕의 회심과 황태자의 신앙교육, 그리고 다른 모든 왕가 자손들을 위해서 기도하오며, 우리 여왕 폐하의 자매로서 고난 가운데 계신 보헤미아 여왕을 위로하옵시며, 라인강 팔라틴의 선제후이신 저명한 찰스 황태자가 자신의 영토와 존엄을 회복하고 확립하게 하시고, 여기 언급한 어떤 왕국에서도 의회가 진행 중일 때 그 의회에 복을 주시며, 귀족들, 지역 판사들과 행정관리들, 그리고 상류층의 신사들과 모든 평민들에게도 복을 내리소서.

모든 목사와 교사를 위해서 기도하옵는 것은 그들을 하나님의 성령으로 충만케하사, 그들이 거룩하고 분별력있으며 정의롭고 화평하며 영광스러운 삶의 본이 되게 하소서. 건전하고 신실하며 능력있는 사역을 감당하게 하시며, 수고할 때마다 풍성한 성공과 복이 함께 하게 하소서. 하나님의 모든 백성에게 하나님의 마음을 가진 목사를 보내소서. 교회와 영연방에 속한 대학과 모든 학교와 신학교가 그 배움과 경건에 있어서 점점 더 흥왕하게 하소서. 또한 특정 도시나 교회를 위해서 기도합니다. 하나님께서 말씀의 사역과 성례와 치리에 복을 주시고, 도시의 정부와 각각의 모든 가족들과 그 가족에 속한 사람들에게도 복을 주소서. 내적, 외적 고난을 겪고 있는 사람들에게 자비를 베푸시기를 원하옵나이다. 계절에 맞는 적합한 날씨를 주시고, 시절을 좇아 풍성한 열매를 거두게 하소서. 기근과 전염병과 칼과 같이 우리가 느끼거나 두려워하고, 아니면 책임을 져야하는 그런 심판을 면하게 하옵소서.

우리의 대제사장이신 주 예수님의 공로와 중보로 말미암아 하나님께서 자신에게 속한 모든 교회에 대하여 자비를 베푸실 것과 우리들을 받아주실 것을 확신하며, 우리 영혼이 하나님의 거룩한 규례들을 경건하고 정당하게 사용하는 가운데 하나님과 교제하기를 갈망한다고 고백합니다. 이를 위하여 하나님의 거룩한 안식일인 주일을 거룩하게 보낼 수 있는 하나님의 은혜와 효과적인 도움을 간절히 간구합니다. 이 주일에 공적이든 사적이든 모든 의무를 지키는 가운데 우리 자신은 물론이요 다른 모든 하나님의 백성들이 모인 교회 회중 가운데서도 복음의 풍요로움과 탁월함을 따라 이 날을 축하하고 누리게 하옵소서.

그리고 전에 우리는 열매 없는 청중들이었으며, 지금도 우리가 마땅히 할 수 있어야 하지만, 영적인 분별력이 없어 하나님의 깊은 것, 곧 예수 그리스도의 신비로운 것을 우리 힘으로 이해할 수 없기에, 우리가 유익을 얻도록 가르치시는 주님께서 은혜 가운데 은혜의 성령님을 부으시되, 이를 위한 외적인 수단과 함께 우리에게 주셔서 우리가 그리스도 예수 우리 주님에 대한 지식의 탁월함과 그 분 안에 있는 우리의 평안에 속한 것들에 대한 지식을 가져 그 분과 비교하면 모든 것들을 찌꺼기와 같이 여기며, 장차 나타날 영광의 첫 열매를 맛보게 하셔서 우리가 보다 충만하고 완전한 그리스도와의 교제를 갈망하고, 그 분이 계신 곳에 우리도 있어서 그 분의 오른편에 있는 그 즐거움과 기쁨을 온전히 영원토록 누리게 하옵소서.

더욱 특별히 간구하기는 하나님께서 특별한 방식으로 하나님의 종, 곧 지금 생명의 떡을 하나님의 권속들에게 나누어 주기 위해서 부르신 종에게 지혜와 충성과 열정과 말의 능력을 주셔서 그가 하나님의 말씀을 모든 사람에게 전하되 그에게 합당한 구절을 성령님의 증거와 능력이 나타나는 가운데 전하게 하소서. 또한 주님께서 청중들의 귀와 마음에 할례를 베푸셔서 그들이 온유함으로 영혼들을 구원할 수 있는 심겨진 말씀을 듣고 사랑하고 받아들이게 하옵시고, 그들이 옥토가 되어 말씀의 좋은 씨앗을 받아들일 수 있도록 하시며, 사탄의 유혹과 세상의 염려와 그들의 마음의 강퍅함과 그들로 하여금 유익하고 구원하는 소식을 듣지 못하도록 방해하는 모든 것에 대항하도록 힘을 주옵소서. 그래서 그리스도께서 그들 안에 생겨나게 하시고, 그들 안에 거하게 하시며, 그들의 모든 생각이 그리스도께서 보이신 순종을 따르게 하시며, 그들의 마음이 모든 선한 말과 행동 속에 영원토록 세워지게 하여 주옵소서."

우리는 이것이 일반적인 공중 기도에 있어서 가장 무난한 순서라고 생각한다. 하지만 목사가 신중하게 생각하여 옳다고 여길 경우 이 간구의 어떤 부분들은 설교 이후에 하거나 나중에 하려고 정했던 감사제목 가운데 몇 가지를 설교 전에 하는 기도 시간을 통해 하나님께 올려드릴 수도 있다.

말씀 선포에 대하여

구원에 이르게 하는 하나님의 능력이요, 복음사역에 있어서 가장 위대하고 탁월한 사역인 말씀선포는 설교자가 그 사역을 부끄러워하지 않고 오히려 자신과 자신의 설교를 듣는 이들을 구원하도록 이루어져야 한다.

임직에 관한 규정에 따라 그리스도의 사역자는 성경 원어는 물론이고 신학을 돕는 인문학(arts)과 자연과학(sciences)에 대한 능력을 갖추고, 신학의 전체 체계에 대한 지식, 무엇보다 성경에 대한 지식을 갖추되 보통 신자들보다 더 민감한 감각과 마음으로 그러한 지식들을 활용할 수 있을 만큼 이 막중한 사역을 감당할 수 있는 은사가 상당부분 구비되어 있다는 것이 전제된다. 뿐만 아니라 하나님의 성령님의 조명을 비롯해서 사람들을 교화시킬 수 있는 다른 은사들도 구비되어야 하는데, 이런 것들은 말씀을 읽고 연구하는 것과 동시에 기도를 통해서 지속적으로 구해야 하며, 아직 깨닫지 못한 어떤 진리라도 하나님께서 자신에게 알려주시기만 한다면 언제라도 받아들이고 수용하겠다고 결심하는 겸손한 마음으로 준비되어야 한다. 설교자는 자신이 준비한 것을 공개적으로 전달하기 전에 개인적으로 설교를 준비하는 가운데 이 모든 것들을 사용하고 개선시켜야 한다.

일반적으로 설교의 주제는 성경의 어떤 본문에서 가져와야 하고, 신앙의 어떤 원리나 항목, 혹은 당면한 어떤 특별한 상황에 적합한 내용이어야 한다. 아니면 설교자가 보기에 좋다고 생각되는 성경의 어떤 장이나 시편, 혹은 성경의 한 책을 설교할 수도 있다.

설교자는 자신이 선정한 본문에 대한 서론을 간략하고 분명하게 구성하되, 그 본문 자체나 본문이 맥락 혹은 본문과 병행되는 어떤 다른 본문이나 성경의 일반적인 진술에서 가져와야 한다.

역사에 대한 기술이나 비유에서와 같이 때로는 본문이 길 수밖에 없는 경우도 있는데, 만약 이처럼 본문이 길 다면 그 본문에 대한 간략한 개요를 제공해 주어야 하고, 만약 짧다면 필요한 경우 말을 바꾸어서 그 내용을 설명해야 한다. 어떤 경우든 부지런히 본문의 범위를 살피고 자신이 그 본문에서 뽑아내는 교리의 주요한 항목과 근거를 제시해야 한다.

설교 본문을 분석하고 나눌 때, 설교자는 단어들의 순서보다는 그 본문의 실제적인 내용의 순서에 더 관심을 가져야 한다. 처음부터 너무 많이 구분하고 분해하여서 청중들이 그것들을 기억하는데 부담을 주거나 모호한 기술적 용어로 그들의 마음을 불편하게 만들지 말아야 한다.

본문에서 교리를 도출해 낼 때, 먼저 그것이 하나님의 진리여야 하고, 둘째로 그 본문에 포함되거나 근거를 두고 있는 진리이기에 청중들이 그 본문에서 하나님께서 그 교리를 어떻게 가르치고 계신지 분별할 수 있어야 한다. 셋째, 설교자는 본문에 주요하게 제시된 그 교리들을 주로 주장해야 하며, 청중들의 건덕을 위해서 가장 힘써야 한다.

교리는 평범하고 단순한 용어로 표현해야 하며, 만약 설명을 해야 할 내용이 있다면 그것을 설명하되 그 결론도 역시 명확하게 본문을 밝혀서 가져와야 한다. 그 교리를 확증하는 성경의 병행 본문들을 사용할 때에는 많은 본문을 찾기보다는 분명하고 관련성이 있는 적절한 본문을 사용하는 것이 더 낫다. 이 원리는 고수되어야 하며, 당면한 목적에 맞게 적용되어야 한다.

주장이나 추론은 근거가 확실해야 하며, 가능한 한 설득력이 있어야 한다. 어떤 예화든지 모든 예화는 빛이 충만하여 청중들의 마음에 진리를 전달하여 그들이 영적인 즐거움을 누리도록 해야 한다.

성경적으로나 이성적 관점에서, 혹은 청중들의 편견에서부터 기인하여 청중들에게 어떤 분명한 의심이 일어나는 것처럼 보일 때, 그 의심은 반드시 없애야 하는데, 이 때 서로 다르게 보이는 것들을 조화시키고, 그 이유에 답을 하며, 편견과 실수의 원인을 발견하여 제거하는 방식으로 해야 한다. 그렇게 하지 않고 청중들을 붙잡아두고서 그들이 제기하는 헛되고 사악한 투정에 대해서 설명하고 답을 해 주는 것은 적절하지 않다. 그들은 끝없이 투정할 것이고 마찬가지로 그 투정들에 대해서 설명하고 대답해주는 것은 덕을 세우기보다는 오히려 방해만 되고 만다.

설교자는 자신이 그 교리를 아무리 분명하게 설명하고 확증했다하더라도 그 교리의 일반적인 내용에 머물러서는 안 되고 그 교리를 청중들에게 적용함으로 특별하게 사용해야 한다. 비록 이 작업이 목사 자신에게 대단한 분별력과 열정과 묵상을 요구하는 아주 어려운 일이며, 부패한 자연인에게

는 매우 불쾌한 일이 된다고 할지라도, 설교자는 이 일을 통하여 청중들이 하나님의 말씀이 살아있으며 강력할 뿐만 아니라, 마음의 생각과 의도를 분별한다는 것을 느낄 수 있도록 해야 한다. 그리고 만약 불신자나 무식한 사람이 청중 가운데 있다면 설교자는 그 사람의 마음에 있는 비밀한 것들이 드러나도록 하고 하나님께 영광을 돌려야 한다.

자신이 가르친 교리의 결과로 주어지는 어떤 진리에 대한 지식을 가지고 교훈하거나 그 진리에 포함된 정보를 사용할 때, 형편이 된다면 목사는 다루고 있는 해당 본문이나 성경의 다른 본문들 혹은 그 진리를 포함하고 있는 신학의 주요주제(common-place)가 가지는 본질에 토대를 둔 몇 가지 견고한 논증을 통해서 그것을 확증할 수 있다.

거짓 교리를 논박할 때 목사는 구태여 지난날의 이단을 새삼스럽게 무덤에서 꺼내어 논박하거나 불필요하게 신성모독적인 발언을 할 필요가 없다. 만약 사람들이 오류의 위험에 노출되어 있으면 목사는 정당하게 그 오류를 논박하고, 모든 반대에 맞서서 그들이 자신의 양심에 비추어 바르게 판단할 수 있도록 노력해야 한다.

청중들에게 자신의 의무를 감당하도록 권고할 때, 필요한 경우 목사는 그들이 그 의무를 실제로 행할 수 있도록 돕는 수단까지도 가르쳐야 한다.

말리거나 꾸짖거나 특히 공개적으로 질책할 때에는 특별한 지혜가 필요한데, 이 때 반드시 그럴만한 이유가 있어야 하며 목사는 단순히 그 죄의 본성이 얼마나 악하고 그 죄가 얼마나 크고 그 결과가 얼마나 비참한지만을 드러낼 것이 아니라 청중들로 하여금 자신들이 그런 위험에 직면해 있다는 사실을 알게 하여 그에 대해 놀라도록 하며, 동시에 그 위험을 피할 수 있는 치료책과 최선을 길도 함께 제시해야 한다.

모든 시험에 대한 일반적인 위로를 하거나 몇 가지 특별한 문제와 두려움에 대한 특별한 위로의 메시지를 전할 때, 목사는 불안해하는 마음과 고

통스런 영혼이 제기하는 질문이 자신의 메시지와 반대되더라도 이에 대해서 조심스럽게 대답해야 한다. 또한 목사는 가끔 시험에 대한 몇 가지 정보를 제공해야 한다. 유능하고 경험이 풍부한 목사가 신중하고 분별력 있게 행하고 그 내용들이 성경에 근거를 두었을 경우에 이는 매우 유익하다. 이를 통해서 청중들은 자신들이 그런 은혜에 도달했는지, 그리고 목사가 권면하는 그러한 의무를 감당했는지, 아니면 그 책망 받는 죄에 대하여 책임이 있으며 경고된 심판을 당할 위험이 있는지, 혹은 바로 자신이야말로 그 제시된 위로를 소유한 사람인지를 점검할 수 있게 된다. 그 결과 그들은 자신들의 형편에 필요한 대로 깨어나 그 의무를 감당하도록 자극을 받게 되고 자신에게 있는 부족함과 죄에 대하여 겸손하게 되며 자신이 처한 위험을 깨닫게 되고 동시에 위로를 통해서 힘을 얻게 된다.

목사는 해당 본문에 있는 모든 교리를 전부 다 전달할 필요가 없는 것처럼, 적용에 있어서도 그는 양들과 함께 거주하며 대화함으로 그들에게 가장 필요하고 요긴하다고 생각되는 것을 선별하여 사용해야 한다. 그 중에서도 그들의 영혼을 빛과 거룩과 위로의 근원이신 그리스도께로 인도하는 것들을 사용해야 한다.

이 방법은 모든 사람에게 혹은 모든 본문에 필수적으로 사용해야 되는 것으로 규정된 것은 아니고 단지 경험에 의해서 하나님께 속한 아주 복된 것으로 증명되었고 사람들이 이해하고 기억하는데 있어서도 대단히 유용한 것으로 드러났기에 장려하는 것일 뿐이다.

하지만 어떤 방법을 사용하든 그리스도의 좋은 자신의 모든 사역을 아래와 같이 감당해야 한다.

1. 수고롭게. 주님의 사역을 태만하게 해서는 안 된다.
2. 평이하게. 가장 비천한 사람도 이해할 수 있도록 평이하게 전해야 한다. 그리스도의 십자가를 무력하게 만들지 않으려면 진리를 전할 때

에 사람의 지혜에서 나오는 그럴 듯한 말로 하지 말고 성령님과 능력이 나타내시는 대로 전할 것이다. 또한 알지 못하는 말과 생소한 용어나 구절, 그리고 이상한 억양과 말을 무익하게 사용하는 것을 자제하고, 고대나 현대의 신학자들이나 다른 작가들의 구문은 그리 우아하지 않으니 인용하는 것을 절제해야 한다.

3. 신실하게. 자신의 이익과 영광이 아니라 그리스도의 영예로우신 모습과 회심과 건덕을 세우는 것과 사람들의 구원을 신실하게 바라보아야 한다. 거룩한 목적을 이루도록 돕는 것을 아끼지 말며, 모든 사람이 자신의 분깃을 가지도록 하고, 미천한 자를 소홀히 여기지 말고, 반대로 큰 자들이라고 특별히 아끼지 말며, 모든 이들을 동등하게 존중해야 한다.

4. 현명하게. 모든 교리와 권면과 특히 책망을 담되 그러한 것들이 가장 설득력 있게 전달되도록 지혜롭게 전달해야 한다. 각 사람의 인격과 지위를 존중하고 자기의 열정이나 비통한 마음을 섞지 말아야 한다.

5. 장중하게. 하나님의 말씀에 어울리게 장중한 태도로 전해야 한다. 인간의 타락한 본성으로 말미암아 사람들이 하나님과 그 분의 사역을 멸시할 수 있도록 하는 모든 몸짓과 목소리와 표현을 피해야 한다.

6. 사랑의 마음으로. 모든 것이 그들을 유익하게 하려는 목사의 경건한 열정과 간절한 소망에서 비롯되는 것을 볼 수 있도록 사랑의 마음으로 전해야 한다.

7. 하나님께 배운 대로 그리고 그 마음에 믿는 대로. 목사가 가르치는 모든 것은 그리스도의 진리다. 자신의 양떼 앞에서 행하되 그들의 본이 되며, 사적으로나 공적으로나 모든 경우에 있어서 하나님께서 복을 주실 만큼 힘을 다하여 섬기며, 경계함으로 자신과 주님께서 감독하라고 맡기신 양떼들을 살펴야 한다. 그러면 진리의 교리가 부패하지 않고 보존되며, 많은 영혼이 회심하고 자라며, 목사 자신도 이 생에서 자신의 수고로 말미암는 다양한 위로를 받을 것이고, 이후에는 다가올 세상에 자신을 위하여 예비된 영광의 면류관을 받게 될 것이다.

두 명 이상의 목사가 있으면, 그들에게 각기 다른 은사가 있고, 서로 동의하기만 하면, 자신이 가장 잘하는 은사대로 사역을 감당하되, 각각이 교리를 가르치는 일이나 권면하는 일에 전심을 다하도록 할 수 있다.

설교 후의 기도

설교가 끝나면, 목사는 하나님께서 자신의 아들 예수 그리스도를 우리에게 보내주신 가운데 나타난 위대한 그 분의 사랑에 대해서 감사하며, 성령님의 교통하심과 영광스러운 복음의 빛과 복음의 자유와 그 안에 나타난 풍성한 하늘의 복들에 대해서 감사해야 한다. 이 복으로는 이른바 선택, 소명, 양자, 칭의, 성화, 영광의 소망이 있다. 또한 이 땅을 반기독교적 어둠과 폭정에서 해방시키신 하나님의 선하심에 대해서 감사하며, 그 외의 다른 모든 국가적인 구원에 대해서 감사해야 한다. 뿐만 아니라 신앙의 개혁에 대해서도 감사하며, 언약과 많은 세상적인 복들에 대해서도 감사해야 한다.

복음과 복음에 속한 모든 규례가 그 순결함과 능력과 자유에 있어서 지속되기를 기도해야 한다. 주요하고 가장 유용한 설교의 내용을 몇 가지 간구하는 기도로 표현하고, 설교가 청중들의 마음에 머물러 열매 맺을 수 있도록 기도해야 한다.

죽음과 심판을 위한 준비를 위해서 기도하며, 주 예수 그리스도의 재림을 볼 수 있기를 기도해야 한다. 우리에게 속한 거룩한 것들 중에 있는 죄악을 용서해 달라고 하나님께 간청하여야 하며, 우리의 위대한 대제사장이시며 구세주이신 주 예수 그리스도의 공로와 중보를 통하여 우리의 영적인 희생 제사를 받아주실 것을 기도해야 한다.

그리스도께서 제자들에게 가르치신 기도는 단순히 기도의 양식일 뿐만 아니라 그 자체로 가장 포괄적인 기도이기도 하다. 우리는 교회의 기도에 사용할 할 것을 추천한다.

특별한 간구와 감사를 할 수 있는 성례를 시행할 때와 공적인 금식과 감사의 날을 열 때 그리고 다른 특별한 경우에 우리의 공 기도에 이러한 것을 다소 표현해야 한다. 예를 들면, 지금 같으면 웨스트민스터 총회와 해군과 육군에게 복을 주시도록 기도하고, 또 왕과 의회와 왕국의 안위를 위해서 기도해야 한다. 그리고 모든 목사는 그 때에 설교 전이나 후에 이런 것들을 위해서 힘써 기도해야 한다. 하지만 방식에 관해서 목사는 자유롭게 하나님께서 지도하시는 대로, 또한 경건과 지혜로 그가 자신의 의무를 감당할 수 있도록 힘주시는 대로 하면 된다.

기도가 끝나면, 시편찬송을 편의에 따라 부르고 난 후에, 그 때 모인 회중에 대하여 그리스도께서 명하신 다른 순서가 없으면, 목사는 엄숙한 축도로 회중을 해산할 것이다.

성례의 시행에 대하여

세례에 대하여

세례는 타당한 이유 없이 미루어서도 안 되지만, 어떤 경우라도 평신도가 집례해서는 안되고 하나님의 신비를 담당하는 청지기로 부르심을 입은 그리스도께 속한 목사가 시행해야 한다.

또한 사적인 장소에서나 사적으로 시행되어서도 안되고, 공중 예배가 열리는 곳에서, 그리고 사람들이 가장 편하게 보고 들을 수 있는 교회의 회중 앞에서 시행해야 한다. 교황 시대처럼 성수반이 부적절하고 미신적으로 놓여있는 장소에서 시행하는 것은 옳지 않다.

세례를 받을 아이는 하루 전에 목사에게 공지되어야 하며, 자신의 자녀가 세례받기를 간절히 원한다고 고백하는 아버지나 혹은 피치 못한 사정으로 아버지가 참석할 수 없을 때는 기독교인 친구가 아버지를 대신하여 아이와 함께 참석해야 한다.

세례를 주기 전에, 목사는 몇 가지 가르침을 전해야 한다. 이 때 이 성례의 제정과 본질과 사용과 목적에 대해서 간략하게 다뤄야 하는데, 다음과 같다.

"주 예수 그리스도께서 이 성례를 세우셨습니다. 이 성례는 은혜언약에 대한 보증이며, 우리가 그리스도께 접붙임을 받았다는 사실과 그 분과 연합된 사실, 그리고 우리의 죄가 사함을 받았다는 사실에 대한 확증입니다. 또한 중생과 양자와 영원한 생명에 대한 보증이기도 합니다. 세례의 물은 모든 죄, 곧 원죄와 자범죄의 책임을 제거하는 그리스도의 피를 상징하며, 또한 죄의 지배와 우리의 죄악된 본성의 부패에 대항하는 그리스도의 영의 거룩하게 하시는 미덕을 상징합니다. 세례, 혹은 물로 뿌리고 씻어내는 행위는 죄를 죽이는 것과 더불어 그리스도의 피와 공로를 통하여 죄를 씻어 내는 것과 그리스도의 죽으심과 부활로 말미암아 죄를 떨치고 일어나 새로운 생명을 얻는 것을 상징합니다. 이 약속은 신자들과 신자의 후손들에게 주어진 것입니다. 교회에서 태어난 신자들의 후손과 자손들은 태생적으로 언약에 참여하게 되며, 구약 시대의 아브라함의 자손들에 못지 않게 복음 아래서 교회의 외적인 특권에 대한 권리를 가집니다. 본질에 있어서 이것은 동일한 은혜언약입니다. 그러므로 하나님의 은혜와 신자들의 위로가 그 전보다 더 풍성하게 넘치게 됩니다. 하나님의 아들은 어린 아이들을 자신에게로 오게 하시고 품에 안으사 복을 주시며, 하나님 나라를 이런 자의 것이라고 말씀하셨습니다. 어린이들은 세례를 통하여 엄숙하게 가시적 교회의 품에 받아들여지게 되며, 세상과 외인들과 구별되고, 신자들과 연합됩니다. 그리스도의 이름으로 세례를 받은 모든 사람들은 세상을 포기하며, 세례로 말미암아 마귀와 세상과 육체와 대항하여 싸울 수밖에 없는 사람이 됩니다. 그들은 그리스도인들이며, 세례 이전에 이미 언약적 의미에서 거룩하였고, 그러기에 세례를 받게 되는 것입니다. 세례의 내적인 은혜와 덕은 세례가 시행되는 그 순간에 매이지 않습니다. 세례의 열매와 능력은 우리 삶의 여정 전체에 미칩니다. 외적인 세례의식은 만약 받지 않을 경우 영아가 정죄의 위험에 처하게 되거나, 이 성례가 시행될 수도 있는 장소와 시기에 하지 못한다하더라도 그 부모가 그리스도의 이 규례를 경멸하거나 소홀히 한 것이 아니라면 그들에게 죄를 물어야 할 만큼 필수적인 것은 아닙니다."

이와 같이 가르칠 때 세례 교리에 대해서 사람들이 무지하거나 잘못 알고 있어서, 혹은 사람들의 건덕을 위해서 필요할 경우 목사는 자신의 재량권과 경건한 지혜를 사용해야 한다.

뿐만 아니라 목사는 그 자리에 참석한 모든 사람들에게 다음과 같은 취지로 훈계한다.

"그들이 자신의 세례를 기억하며, 그들이 하나님과 맺은 언약에 신실하지 못했던 것에 대해서 회개하고, 그들의 믿음을 고양되며, 자신이 받은 세례와 세례를 통해 확증한 하나님과 자신의 영혼 사이에 맺은 언약을 개선하고 바르게 사용하게 되도록 한다"

목사는 부모에게 권면하되,

"그들이 자신과 자신의 자녀에게 임한 하나님의 위대한 자비를 생각하고, 기독교 신앙의 근본원리에 대한 지식 안에서, 주님의 양육과 훈계로 자녀를 양육하며, 만약 이와 같이 양육하기를 소홀히 하면, 자신과 그들의 자녀를 향한 하나님의 진노가 얼마나 위험한 것인지 알도록 하되, 그들이 이와 같이 행하고 의무를 다할 것을 엄숙히 약속하도록 해야 한다."

이렇게 한 후에 제정의 말씀과 함께 이 물이 거룩하여져서 이와 같은 영적인 의미로 사용될 수 있도록 기도해야 한다. 그러므로 목사는 이와 같은 취지로 다음과 같이 기도하여야 한다.

"우리를 외인과 같이 약속의 언약이 없이 내버려두시지 않으시고 우리를 불러 하나님의 규례에 참여하는 특권을 주신 주님께서 은혜 가운데 하나님께서 세우신 세례를 거룩하고 복되게 하시옵소서. 성령의 내적인 세례와 외적인 물세례를 하나가 되도록 결합시키시고, 이 유아세례가 양자삼으심과 죄의 용서와 중생과 영원한 생명과 은혜언약에 속한 다른 약속들에 대한 확증이 되게 하소서. 이 아이가 그리스도의 죽으심과 부활하심을 닮게 하시고, 죄의 몸이 무너져서 이 아이가 평생에 새로운 생명을 가지고 하나님을 섬기게 하소서."

다음으로 목사는 그 어린 아이의 이름을 묻고, 이름을 알려주면, 그 아이의 이름을 부르면서 이렇게 말해야 한다.

"성부와 성자와 성령의 이름으로 내가 세례를 주노라"

이렇게 말하면서 목사는 물로 그 아이에게 세례를 베푼다. 이 예식을 행하는 적법하고 충분한 방식은 다른 의식을 추가하지 말고 물을 아이의 얼굴에 붓거나 뿌리는 방법인데, 이것이 가장 적절하다.

이렇게 하고 나서 목사는 다음과 같은 감사기도를 드린다.

"전적으로 감사드리며 주님께서는 언약을 지키시고 자비를 베푸심에 참되시고 신실하신 분이심을 인정합니다. 하나님은 선하시며 은혜로우시되, 단지 우리를 신자들 가운데 속하게 하셨기 때문이 아니라 우리의 자녀들에게 그리스도 안에 있는 하나님의 사랑을 나타내는 이 탁월한 상징과 표지를 기뻐하셨기 때문임을 인정합니다. 하나님의 진리와 특별한 섭리 가운데 하나님은 매일 몇몇 사람들을 교회의 품으로 인도하여 하나님의 사랑하는 아들의 피로 사신 하나님의 상상할 수 없는 유익에 참여하게 하심으로 교회가 유지되고 성장하게 하신다는 사실을 인정합니다.

그래서 기도하옵나니 주님께서는 한결같으시고 매일 이 말할 수 없는 하나님의 호의를 점점 더 많이 확증하여 주옵소서. 이제 막 세례를 받아 엄숙하게 믿음의 권속이 된 이 아이를 받으사 하나님께서 가르치시고 보호하시며, 하나님께서 자신의 백성들에게 보이셨던 그 사랑으로 이 아이를 기억하옵소서. 만약 이 아이를 어린 시절에 데려가신다면 자비가 풍성하신 주님께서 이 아이를 영광 가운데 받아 주시옵소서. 만약 이 아이가 살아서 사리를 분별할 수 있는 나이가 되면 주님께서는 이 아이를 말씀으로 가르치시고 이 세례가 효과를 보게 하시며 하나님의 능력과 은혜로 이 아이를 붙드사 이 아이가 믿음으로 마귀와 세상과 육신을 대적하여 완전하고 최종적이 승리를 거둘 때까지 이기게 하시고, 믿음을 통하여 역사하는 하나님의 능력이 이 아이를 지켜 예수 그리스도 우리 주님을 통하여 구원에 이르게 하여 주옵소서."

성찬식, 곧 주의 만찬의 시행에 대하여

주의 만찬인 성찬식은 자주 시행되어야 한다. 하지만 성찬을 얼마나 자주 시행할 것인가에 대해서는 목사들과 개 교회를 다스리는 다른 직분자들이 자신들이 담당하고 있는 성도들의 편의와 건덕을 고려하여 가장 적절한 빈도를 결정할 수 있다. 우리는 오전 예배 중에 설교가 끝나고 난 이후가 성찬이 시행되기에 가장 좋은 시간이라고 생각한다.

무지한 사람들과 부끄러운 일을 행하는 이들은 주의 만찬인 성찬식에 참여하기에 적합하지 않다.

사정이 여의치 않아 성찬식을 자주 할 수 없는 교회에서는 성찬식이 열리기 전 주에 반드시 공고되어야 한다. 성찬을 공고할 때든지 아니면 주 중에 한 날을 정하여 성찬식이라는 예식에 관한 내용과 성찬식을 바르게 준비하고 참여하는 법을 가르쳐야 한다. 또한 이와 같은 목적으로 하나님께서 거룩하게 하신 모든 공적이고 사적인 수단을 부지런히 사용하여 모든 성도들이 이 천국 잔치에 참여할 준비를 더 잘 해올 수 있도록 해야 한다.

성찬식을 시행하는 날이 이르면, 목사는 설교와 기도를 마친 후 짧은 권면의 말씀을 전해야 한다.

성찬식을 통해서 우리가 가지게 된 헤아릴 수 없는 유익과 더불어 성찬의 목적과 어떻게 사용할 것인지에 대해서 설명하고, 이 순례길과 영적 전쟁에서 우리가 성찬식을 통해서 위로를 누리고 새힘을 공급받는 것이 절대적으로 필요하다는 사실을 제시한다. 우리가 성찬상에 나아갈 때 지식과 믿음과 회개와 사랑과 함께 그리스도와 그 분이 이루신 유익에 대해서 주리고 목마른 영혼으로 나아가는 것이 얼마나 필요한지, 그리고 합당하지 않게 먹고 마시는 것이 얼마나 위험한지를 설명해야 한다.

그런 다음 한편으로 목사는 무지하고 추문을 일삼으며 불경하여 어떤 죄 안에 거하며 자신의 지식과 양심에 거슬리는 삶을 살아 스스로 거룩한 성찬상으로 나갈 수 없다고 생각하는 모든 사람들에게 경고하여야 하며, 이 때 합당하지 않게 먹고 마시는 자는 자신을 향한 심판을 먹고 마시는 것이라는 사실을 보여주어야 한다. 다른 한편으로 목사는 자신의 죄의 짐을 짊과 진노에 대한 두려움 아래서 수고하며, 자신이 도달할 수 있는 것보다 더 많인 은혜 안에서 성장하기를 갈망하는 모든 사람들이 주의 성찬상으로 나오도록 특별한 방법으로 초청하고 격려해야 한다. 이 때 목사는 동일한 그리스도의 이름으로 약하고 지친 그들의 영혼에 쉼과 새로운 힘과 능력이 있음을 확신시켜야 한다.

이렇게 권면과 경고와 초청을 한 후에, 이미 단정하게 덮여 적절하게 놓여 있는 성찬상 주위에 참여자들이 앉으면, 목사는 자신 앞에 준비된 떡과 포도주에 축복함으로 거룩하게 함으로 예식을 시작한다. 이 때 먼저 간단히 이 성찬의 요소들이 다른 때에는 평범한 것이지만 지금은 성찬 제정사와 기도를 통하여 이 거룩한 용도로 구별되고 거룩하게 되었음을 먼저 보여준다. 목사는 정갈하고 예쁜 용기에 담겨 잘 준비된 떡을 떼어 주되, 성찬 참여자들에게 나눠준다. 큰 잔에 있는 포도주도 같은 방식으로 나눈다.

성찬 제정사는 복음서의 내용을 읽거나, "내가 전한 것은 주께 받은 것이나..."로 시작되는 사도 바울의 고린도전서 11:23-27을 읽는다. 이 때 목사는 필요하다고 여기면 이 말씀을 설명하고 적용할 수도 있다.

이 기도나 감사, 혹은 떡과 포도주에 대한 축복은 다음과 같은 형태로 한다.

> "우리가 처한 비참한 형편이 얼마나 크고 심각한지, 그리고 하나님의 모든 자비 중에 가장 작은 것조차도 받을 자격이 우리에게 없다는 사실을 진심으로 겸손하게 인정합니다. 하나님께서 우리에게 베푸신 모든 유익과 특히 그 중에서 우리를 구속하셨다는 위대한 유익과 성부 하나님의 사랑과 우리를 구원한 성자 주 예수 그리스도의 고난과 공로에 대해서 감사합니다. 또한 모든 은혜의 수단과 말씀과 성례를 주심에 감사드립니다. 특히 그리스도와 그에게 속한 모든 유익을 우리에게 적용하고 우리에게 확증하는 이 성찬이라는 성례로 인하여 감사드립니다. 다른 이들에게는 그리스도와 이 모든 유익을 베푸시기를 거부하셨으나 오랜 세월동안 이 모든 것들을 그렇게도 남용하였음에도 불구하고 위대하신 자비하심으로 말미암아 우리에게는 지속시켜 주시니 감사드립니다.
> 예수 그리스도의 이름 외에 천하 인간에 우리가 구원을 받을 수 있는 다른 이름이 없으며, 오직 이 이름을 통해서만 우리가 자유와 생명을 얻고, 은혜의 보좌 앞으로 나아갈 수 있으며, 그리스

도의 상에 앉아 먹고 마실 수 있으며, 그 분의 성령님께서는 행복과 영원한 생명에 대한 인을 우리에게 치시는 것을 고백합니다.

　　모든 자비의 아버지이신 하나님, 모든 위로의 하나님께서 우리 안에 은혜롭게 임재하시고, 또 성령님의 효과적인 역사가 우리 안에 일어나도록 하여 주옵소서. 떡과 포도주라는 성찬의 두 요소를 거룩하게 하시고 하나님께서 세우신 이 의식에 복을 내리사, 우리를 위하여 십자가에서 죽으신 예수 그리스도의 피와 살을 우리가 믿음으로 받게 하소서. 또한 그 분을 먹음으로 그리스도께서 우리와 하나가 되시고, 우리도 그 분과 하나가 되게 하소서. 그리하여 그 분이 우리 안에 거하시고 우리가 그 분 안에 거하게 하시며, 우리를 사랑하사 우리를 위하여 자신을 내어 주신 그리스도를 위하여 살게 하소서."

목사는 이 거룩한 행위에 어울리는 적절한 감정을 가지고 이 모든 것을 준행하기 위해서 노력하고, 청중들도 같은 마음을 품도록 해야 한다.

이제 말씀과 기도로 이 요소들을 거룩하게 하였으니, 목사는 성찬상에서 떡을 떼어 자신의 손에 잡고 다음과 같이 말해야 한다. 아니면 그리스도나 그의 사도들이 성찬식을 할 때 사용했던 비슷한 말씀을 사용해도 된다.

　　"우리의 복되신 구세저이신 예수 그리스도의 거룩한 제정과 명령과 본을 따라, 나는 이 떡을 취하여, 축사한 후에 떼어 여러분들에게 나눠줍니다."

이 때 목사 자신도 성찬에 참여하는 가운데 떡을 떼서 수찬자들에게 나눠 준다.

　　"받으라, 먹으라, 이것은 너희를 위하는 내 몸이니 이것을 행하여 나를 기념하라"

같은 방식으로 목사는 잔을 들고 다음과 같이 말한다. 아니면 그리스도나 그의 사도들이 성찬식을 할 때 사용했던 비슷한 말씀을 사용해도 된다.

"우리 주 예수 그리스도의 제정과 명령과 본을 따라, 나도 이 잔을 취하여 여러분들에게 드립니다."

여기서 목사는 잔을 수찬자들에게 준다.

"이 잔은 그리스도의 피로 세운 새 언약이니, 이는 죄 사함을 얻게 하려고 많은 사람을 위하여 흘리신 것이라. 너희가 이것을 다 마시라"

모든 사람들이 성찬에 참여한 후에, 목사는 이 성례를 통하여 나타난 예수 그리스도 안에 있는 하나님의 은혜에 대하여 간단하게 몇 마디 말을 할 수 있고, 그들이 성례에 합당한 삶을 살도록 권면할 수 있다.
목사는 하나님께 엄숙한 감사의 기도를 드린다.

"이 성례를 통하여 사람들에게 주어진 하나님의 풍성한 자비와 말할 수 없는 선하심에 대하여 감사하며, 전체 예배 가운데 부족함이 있었다면 용서해 주시고, 하나님의 선하신 성령님께서 은혜 가운데 청중들을 도우셔서 이들이 이 위대한 구원의 표지를 받은 자들로 합당하게, 그 은혜의 능력 안에서 행할 수 있도록 하옵소서"

가난한 자들을 위한 헌금 순서는 공중 예배가 방해받지 않도록 정한다.

주일 성수에 대하여

주일은 미리 기억하였다가 우리에 대한 일반적 부르심에 속한 모든 세상의 일을 잘 정돈하고, 시의 적절하게 배분하여, 그 일들이 주일을 거룩하게 지키는데 방해가 되지 않도록 해야 한다.

공적이든 사적이든 모든 일에 있어서 주일 하루 전체를 주님을 향한 거룩한 날이자 그리스도인의 안식일로 기념해야 할 것이다. 이를 위해 거룩한 의미에서 주일날은 하루 종일 불필요한 노동을 멈추고 쉼을 누리며, 모든 스포츠와 여가활동 뿐만 아니라 세상적인 말과 생각도 삼가야 한다.

주일날은 먹는 음식도 신경을 써서 종들도 꼭 필요하지 않은 일 때문에 하나님에 대한 공중예배에 참석하지 못하는 일이 있어서는 안 되고, 다른 어떤 사람도 그 날을 거룩하게 지키는 일에 방해받아서는 안 된다. 모든 개인이나 가정은 별도로 주일을 준비해야 한다. 이 때 그들은 자신을 위해서 기도해야 하며, 더 나아가 하나님께서 목사를 도우시고 그 목사의 사역에 은혜를 베푸시도록 기도해야 한다. 그리고 다른 거룩한 활동을 통해서도 하나님의 공적인 규례 속에서 하나님과 더욱 평안한 교제를 나눌 수 있도록 자신을 준비해야 한다.

모든 사람들은 공중예배를 위해서 정해진 시간에 모여서 전체 회중이 예배의 처음부터 모든 순서에 한 마음으로 하나가 되어 참여해야 하며, 축도가 끝날 때까지 누구도 떠나서는 안된다.

회중들이 공적으로 모이는 엄숙한 모임들 중간이나 그 이후에 비는 시간에는 성경을 읽거나 말씀을 묵상하거나 설교를 다시 한 번 되짚어보는 시간을 가져야 한다. 특히 가족들이 함께 들었던 말씀을 상기할 수 있도록 하고, 그들에게 교리문답을 가르치고, 거룩한 대화를 나누며, 공적인 규례 가운데 복을 주시도록 기도하며, 시편을 부르고, 환자를 심방하며, 가난한 자를 구제하는 등과 같은 경건과 자선과 자비의 일을 감당하는 가운데 주일을 기쁘게 보내하도록 한다.

결혼식의 거행

비록 결혼예식은 성례에 속하지 않고 교회의 고유한 사역이라고 할 수 없으며, 오히려 모든 인류에게 보편적인 것이며, 대영제국의 모든 지역에서 찾을 수 있는 공적인 관심사이지만, 결혼하는 자는 주안에서 결혼해야 하고, 결혼이란 새로운 상황으로 들어가는 시작이기에 하나님의 말씀을 통한 교육과 지도와 권고와 하나님의 축복이 결혼하는 이들에게 특히 필요하므로 하나님의 말씀을 수종드는 합법적인 목사가 결혼을 진행하여서 그가 신랑과 신부를 상담하며 그들을 축복하는 것이 좋다고 생각한다.

결혼은 한 남자와 한 여자 사이에서만 할 것이다. 또한 하나님의 말씀이 금하는 정도의 친족이나 가까운 사이끼리는 결혼해서는 안 된다. 그리고 결혼하는 신랑과 신부는 사리를 신중하게 분별할 수 있는 연령이 되어야 하며, 자기 스스로 결정할 수 있고, 그들이 서로 이 결혼에 동의한다는 충분한 근거가 있어야 한다.

어떤 사람들 사이에서 결혼식을 거행하기 전에, 목사는 세 번의 안식일날 결혼의 결정에 대해서 회중들에게 공고하되, 그들이 가장 자주 모이고 시간을 보내는 장소에 각각 공고문을 붙여야 한다. 그리고 그들의 결혼식에 참여할 목사는 그 결혼을 집례하기 전에 결혼에 대한 충분한 증인을 확보해야 한다.

신랑과 신부가 결혼하기로 했다는 사실을 공고하기 전에, 만약 양측이 미성년자라면, 부모의 동의가 필요하고, 혹 부모가 죽었을 경우에는 그들의 다른 보호자의 동의가 교회의 직분자들에게 전달되어야 하며 교회는 이를 기록으로 남겨야 한다.

비록 성인들이라고 할지라도 부모가 생존해 있고 또 첫 번째 결혼인 경우, 다른 모든 사람들도 동일한 과정을 거쳐서 결혼해야 한다.

양측 가운데 하나라도 재혼인 경우, 신랑과 신부는 먼저 부모님들에게 이 사실을 상세히 알리고 그들의 허락을 얻으려고 노력하지도 않고 혼인신고를 하는 일이 없도록 권면해야 한다.

부모는 자녀들이 원하지 않는 결혼을 강요해서는 안 되며, 반대로 정당한 이유없이 그들이 원하는 결혼을 반대해서도 안된다.

이렇게 결혼의 결정 혹은 혼인계약을 공고하고 나서, 오랫동안 결혼을 미루어서는 안 된다. 그러므로 목사는 가용한 대로 이에 대해 경고를 하고 이 경고에 대해서 반대하지 않는다면 공적인 겸비의 날을 제외하고 일 년 중 어떤 날이든지 정하여 그 날의 편한 시간에 믿을 수 있는 충분한 증인들 앞에서 목사가 예배를 위해서 직권으로 정한 장소에서 이 결혼식을 거행한다.

모든 인간의 관계는 말씀과 기도로 거룩하여지므로 목사는 다음과 같은 취지로 그들에게 복이 임하도록 기도해야 한다.

"우리의 죄를 인정하오며 그 죄로 인하여 우리는 하나님의 가장 적은 자비도 받을 수 없는 자가 되었을 뿐만 아니라, 우리의 평안을 고통으로 바꿀 수 밖에 없도록 우리가 하나님을 노엽게 하였음을 고백합니다. 자신의 임재와 호의가 있기만 하면 모든 상황을 행복한 상태로 바꾸시고, 모든 관계를 복되게 하시는 주님께 진정 그리스도의 이름으로 간구하옵나이다. 주님께서 그들의 분깃이 되어 주시고, 영광스러운 결혼의 상태, 곧 하나님과의 언약 안에서 그들과 연합되실 그리스도 안에서 그들을 소유하시고 받아주시옵소서. 하나님의 섭리로 그들을 하나로 연합시키셨듯, 성령님을 통하여 그들을 거룩하게 하시되 그들이 새로이 처하게 된 상

382

태에 적합한 새로운 마음의 틀을 그들에게 주시옵소서. 이 때 그들에게 모든 은혜를 풍성히 베푸시고, 그들이 이를 통해 신자답게 주어진 의무를 감당할 수 있게 되며, 위로를 누리고, 염려를 이겨내며, 자신들의 현재 상태에서 맞이하게 되는 시험과 싸울 수 있도록 하시옵소서."

기도가 끝나면 목사가 성경 말씀을 가지고 간단하게 그들에게 선언하는 것이 좋다.

이 때 결혼제도의 제정과 용도와 목적, 그리고 부부가 서로를 향해서 신실하게 감당해야 하는 의무에 대해서 선언하여야 한다. 또한 하나님의 거룩한 말씀을 연구도록 권면하여, 그들이 믿음으로 살 뿐만 아니라 결혼 생활 중에 여러 걱정과 문제에 부딪히더라도 만족하며 살도록 해야 한다. 그리하여 감사하고 진지한 마음으로 부부 상호간에 함께 위로하여 하나님의 이름을 거룩히 여기며, 부부가 함께 또 서로를 위하여 많이 기도하고, 서로를 살필 뿐만 아니라 사랑과 선행을 격려할 뿐만 아니라 생명의 은혜를 물려받은 상속자로서 함께 살아갈 것을 권한다.

이 결혼 전에 둘 중 누군가가 다른 사람과의 결혼을 약속하거나 아니면 다른 이유로 그들이 적법한 결혼을 진행할 수 없다는 것을 두 사람 중에 한 사람이 안다면, 위대하신 하나님, 곧 모든 사람의 마음을 감찰하시며, 마지막 날에 부부가 세세하게 설명해야 하는 하나님 앞에서 이제 모두가 알도록 드러낼 것을 결혼하게 될 두 사람에게 엄숙하게 권면한 후에, 결혼을 중지시킬만한 어떤 문제도 없다면, 목사는 먼저 신랑에게 오른손으로 신부를 붙잡게 한 다음 다음과 같이 말하도록 한다.

"나 OOO는 그대 OOO를 아내로 맞이하며, 하나님께서 죽음을 통해서 우리를 갈라놓으실 때까지 그대를 사랑하며 그대에게 신실한 남편이 될 것을 하나님 앞과 이 회중들 앞에서 약속하고 맹세합니다."

신랑의 서약이 끝난 후에 신부도 오른손으로 신랑을 붙잡고 다음과 같이 말한다.

"나 OOO은 그대 OOO를 내 남편으로 맞이하며, 하나님께서 죽음을 통해서 우리를 갈라놓으실 때까지 그대를 사랑하고 그대에게 신실하며 순종하는 아내가 될 것을 하나님 앞과 이 회중들 앞에서 약속하고 맹세합니다."

다른 추가적인 예식 없이 목사는 회중들 앞에서 하나님의 규례에 따라 그들이 남편과 아내가 되었음을 선언할 것이다. 그리고 다음과 같은 기도로 결혼식을 마친다.

"주님은 기꺼이 주님의 규례 가운데 복을 더하실 것을 믿나이다. 이제 막 결혼한 이들을 풍성케 하시되, 하나님의 사랑을 확증하는 다른 표지들을 주셨던 것처럼, 특별히 결혼을 통해서 얻는 위로와 열매들로 이들을 풍성케 하소서. 그리하여 그리스도 예수안에서 그 분으로 말미암아 주어지는 하나님의 풍성한 자비를 찬양하게 하소서."

혼인 명부는 정성껏 보관하여 관심이 있는 사람이라면 누구라도 그 전체를 볼 수 있도록 조심스럽게 관리되어야 한다. 이 명부에는 결혼 당사자들의 이름과 결혼날짜가 결혼식이 끝난 즉시 거짓없이 기록되어 있어야 한다.

환자 심방에 관하여

하나님께서 자신에게 맡긴 회중들을 공적으로 만이 아니라 사적으로도 가르치는 것은 목사가 감당해야 하는 의무다. 특히 시간과 힘과 개인적인 안전이 허락하는 한 연중 일어나는 모든 일들에 대해서 그들을 훈계하고 권면하며 책망하고 위로해야 한다.

목사는 성도들이 건강할 때 죽음을 준비하도록 훈계해야 한다. 이를 위해서 성도들은 자신의 건강과 지력이 쇠퇴하기 전에 자기 영혼의 상태에 관하여 그들의 목사와 자주 함께 의논해야 하며, 병이 들었을 때에는 그들의 힘과 지력이 쇠하기 전, 적당한 때에 목사의 조언과 도움을 구해야 한다.

성도들이 아프고 고난을 당하고 있을 때야말로 연약한 영혼을 말씀으로 섬길 수 있도록 하나님께서 목사에게 주시는 특별한 기회다. 왜냐하면 그 때 사람들의 양심은 각성되어서 자신의 영원한 영적 상태에 대하여 생각하게 되며, 반대로 사탄도 역시 그 시기를 이용하여 괴롭고 무거운 시험을 가지고 그들의 짐을 더 무겁게 하기 때문이다. 그러므로 환자에게로 보내심을 받아서 심방을 가는 목사는 모든 온유와 사랑으로 자신의 심방이 그 환자 영혼에 영적인 유익을 끼치기를 바라며 최선을 다해야 한다.

목사는 환자가 지금 당하고 있는 질병을 생각하며 성경의 교훈을 그에게 가르칠 수도 있을 것이다. 이는 곧 질병이란 우연히 찾아오거나 단순히 신체의 불균형에서 비롯되는 것이 아니라 질병으로 인하여 고통받고 있는 모든 개개의 사람들에게 주어진 하나님의 선하신 손의 지혜롭고 질서있는 인도하심의 결과이기도 하다는 사실이다. 하나님께서 그의 죄를 싫어하셔서 질병을 주셨든지, 아니면 그의 잘못을 교정하시고 고치시기 위해서 주셨든지, 혹은 연단과 하나님의 은혜의 시행을 위해서 주셨든지, 아니면 다른 특별하고 탁월한 목적을 가지고 주셨든지, 만약 그가 하나님의 징계를 멸시하지 않고 하나님의 교정을 싫증내지 않고, 이러한 하나님의 간섭을 거룩하게 사용한다면, 그가 당하는 모든 고난은 그에게 유익이 될 것이며, 합력하여 그를 위한 선을 이룰 것이라는 사실을 가르쳐야 한다.

만약 목사가 그 환자가 진리에 대해서 무지하다고 의심되면, 그가 과연 신앙의 원리들을 알고 있는지 점검해야 한다. 특히 회개와 믿음에 관하여 살펴야 한다. 필요하다면, 이러한 은혜의 본질이 무엇이며, 어떻게 사용하고 얼마나 탁월하며 얼마나 필요한 것인지를 가르친다. 바로 이 때에 은혜 언약에 대해서 설명해야 한다. 하나님의 아들이신 그리스도께서 은혜언약의 중보자가 되신다는 사실과 그 분을 믿는 믿음으로 말미암아 죄사함을 얻는다는 진리에 대해서 가르쳐야 한다.

목사는 환자가 스스로 자신을 점검하고 지금까지 자신이 걸었던 삶의 여정과 하나님을 향한 자신의 상태를 살펴서 그것에 대해서 판단하도록 면해야 할 것이다.

만약 환자가 스스로 어떤 양심의 가책을 느낀다거나 자신의 상태에 대한 의심이나 시험거리가 있다고 고백한다면, 목사는 그가 만족하고 안정을 찾을 수 있도록 가르치고 결단하게 하여야 한다.

만약 그 환자가 자신의 죄에 대해서 제대로 인식하지 못하는 것처럼 보인다면, 그가 자신의 죄와 죄책은 물론이요, 죄가 가진 책임과 그에 상응하는 벌이 있다는 사실과 죄로 인하여 그의 영혼이 더럽게 오염되었음을 확신하도록 노력해야 한다. 또한 율법의 저주와 하나님의 진노가 죄로 인하여 주어지게 된다는 사실도 확신하게 만들어서 그 환자가 그 죄에 대해서 진실로 슬퍼하며 겸손해 지도록 해야 한다. 동시에 회개를 미루는 것과 구원이 제시될 때 그것을 등한시 하는 것이 얼마나 위험한 것이지를 알도록 해야 한다. 그의 양심을 깨우고 그를 어리석고 안일한 상태에서 일으켜 세우며, 자신을 버리고 믿음으로 그리스도를 붙잡는 사람이 아니고는 누구도 그 앞에 설 수 없는 하나님의 진노와 공의가 무엇인지 이해하도록 수고해야 한다.

비록 많은 결점과 약점이 있다고 하더라도 만약 환자가 거룩한 길로 걷고 정직하게 하나님을 섬기려고 노력해 왔다면, 혹은 죄에 대한 인식으로 그의 영이 상하였거나 자신을 향한 하나님의 호의에 대해 인식하지 못하여 낙심한 가운데 있다면, 하나님의 은혜는 값없이 그리고 충만히 주어지며, 그리스도 안에는 충분한 의로움이 있고, 복음 안에도 은혜로운 선물들이 주어져 있기에 회개하고 그리스도를 통해 주어지는 하나님의 자비하심을 온 맘으로 믿는 모든 사람들은 그리스도 안에서 생명과 구원을 얻게 될 것이라는 사실을 그에게 알려서 그가 힘을 낼 수 있도록 하는 것이 좋다. 또한 죽음 안에는 그리스도 안에 있는 사람들이 두려워해야 할 영적인 악이 전혀 없다는 사실을 환자에게 보여주는 것도 유익할 것이다. 왜냐하면 자신의 백성인 모든 사람들을 죽음에 대한 두려움이라는 굴레에서 해방시키셨고 무덤을 이기셨으며, 우리에게 승리를 주신 그리스도께서 죽음의 쏘는 것, 곧 죄를 제거하셨기 때문이다. 또한 그리스도는 친히 자신의 백성들이 거할 곳을 예비하시기 위해서 영광 가운데 들어가셨다. 그러므로 생명이나 죽음, 그 어느 것도 그들을 그리스도 안에 있는 하나님의 사랑에서 떼어 놓을 수 없을 것이다. 비록 하나님의 백성들이 지금은 흙 속에 묻히지만 그리스도 안에서 그들은 영원한 생명으로의 즐겁고 영광스러운 부활을 확실히 얻게 될 것이다.

목사는 환자가 하나님의 자비에 대한 잘못된 근거를 가지거나 자신이 천국에 갈 수 있는 좋은 상태라는 잘못된 근거를 가지지 않도록 환자에게 조심하라고 조언할 수 있다. 마찬가지로 환자가 자기 자신에게 구원의 공로가 있다는 생각을 않도록 하고, 오직 예수 그리스도, 곧 진리 안에서 진정으로 자신에게 나아오는 사람들을 결코 쫓아내지 않으시는 예수 그리스도의 공로와 중보사역을 통해서 주어지는 자비를 전적으로 의지하라고 조언할 수도 있다. 환자에게 하나님의 진노에 대한 표현을 너무 혹독하게 하여 모든 회개하는 신자에게 주어지는 소망의 문을 위한 그리스도와 그 분의 공로를 합리적으로 제시해도 진정되지 않고 절망에 빠지는 일이 없도록 주의를 기울여야 한다.

환자의 마음이 가장 차분한 상태거나, 혼란스러운 마음이 가장 적어 자신의 다른 직책으로 인하여 방해를 가장 적게 받을 때, 목사는 원한다면 아래와 같은 취지로 그와 함께 그를 위해서 기도할 것이다.

"이 환자가 원죄와 자범죄를 고백하며, 또 이를 비통해하나이다. 또 이 환자는 모든 사람이 본질상 진노의 자녀요, 저주아래 있는 비참한 형편이라는 사실을 인정할 뿐만 아니라 이에 대해서 애통해 하며, 모든 질병과 병과 죽음과 지옥 그 자체가 이런 것들에 대한 정당한 결과라는 사실을 고백하나이다. 병석에 있는 이를 위해서 그리스도의 피로 말미암는 하나님의 자비를 간절히 구하오니, 하나님께서 그의 눈을 열어 자신의 죄를 보게 하시고, 그가 스스로 잃어버린 자임도 보게 하시며, 하나님께서 왜 그를 치시는지를 알게 하실 뿐만 아니라, 의와 생명을 얻기 위해서 그의 영혼이 예수 그리스도를 볼 수 있게 하시고, 그에게 성령님을 보내시어 그리스도를 붙잡는 믿음을 만드시고 강하게 하시며, 하나님의 사랑에 대한 풍성한 증거를 이 환자 안에 만드시고, 시험에 맞설 수 있도록 그를 무장시키시며, 그의 마음이 세상에서 떠나고, 그가 현재 당하는 이 질병을 거룩하게 하며, 그 고난을 견디어 낼 수 있는 인내와 힘을 그에게 구비하고, 그가 믿음으로 끝까지 인내할 수 있도록 힘을 주시옵소서.

만약 하나님께서 그의 생명의 날을 연장시키기를 기뻐하신다면, 그의 회복을 위한 수단에 복을 주시고 거룩하게 하시옵소서. 그리하여 질병을 제거하시고 그의 힘을 새롭게 하며, 그가 하나님께 합당한 길을 걷되 신실한 기억을 통해서, 그리고 사람들이 병석에 있을 때 다짐하는 거룩과 순종에 대한 맹세와 약속들을 부지런히 지킴으로써 그 길을 걸어서 자신의 남의 생에 하나님을 영화롭게 하도록 하소서.

만약 하나님께서 이 질병으로 말미암아 그가 생명을 마치도록

388

결정하셨다면, 그는 자신의 모든 죄에 대한 용서와 그리스도 안에 있는 자신의 분깃과 그리스도로 말미암은 영생과 같이 그의 겉사람은 후패하나 그의 속사람은 새롭게 하는 증거를 발견하도록 하옵소서. 그리하여 죽음을 두려워하지 않고 바라보며, 의심없이 자신을 그리스도께 맡기고, 육신을 떠나 그리스도와 함께 하기를 갈망하여 믿음의 결국, 곧 그의 영혼의 구원을 받게 하옵소서. 이 모든 것은 우리의 유일한 구세주이시며 온전한 구속주이신 주 예수 그리스도의 공로와 중보를 통해서만 일나는 줄 믿사옵나이다."

필요하다면 목사는 그 환자를 권유하여 자신의 집을 정돈하여 불편을 예방하도록 권고한다. 또한 자신의 가진 채무를 청산하도록 신경쓰고 자신이 잘못을 범한 것에 대해서는 보상이나 배상을 하도록 하며, 사이가 좋지 않은 사람들과 화해하며, 자신이 하나님의 손에서 용서받으리라고 생각하는 대로 모든 사람들이 자신에 대해서 저지른 잘못을 온전히 용서하도록 권고해야 할 것이다.

마지막으로 목사는 그 상황을 잘 활용하여 환자 주변에 있는 사람들에게 자신의 죽음을 생각해보도록 권하여, 주님께로 돌아오며, 주님과 화평을 이룰 수 있는 기회로 삼을 수 있다. 건강할 때 질병과 죽음과 심판을 준비하도록 권면하고, 그들의 정해진 시간의 모든 날들이 그들이 변화될 때까지 기다려서, 우리의 생명되시는 그리스도께서 나타나실 때, 그들도 그리스도와 함께 영광 가운데 나타나게 될 것이다.

죽은 자의 매장에 대하여

어떤 사람이 이 세상을 떠나면, 매장하는 날 그 시신을 집에서 공개적인 매장을 위해서 미리 정해놓은 곳으로 정중하게 운구한 뒤 그 곳에서 어떤 의식도 가지지 말고 즉시 매장한다.

이는 매장지로 운구되기 전에 시신이 놓인 장소에서 시신 옆에 무릎을 꿇거나 시신을 향해서 기도를 하는 행위를 비롯해서, 유사한 다른 관습들은 미신적인 행위이며, 무덤으로 가는 중이나 무덤에서 기도를 하거나 성경을 읽거나 찬송을 부르는 행위들도 극도로 오용되어 왔고, 결코 죽은 자에게도 유익이 되지 못하며 오히려 살아 있는 이들에게 여러모로 해를 끼쳤던 것이 밝히 드러났기 때문이니, 이와 같은 모든 것들은 피해야 할 것이다.

하지만 교우들이 공적 매장을 위해서 준비된 장소로 시신과 함께 하며 그 상황에 맞는 묵상을 나누고 토론을 하는 것은 적절하다고 판단된다. 또한 목사가 다른 경우와 같이 이 때에도 이들과 함께 하고 있다면 그들이 감당해야 할 의무를 상기시키는 것도 좋다.

하지만 이것이 고인이 살았을 때 가졌던 지위와 신분에 어울리는 존경과 경의를 매장지에서 거부하라는 의미가 되어서는 안 된다.

엄숙한 공적 금식에 대하여

백성들에게 어떤 크고 중대한 심판이 임하거나, 임박했음이 분명하거나 아니면 어떤 특별한 범죄로 인하여 응당한 심판이 주지의 사실이 되었을 경우, 마찬가지로 어떤 특별한 복을 구하고 얻고자 할 때에, 하나님께서는 그 나라 혹은 백성들이 하루 종일 이어지는 공적이고 엄숙한 금식을 선언하기를 원하신다.

신앙적인 이유에서 금식할 때에는 총체적인 금욕이 이루어져야 한다. 총체적 금욕이란, 예를 들어 육신적으로 연약하여 혼절할 것 같을 때에는 아주 소량함의 음식을 취할 수 있지만, 그게 아니라 금식을 끝까지 지속할 수 없다는 사실이 분명하지 않은 경우라면 단지 음식 섭취를 중단하는 것만이 아니라, 비록 다른 경우에는 괜찮다 하더라도 이 금식의 때에는 모든 이 세상의 노동과 말과 생각과 모든 육신적인 향락과 같은 것들, 그리고 비싼 옷과 장신구류들도 금해야 하는 것이다. 뿐만 아니라 그 본성에 있어서 추잡하고 기분을 상하게 하는 모든 것과 그런 것들을 그렇게 사용하는 일은 더욱 더 금해야 한다. 곧 야한 옷차림과 음란한 습관이나 몸짓, 그리고 남자 혹은 여자가 가지는 그 외의 다른 허영과 같은 것들도 멀리해야 한다. 이에 우리가 모든 목사들에게 당부하고 싶은 것은 만약 이와 같은 경우가 발생한다면, 목사들은 다른 때에도 그렇게 해야 하지만 특별히 금식의 때에는 그들의 위치에서 이들의 체면을 생각하지 말고 더욱 부지런하고 열정적으로 그것을 책망해야 한다는 것이다.

공적인 모임을 하기 전에 각 가정과 각 개인은 따로 그리고 개인적으로 이와 같이 엄숙한 일을 위하여 자신의 마음을 준비하기 위해 온 힘을 다하여 신앙적으로 주의를 기울여야 하며, 모이는 곳에 일찍 가야 한다.

성경을 읽고 하나님의 말씀에 대하여 설교하는 일과 시편찬송을 부르는 일과 같이 금식이라는 의무를 감당하기에 어울리는 감정을 불러일으키기는 일을 하는 데에 하루 중 할 수 있는 대로 많은 시간을 써야 한다. 특히 다음과 같은 취지로 기도에 힘을 써야 한다.

창조주시요, 보존자이시며, 온 세계를 다스리는 최고의 통치자이신 하나님의 위엄에 영광을 돌리며, 이를 통해 우리가 감동하여 하나님에 거룩한 경의와 두려움으로 더욱 감동되어야 한다. 하나님의 다양하고 위대하며 부드러운 자비, 특히 교회와 국가를 위한 자비를 고백하며, 그리하여 하나님 앞에서 우리의 마음을 부드럽게 하고 겸손하게 낮추신다는 사실도 인정한다. 모든 종류의 죄와 그 죄가 죄를 낳아 여러 심각한 상태에 이르렀음을 겸손히 고백한다. 하나님의 의로운 심판이 정당할 뿐 아니라, 사실 우리의 죄가 응당 받아야 할 심판보다 훨씬 덜한 것이다. 하지만 우리는 겸손하고 진정으로 우리자신과 교회와 국가뿐만 아니라 우리의 왕과 모든 권세자들, 더 나아가 우리가 위하여 기도해야 할 의무가 있는 모든 다른 사람들이 처한 급박한 상황에 따라 그들을 향한 하나님의 자비와 은혜를 간구하되 다른 때보다 더 끈질기고 광범위하게 간구한다. 믿음으로 하나님의 약속과 선하심을 적용하되, 용서와 도우심 그리고 지금 느끼거나 두려워하거나 마땅히 받아야 할 악에서의 구원에 적용한다. 또한 하나님을 향하여 우리 자신을 완전히 그리고 영원히 포기하는 가운데, 우리에게 필요하고 또 우리가 기대하는 복들을 얻는데 하나님의 약속과 선하심을 적용한다.

이 모든 것들 가운데 하나님을 향한 백성들의 입장을 대변하는 목사는 그들에 대하여 미리 진지하고 철저하게 생각하여 그들의 마음에서 나오는 말을 해야 한다. 그래서 목사와 그의 회중이 무엇보다 자신의 죄에 대하여 깊이 슬퍼하여 그 마음이 녹도록 해야 한다. 그래서 그 날은 영혼이 심히 부끄러워하며 아파하는 날이 되어야 한다.

읽을 성경 말씀과 설교를 위한 본문을 특별히 선택하여서, 청중들의 마음이 그 날에 하는 특별한 일을 감당하기에 가장 좋은 상태가 되도록 하며, 그들이 겸비하고 회개할 수 있도록 해야 한다. 무엇보다 각각의 목사들이 관찰한 것과 경험한 것을 바탕으로 자신이 설교하는 회중에게 덕이 되고, 그들을 고치는 일에 도움이 되는 구체적인 사항들을 고집스럽게 요구해야 한다.

공적인 의무를 마치기 전에 목사는 자신과 성도들의 이름으로 자신과 그들의 마음을 사로잡아 하나님의 소유가 되게 하며 그들 가운데 있는 잘못된 것들을 개혁하고자 하는 목적과 결심을 고백하여야 한다. 특히 자신들이 저지른 죄 중에 다른 죄보다 더 두드러진 죄에 대하여 그렇게 해야 하는 가운데 하나님께로 가까이 나아가고, 새로운 순종으로 그 전보다 더욱 가까이, 그리고 신실하게 하나님과 동행해야 한다.

또한 목사는 사람들을 훈계하되, 그 날의 사역이 단순히 그 날 해야 하는 공적인 의무를 감당하는 것으로 끝나는 것이 아니라 그 날의 남은 시간과 그들의 남은 생애 전체에 진보가 있어야 하다고 간청해야 한다. 이는 모든 경건한 감정과 그들이 공개적으로 고백했던 결단을 개인적으로 자신뿐만 아니라 가족들에게 강화시키는 가운데 일어나며, 그 결과 그와 같은 것들이 그들의 마음에 영원토록 자리잡기 위함이다. 또한 이는 하나님께서 자신들의 행위를 그리스도 안에서 달콤한 향기로 흠향하였다는 사실과 하나님께서 그들에 대한 노여운 마음을 푸셨다는 사실을 더욱 감각적으로 알게 되기 위함이다. 뿐만 아니라 이 모든 것들이 죄를 용서하고, 심판을 제거하시고, 재앙을 막으시고, 그리스도로 말미암아 자신의 백성들의 상태와 기도에 어울리는 복을 베푸시는 은혜의 대답을 통해서 이루어졌음을 알기 위함이다.

권세자들의 권위로 명하여진 엄숙하고 일반적인 금식 외에, 다른 때에 하나님의 섭리로 여러 교회의 회중들이 특별한 금식의 기회를 가져할 경우에도 금식일을 지킬 수 있다고 우리는 판단한다. 또한 우리가 판단하기에 각 가정도 이와 같은 금식일을 정하여 지킬 수 있으나 그들이 속한 교회가 금식의 날로 지정한 날이나 다른 공적 예배의 의무를 감당하는 날은 피해야 한다.

공적인 감사일의 준수에 대하여

어떤 감사의 날을 지킬 때, 회중들이 그 날에 대해서 더 잘 준비할 수 있도록 사전에 적당한 시기를 봐서 그 날에 대하여 미리 공고할 것이다.

그 날이 오고 회중들은 각자 개인적으로 준비한 후에 회집하게 된다. 이에 목사는 권면의 말씀과 함께 회중들을 일깨워 그들이 모인 목적을 감당하도록 한다. 이 때 다른 공중예배와 마찬가지로 모임의 성격에 맞게 하나님의 도우심과 복을 구하는 짧은 기도를 드린다.

목사는 신자들이 얻은 구원 혹은 그들이 받은 하나님의 긍휼과 그 날 회중이 모이게 된 이유가 무엇인지에 대해서 핵심만 간략하게 설명하여 모든 이들이 그것을 잘 이해하고 관심을 가지는 가운데 더욱 간절한 마음을 가지도록 할 것이다.

시편을 노래하는 것이 즐겁고 감사한 마음을 표현하는 가장 적절한 방법이니, 적당한 어떤 시편이나 여러 시편을 이와 같은 목적으로 부르되, 모인 목적에 합당한 성경 말씀을 읽기 전이나 후에 할 것이다.

그 후에 설교하는 목사는 설교 전에 추가적으로 권면과 기도를 하되, 특별히 해당 상황에 관련지어서 하고 나서, 당면한 문제에 관련된 성경 본문을 가지고 설교할 것이다.

혹 설교 전 기도에서 빠뜨렸다면, 설교가 끝났을 때, 다른 때와 같이 교회와 왕과 국가에 필요한 것들을 기억하며 기도할 뿐만 아니라, 범위를 넓혀서 전에 하나님께서 베푸셨던 자비와 구원에 대해서까지도 합당하고 엄숙하게 감사드려야 할 것이다. 하지만 더욱 특별히 감사해야 할 것은 그들을 지금 모이게 한 것에 대한 것이다. 이 때 항상 베푸시는 하나님의 자비가 필요한 만큼 계속 지속되고 갱신될 것과 거룩하게 하시는 은혜로 말미암아 그 자비를 바르게 사용하도록 간구하여야 한다. 그리고 하나님의 자비에 적합한 다른 시편찬송을 부르고 난 후 목사는 축도와 함께 회중을 해산시켜서 그들로 하여금 먹고 힘을 낼 수 있는 편안한 시간을 가질 수 있도록 할 것이다.

하지만 해산시키기 전에 목사는 폭식 혹은 폭음으로 연결되는 모든 과도한 것과 소란을 경계할 것과 더욱 더 그들이 먹고 원기를 회복하는 동안 이러한 죄 자체를 짓지 않도록 주의하라고 엄숙하게 훈계해야 한다. 또한 저희가 육신적으로 즐거워하고 기뻐하는 것이 아니라 하나님에 대한 찬양을 영광스럽게 하는 영적인 즐거움을 누리고, 스스로 겸손하고 맑은 정신을 유지하며, 그들이 먹고 즐거워하여 더욱 명랑하고 여유있는 마음으로 그 날 남은 시간에 다시 회중 가운데로 왔을 때 그 속에서 하나님을 더욱 찬양하도록 해야 한다.

회중이 다시 모였을 때, 아침에 명하였던 것과 같이 기도와 말씀 봉독과 설교와 시편 찬송과 더 많은 찬양과 감사를 드리는 같은 과정을 예배당을 떠날 때까지 다시 새롭게 지속한다.

공적 겸비의 날과 마찬가지로, 이 날 두 번의 모임 중에 한 번만 하든지 아니면 두 번 모두 가난한 자들을 위한 헌금을 걷어야 한다. 이는 그들의 자녀들이 우리를 축복하고 우리와 함께 더 기뻐할 수 있도록 하기 위함이다. 두 번째 모임이 끝나기 직전에 사람들이 그 날의 남은 시간을 거룩한 의무를 감당하고, 서로를 향하여 그리스도인의 사랑과 긍휼을 베풀며, 주님 안에서 점점 더 즐거워하는 모습을 실천하며 보내도록 권면해야 한다.

시편 찬송에 대하여

회중들과 함께 시편을 노래하며 하나님을 공적으로 찬양하는 것과 사적으로 가족들과 함께 시편을 노래하는 것은 그리스도인들의 의무다.

시편을 노래할 때에는 가락에 맞추어 장중하고 정돈된 목소리로 노래해야 한다. 하지만 가장 신경써야 할 것은 반드시 그 노래의 의미를 이해하고 은혜로 충만한 마음에서 우러나오는 선율을 만들어 불러야 한다는 것이다.

전체 회중은 이 시편찬양을 함께 할 수 있으며, 글을 읽을 수 있는 모든 이들은 시편 찬송집을 가져야 한다. 그리고 나이나 다른 이유로 글을 읽을 수 없는 자는 읽는 법을 배우도록 권면한다. 하지만 현재 회중 가운데 많은 사람들이 글을 읽지 못하므로 목사 혹은 목사나 다른 치리 장로들이 지명한 합당한 자격을 갖춘 사람이 시편을 찬송하기 전에 그 시편을 한 줄 한 줄 읽는 것도 좋은 방법이다.

부록

공중예배를 위한 일시와 장소

성경은 기독교의 안식일인 주일을 제외하고는 어떤 날을 정하여 복음 아래서 그 날을 거룩히 지키라고 말하지 않는다.

통속적으로 거룩한 날(Holy-days)로 불리는 경축일들은 하나님의 말씀에는 그 근거가 없기에 계속해서 그 날을 지켜서는 안 된다.

그럼에도 불구하고 몇 가지 하나님의 특별한 섭리에 따라 그의 백성들에게 타당한 이유와 기회를 제공하는 아주 비상적인 상황이 일어날 경우, 공적인 금식이나 공적인 감사를 위해서 어떤 한 날이나 여러 날을 따로 구별하는 것은 합법적일 뿐만 아니라 반드시 필요하다.

어떤 봉헌이나 성결예식을 구실로 어떤 장소가 거룩해지는 일이 없는 것과 같이 전에 미신적인 용도를 위해서 사용되었으나 이제는 더 이상 사용되지 않을 경우 그 장소가 그리스도인들이 하나님에 향한 공중예배를 위해서 모이는 것을 불법으로 만들거나 부적절한 것으로 만들만큼 불결하게 더럽혀진 장소라고 할 수는 없다. 그러므로 공중 예배를 위하여 모일 장소는 반드시 지속적으로 사용하되 바로 그 목적을 위하여 사용되어야 한다.

제네바 시편가

Genevan Psalter

2020년 6월 20일 　　초판 1쇄
2021년 7월 27일 　　초판 2쇄

저 작 자
편저작자 　시편찬송가 편찬위원회

편 집 인 　위원장 서창원
　　　　　　위　원 신소섭 이귀자 주성희

발 행 인 　유명자

악보편집 　도서출판 예솔

발　　행 진리의 깃발
　　　　　　서울시 도봉구 방학로 31-16 신일빌딩 4층(02-984-2590)
　　　　　　대표자 유명자
　　　　　　등록 제17-203(1995.1.27)

03230

9 788987 124377

ISBN 978-89-87124-37-7

값 15,000원

십계명

Genevan Psalter, 1543

1. 하 나님이 이말 씀으 로　　　 말 씀하여이르 시 되
2. 너 는나외 에다 른신 을　　　 네 게두지말지 니 라
3. 또 위로하 늘에 있는 것　　　 아 래로땅에있 는 것
4. 그 것들에 절하 지말 며　　　 그 것들섬기지 말 라
5. 날 미워한 자죄 를갚 되　　　 삼 사대까지이 르 네

나 는너를 애 굽땅에 서　　　 인 도해낸여호 와 라
너 를위하 여 새긴우 상　　　 우 상을만들지 말 고
땅 아래물 속 에있는 것　　　 그 형상만들지 말 며
나 네하나 님 여호와 는　　　 질 투하시는하 나 님
날 사랑계 명 지키는 자　　　 천 대에은혜베 푸 네